普通高等教育新工科电子信息类课改系列教材

ARM Cortex-A9
多核嵌入式系统开发教程

杨福刚 编著

西安电子科技大学出版社

内 容 简 介

本书以 ARM 的多核处理器 Cortex-A9 为硬件平台,详细介绍了 Cortex-A9 的体系结构、编程模型、指令系统、硬件结构和主要片上资源;同时,结合所选用的基于 Cortex-A9 架构的芯片 Exynos 4412,阐述了嵌入式 Linux 系统开发的各主要环节,包括交叉编译环境的搭建、Makefile 的制作、U-Boot 和 Linux 内核的分析、配置及移植等基础知识。

本书力求基本理论系统全面,通过实例引导增强嵌入式开发实践的可操作性,以图文并茂的形式使得繁杂知识浅显易懂,个例详解以点带面、由浅入深。

本书可作为高等院校电子、通信、自动化、计算机等专业有关嵌入式系统本科生或研究生的教材,也可作为嵌入式开发人员的参考书。

图书在版编目(CIP)数据

ARM Cortex-A9 多核嵌入式系统开发教程/杨福刚编著.
—西安:西安电子科技大学出版社,2016.9(2020.12 重印)
ISBN 978–7–5606–4152–2

Ⅰ.① A… Ⅱ.① 杨… Ⅲ.① 微处理器—系统开发 Ⅳ.① TP332

中国版本图书馆 CIP 数据核字(2016)第 200401 号

策　　划	毛红兵
责任编辑	买永莲
出版发行	西安电子科技大学出版社(西安市太白南路 2 号)
电　　话	(029)88242885　88201467　　　邮　编　710071
网　　址	www.xduph.com　　　　　电子邮箱　xdupfxb001@163.com
经　　销	新华书店
印刷单位	咸阳华盛印务有限责任公司
版　　次	2016 年 9 月第 1 版　　2020 年 12 月第 4 次印刷
开　　本	787 毫米×1092 毫米　1/16　印　张　17.5
字　　数	414 千字
印　　数	4801～6800 册
定　　价	42.00 元

ISBN 978–7–5606–4152–2/TP

XDUP 4444001–4

如有印装问题可调换

前　言

嵌入式系统应用开发正在飞速发展，已经从单核处理器进入多核处理器时代。目前，在嵌入式的高级应用开发中，无一例外都把多核处理器作为产品核心，以增强系统性能。多核处理器代表了计算机技术的又一次创新。在一个处理器中放入两个或多个功能强大的计算机内核，能够提供比单核处理器更高的性能和效率。同时，与单核处理器相比，多核处理器在体系结构、软件设计、功耗和安全设计等方面面临更大挑战，也蕴含巨大潜能。

嵌入式 Linux 在嵌入式领域的发展突飞猛进，社会需求旺盛。但是，嵌入式 Linux 入门却很难。一方面，嵌入式 Linux 开发涉及诸多领域的知识，包括汇编指令系统、Linux 操作系统、交叉开发环境、Makefile、嵌入式系统架构、处理器片上资源、嵌入式 C 语言和汇编混合编程、U-Boot 和 Linux 内核的移植与配置、Linux 驱动开发和图形用户接口等多方面的知识。另一方面，初学者知识结构单一，在面对嵌入式开发众多繁杂的知识时，无从入手，望而却步。

编者结合自己多年学习和教授"嵌入式系统原理和应用"课程的经验，从一个初学者角度(比如具备 51 单片机知识)出发，力求为读者提供一个切入点：先掌握嵌入式处理器各个片上资源的原理和简单裸机编程，再将它们组合起来构成一个相对复杂的软件系统(比如 Bootloader)，进而编写基于操作系统的驱动程序，最后深入钻研操作系统内核。期望能够帮助读者加快嵌入式 Linux 的入门速度，并体会到深入学习嵌入式 Linux 开发的乐趣。

➤ 本书内容

本书按照嵌入式 Linux 开发初学者的认知习惯和学习过程编排内容，共包括 16 章，可分为三大部分。

第一部分(第 1 章～第 4 章)为嵌入式系统的基础知识篇，主要内容如下：

第 1 章：对嵌入式系统进行简要介绍，包括嵌入式系统的概念、特点、应用领域和发展趋势。同时介绍了嵌入式系统的基本组成，并给出了嵌入式系统设计的一般过程和主要步骤。

第 2 章：介绍了 Cortex-A9(基于 ARMv7)的主要体系架构。

第 3 章：介绍了 ARM 的指令系统及汇编程序设计。

第 4 章：介绍了嵌入式 Linux 开发环境的搭建方法。

第二部分(第 5 章～第 14 章)为嵌入式系统基础实例篇，介绍了 ARM Cortex-A9 整体架构和 Exynos 4412 的片上资源，对其 GPIO、时钟管理单元、中断系统、DMA 控制器、PWM 定时器和看门狗、NAND Flash 控制器、UART、SPI、I^{2}C 和 ADC 等硬件模块做了详细介绍。文中先介绍这些硬件资源的工作原理和工作过程，然后给出具体实例程序，引导读者深刻体会程序编写和硬件架构之间的依附关系，做到"软硬兼施"，从而达到对硬件结构和关键技术的深刻理解及熟练掌握。

第三部分(第 15 章～第 16 章)为嵌入式 Linux 系统移植篇，主要内容如下：

第 15 章：深入分析了 U-Boot 的代码结构，并详细介绍了针对 tiny4412 开发板的移植过程。

第 16 章：介绍了 Linux 内核的基础知识、Linux 内核移植的详细步骤和部分选项的配置方法，以及利用 Busybox 制作根文件系统和使用 U-Boot 制作、下载与启动 Linux 内核的方法。通过本章的学习，读者应能够掌握系统移植的关键步骤和思路。

➢ **本书特色**

本书在编排和撰写过程中，始终遵循从读者的认知角度出发，旨在帮助读者快速建立起嵌入式系统开发的基本理论，并通过关键实例，以点带面，由浅入深，引导读者快速上手，独立进行嵌入式系统开发。具体来讲，本书特色如下：

(1) 采用先进的多核处理器 ARM Cortex-A9 作为硬件核心，讲解多核处理器编程技术。

多核处理器 ARM Cortex-A9 是目前高性能、高能效微处理器的首选，是高端嵌入式产品的基础和亮点。本书对以三星 Exynos 4412 为代表的四核处理器的内核架构和片上资源进行了详细的介绍，不仅是实践性强、贴近实用的前沿教材，也为基于 Cortex-A9 架构的多核嵌入式产品开发提供了很好的中文参考资料。

(2) 编写风格图文并茂，关键技术实例引导，繁杂内容以点带面。

高性能的多核处理器 ARM Cortex-A9 功能众多、结构复杂、内容丰富，特别是有些功能模块的原理和操作依附于 ARM 公司的海量参考资料和数据手册。诸如此类原因，使读者在面对繁杂内容时，难以理解，学习时感到无从下手。编者在编写时，配以简明扼要的图表，使得抽象知识易于理解；通过实例讲解，加深读者对关键技术的理解，并详细注释关键代码，力求达到"手把手教"的效果；充分总结知识的规律性，帮助读者以点带面，快速认知。

(3) 全方位共享资料，打造"立体化教材"。

嵌入式系统开发是一门实践性很强的技术，需要很多资料、编程代码和实践经验的支持。本书依托该课程的省级精品课程网站，提供相关的授课视频、授课课件、丰富且详细注释的实例源文件、配套练习题和考试模拟题、部分实践开发过程的操作视频、芯片及接口电路元器件资料等，还可提供在线交流答疑等丰富的拓展资源，力求打造一本"立体化教材"。

(4) 芯片选型兼顾先进性和典型性。

本书选用的多核处理器是基于 Cortex-A9 架构的 Exynos 4412。该处理器不仅在性能和配置上高效先进，是目前高档嵌入式系统开发的首选；其体系结构、编程模型、指令系统及开发环境与之前的 ARM 系列微处理器一脉相传，而且片上资源设计更合理，为用户提供了更方便的接口和使用方法。通过本书的学习，读者不仅可掌握典型嵌入式系统的开发流程，同时也可学会先进的多核处理器的开发方法。

本书在编写的过程中，得到了庞清乐、张守祥、能昌信、原燕东等同仁的大力支持，在此一并表示诚挚的谢意。

本书的编写得到了山东省高等学校省级精品课程"嵌入式原理及应用"、山东省自然科学基金(ZR2014FL031)和山东省高等学校科技计划(J13LN06)等项目的支持。

本书在编写过程中参考了大量的文献资料，其中一些资料来自互联网和一些非正式的出版物，书后的参考文献无法一一列举，在此对原作者表示诚挚的谢意！

由于编者水平有限，书中难免存在疏漏、不当之处，敬请广大读者批评指正，编者信箱：yangfug@163.com；也欢迎加入本书微信平台，进行实时交流。

编　者
2016 年 5 月

目 录

第 1 章 嵌入式系统概述

本章目标：

- 了解嵌入式系统的概念及发展历史；
- 了解 ARM 处理器；
- 了解各类嵌入式操作系统；
- 了解嵌入式系统在各个行业中的应用。

1.1 嵌入式系统简介

从 20 世纪 70 年代单片机的出现到各式各样的嵌入式微处理器、微控制器的大规模应用，嵌入式系统已经经历了 40 多年的发展历史。

嵌入式系统的出现最初是基于单片机的。

最早的单片机是 Intel 公司的 8048，它出现在 1976 年。Motorola 公司同时推出了 68HC05，Zilog 公司推出了 Z80 系列。这些早期的单片机均含有 256 B 的 RAM、4 KB 的 ROM、4 个 8 位并行口、1 个全双工串行口、两个 16 位定时器。之后在 20 世纪的 80 年代初，Intel 公司又进一步完善了 8048，在它的基础上研制成功了 8051，这在单片机的历史上是值得纪念的一页。迄今为止，51 系列的单片机仍然是最为成功的，在各种产品中有着非常广泛的应用。20 世纪 70 年代单片机的出现，使得汽车、家电、工业机器、通信装置以及成千上万种产品可以通过内嵌电子装置来获得更佳的使用性能：更容易使用、更快、更便宜。这些装置已经初步具备了嵌入式技术的应用特点，但是这时的应用只是使用 8 位的芯片，执行一些单线程的程序，还谈不上"系统"的概念。

从 20 世纪 80 年代早期开始，嵌入式系统的程序员开始用商业级的"操作系统"编写嵌入式应用软件，从而可以获取更短的开发周期、更低的开发资金和更高的开发效率。可以说，此刻"嵌入式系统"才真正出现了。更确切点说，这时的操作系统是一个实时核，这个实时核包含了许多传统操作系统的特征，包括任务管理、任务间通信、同步与相互排斥、中断支持、内存管理等功能。其中比较著名的有 Ready System 公司的 VRTX、Integrated System Incorporation(ISI)的 PSOS 和 WRS 的 VxWorks、QNX 公司的 QNX 等。这些嵌入式操作系统都具有嵌入式的典型特点：均采用占先式的调度，响应的时间很短，任务执行的时间可以确定；系统内核很小，具有可裁剪、可扩充和可移植性，可以移植到各种处理器上；具有较强的实时性和可靠性，适合嵌入式应用。这些嵌入式实时多任务操作系统的出现，使得应用开发人员得以从小范围的开发中解放出来，同时也促使嵌入式技术有了更为广阔的应用空间。

20 世纪 90 年代以后，随着对实时性要求的提高，软件规模不断上升，实时核逐渐发展为实时多任务操作系统(RTOS)，并作为一种软件平台逐步成为目前国际嵌入式系统的主流。此时，更多的公司看到了嵌入式系统的广阔发展前景，开始大力发展自己的嵌入式操作系统。除了上面提及的几家老牌公司的嵌入式操作系统以外，还出现了 Palm OS、WinCE、嵌入式 Linux、Lynx、Nucleux、µC/OS-Ⅱ、Android、iOS 以及国内的 Hopen、Delta OS 等嵌入式操作系统。随着嵌入式技术的发展前景日益广阔，相信会有更多的嵌入式操作系统软件出现。

嵌入式系统虽然诞生于微型计算机时代，但与通用计算机的发展道路完全不同，形成了独立的单芯片的技术发展道路。嵌入式系统的诞生，使现代计算机领域发展为通用计算机与嵌入式计算机两大分支。通用计算机系统的技术要求是高速、海量的数值计算，技术发展方向是总线速度的无限提升及存储容量的无限扩大。嵌入式计算机系统的技术要求则是对象的智能化控制能力，技术发展方向是与对象系统密切相关的嵌入性能、控制能力及控制的可靠性。

1.2　现实中的嵌入式系统

经过几十年的发展，嵌入式系统已经在很大程度上改变了人们的生活、工作和娱乐方式，而且这些改变还在加速。嵌入式系统种类繁多，各具特点，无时不在，无处不在，渗透到了国计民生的各个方面。

1. 日常生活

在日常生活中，人们使用着各种嵌入式系统。例如，手持媒体设备、数码相机、打印机、全自动洗衣机、电饭煲等都是嵌入式系统的具体应用。再如目前的三星 GALAXY S6 手机同样是基于三星公司 Exynos 7420 八核 ARM 处理器的一款典型嵌入式系统。

信息家电将成为嵌入式系统最大的应用领域。冰箱、空调等的网络化、智能化将引领人们的生活步入一个崭新的空间。即使人们不在家里，也可以通过电话线、网络进行远程控制。

在家庭智能管理应用中，比如水、电、煤气表的远程自动抄表，安全防火、防盗系统，其中嵌有的专用控制芯片将代替传统的人工检查，并实现更高、更准确和更安全的性能。目前在服务领域，如远程点菜终端等已经体现了嵌入式系统的优势。

在 POS 网络应用中，如公共交通无接触智能卡(Contactless SmartCard，CSC)发行系统、公共电话卡发行系统、自动售货机和各种智能 ATM 终端将全面走入人们的生活，到时手持一卡就可以行遍天下，而这无不是建立在嵌入式系统平台之上的。

2. 工业控制

工业自动化领域更是离不开嵌入式系统。基于嵌入式芯片的工业自动化设备获得了长足的发展。目前已经有大量的 8、16、32 位嵌入式微控制器被广泛应用。网络化是提高生产效率和产品质量、减少人力资源的主要途径，如工业过程控制、数字机床、电力系统、电网安全、电网设备监测、石油化工系统的自动化都需要嵌入式微控制器的参与。就传统的工业控制产品而言，低端型产品采用的往往是 8 位单片机，但是随着嵌入式技术的发展，32 位、64 位的处理器及嵌入式系统将逐渐成为工业控制设备的核心。

3. 交通管理

在车辆导航、流量控制、信息监测与汽车服务方面，嵌入式系统技术已经获得了广泛的应用。不仅汽车本身内含多达几十套嵌入式系统，而且内嵌有 GPS 模块的移动定位终端、车载导航、行车记录仪、电子狗、不停车收费系统、车联网等嵌入式系统和设备已经在各种运输行业成功使用。

4. 环境工程

水文资料实时监测、防洪体系及水土质量监测、堤坝安全、地震监测网、实时气象信息网、水源和空气污染监测都涉及大量数据的实时处理分析，都可以通过嵌入式系统实现自动化并连接成网。特别是在很多环境恶劣、地况复杂的地区，嵌入式系统将代替人类实现无人监测。

5. 国防与航天

国防、航天航空等领域更是离不开嵌入式系统。例如，神舟飞船和长征火箭中有很多嵌入式系统，导弹的制导系统也是一种嵌入式系统。再如，美国国家航空航天局 2003 年发射的"勇气号"火星探测器更是一个十足的嵌入式系统。

可以说，嵌入式系统已经广泛地渗透到了人们的学习、工作和生活中，在科学研究、工程设计、军事技术、各类产业、商业、文化艺术、娱乐业等各个方面发挥着越来越重要的作用，正在深刻地改变着我们的生活方式和社会发展节奏。

1.3　嵌入式系统的概念和特点

1.3.1　嵌入式系统的定义

由于嵌入式系统本身的外延极广，目前又在发展中，所以现有的对嵌入式系统的定义各有所侧重。与单片机控制器相比，通常把嵌入式系统概念的重心放在"系统"(操作系统，OS)上，指能够运行操作系统的软硬件综合体。

按照 IEEE(国际电气和电子工程师协会)的定义，嵌入式系统即"控制、监视或者辅助装置、机器和设备运行的装置"(原文为 devices used to control, monitor, or assist the operation of equipment, machinery or plants)。这主要是从应用上加以定义的，从中可以看出嵌入式系统是软件和硬件的综合体，并且涵盖机械等附属装置。

不过，IEEE 的定义并不能充分体现出嵌入式系统的精髓，目前国内一个普遍被认同的定义是"以应用为中心，以计算机技术为基础，软硬件可裁剪，适应应用系统对功能、可靠性、成本、体积、功耗严格要求的专用计算机系统"。

根据以上嵌入式系统的定义可以看出，嵌入式系统是由硬件和软件相结合组成的具有特定功能、用于具体场合的独立系统。其硬件主要由嵌入式微处理器、外围硬件设备组成；其软件主要包括底层系统软件和用户应用软件。

1.3.2　嵌入式系统的特点

嵌入式系统的特点可简单地归结为两方面，即嵌入和专用。嵌入式设备常应用于"特定"场合，与"通用的"个人电脑相比，其特点可具体总结如下：

1. 软硬件可裁剪

从嵌入式系统的定义可以看出，嵌入式系统是面向应用的，和通用应用系统最大的区别在于嵌入式系统功能专一。根据这个特性，嵌入式系统的软硬件可以根据需要进行精心设计，量体裁衣，去除冗余，以实现低成本和高性能。也正因为如此，嵌入式系统所采用的微处理器和外围设备种类繁多，系统不具有通用性。通俗地讲，软硬件可裁剪即当不需要某项功能时，可以从嵌入式系统中去除相关的软硬件。

2. 对功能、可靠性、成本、体积、功耗要求严格

嵌入式系统中，功能、可靠性、功耗这三点对于软件开发人员来说是最值得关注的地方。以手机为例，当选定硬件平台之后，处理器的性能就已经被限定了，而怎样使得手机的操作更人性化、菜单响应更快捷、具备更多更好的功能，就完全取决于软件了。这需要驱动程序和应用程序配合，最大程度地发挥硬件的性能。比如这样一类手机，其屏幕总是经过很长时间才熄灭，这使得它的电池电量很快就耗光了，而只要在编写软件时进行改进，就可能成倍地延长电池的使用时间。一个优秀的嵌入式系统，对硬件性能的"压榨"、对软件的细致调节，已经到了精益求精的地步。有时候甚至为了节省几秒的启动时间而大伤脑筋：调整程序的启动顺序让耗时的程序稍后运行、改变程序的存储方式以便更快地加载等等，甚至通过显示一个进度条让用户觉得时间没那么长。同时，由于应用环境和市场竞争的要求，嵌入式系统设计时对体积和成本也有严格要求。

3. 代码短小精悍，可固化

由于成本和应用场合的特殊性，通常嵌入式系统的硬件资源(如内存等)都比较少。因此，对嵌入式系统设计也提出了较高的要求。嵌入式系统的软件设计要求尽力优化简约，要在有限的资源内实现高可靠性和高性能的系统。虽然随着硬件技术的发展和成本的降低，在高端嵌入式产品上采用了高配置的硬件资源，但与 PC 的硬件资源比起来还是少得可怜。所以嵌入式系统的软件代码依然要在保证性能的前提下，占用尽量少的资源，以保证产品的高性价比，使其具有更强的竞争力。

为了提高执行速度和可靠性，嵌入式系统中的软件一般都固化在芯片本身或SD/MMC/Nand Flash 中，而不是存储在硬盘中。

4. 实时性

很多采用嵌入式系统的应用具有实时性要求，所以大多数嵌入式系统采用实时操作系统。

5. 弱交互性

嵌入式系统不仅功能强大，而且要求灵活方便，一般不需要键盘、鼠标等，人机交互以简单方便的触摸屏操作为主。

6. 需要专门的开发环境和开发工具

在开发一个嵌入式系统时，需要事先搭建开发环境及开发系统，如进行 ARM 编程时，需要安装特定的 IDE。如果需要交叉编译，除了需要特定的宿主机系统外，还需要目标交叉工具链，之所以这样是因为嵌入式系统不具有通用系统那样的单一性。嵌入式系统具有多样性，因此不同的目标要为其准备不同的开发环境。

1.4 嵌入式系统的组成

从总体来讲，嵌入式系统由硬件部分和软件部分组成。硬件是基础，软件是灵魂与核心。"软硬兼施"才能综合提高嵌入式系统的性能。具体来说，一般嵌入式系统可以分为嵌入式处理器(CPU)、外围设备、嵌入式操作系统(可选)以及应用软件等四个部分。它们的关系如图 1.1 所示。

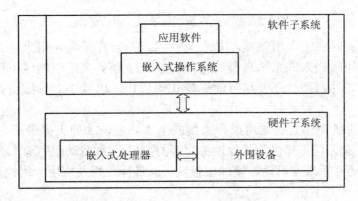

图 1.1 嵌入式系统组成框图

如前所述，嵌入式系统是面向具体应用的，和实际应用对象密切相关，而实际应用又非常繁杂，应用更新也是日新月异，所以很难用一种架构或模型加以描述。下面将主要围绕典型嵌入式系统的硬件组成和软件组成部分加以介绍。

1.4.1 嵌入式系统的硬件组成

硬件是嵌入式系统软件环境运行的基础，它提供了嵌入式系统软件运行的物理平台和通信接口。嵌入式系统硬件设备包括嵌入式处理器和外围设备。其中，嵌入式处理器是嵌入式系统的核心部分，它与通用处理器最大的区别在于，嵌入式处理器大多工作于为特定用户群所专门设计的系统中，它将通用处理器中许多由板卡完成的任务集成到芯片内部，从而有利于嵌入式系统在设计时趋于小型化，同时还具有很高的效率和可靠性。如今，全世界的嵌入式处理器已经超过 1000 种，流行的体系架构有 30 多个系列，其中 ARM、Power PC、MC68000、MIPS 等使用最为广泛。

外围设备是嵌入式系统中用于完成存储、通信、调试、显示等辅助功能的其他部件。目前常用的嵌入式外围设备按功能可以分为存储设备(如 RAM、SRAM、Flash 等)、通信设备(如 RS-232 接口、SPI 接口、以太网接口)和显示设备(如 LCD 等)三类。

1.4.2　嵌入式系统的软件组成

嵌入式操作系统和嵌入式应用软件是整个系统的控制核心，控制整个系统的运行，提供人机交互的信息等。在嵌入式系统不同的应用领域和不同的发展阶段，嵌入式系统软件组成也不完全相同，但基本上可以分为应用层、操作系统(OS)层和硬件设备驱动层，如图1.2所示。

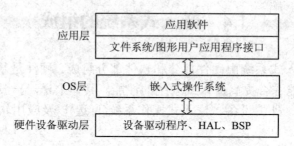

图 1.2　嵌入式系统软件子系统组成框图

应用软件是针对特定应用领域，基于某一固定的硬件平台，用来达到用户预期目标的计算机软件。由于嵌入式系统自身的特点，决定了嵌入式应用软件不仅要求具有准确性、安全性和稳定性，而且还要尽可能进行代码优化，以减小对系统资源的消耗，降低硬件成本。

嵌入式操作系统不仅具有通用操作系统的基本功能，如向上提供用户接口(如图形界面、库函数 API 等)，向下提供与其他设备交互的接口(硬件驱动程序等)，管理复杂的系统资源，同时，它还在系统实时性、硬件依赖性、软件固化性及应用专用性等方面具有更加鲜明的特点。

驱动层连接硬件和软件系统，被称为硬件抽象层(Hardware Abstract Layer，HAL)或板级支持包(Board Support Package，BSP)。它将系统上层软件与底层硬件分离开来，使得系统的底层驱动程序与硬件无关，上层软件开发人员无需关心底层硬件的具体情况，根据BSP 层提供的接口即可进行开发。该层一般包含相关底层硬件的初始化、数据的输入/输出和用电设备的配置等功能。

1.5　嵌入式操作系统

嵌入式操作系统(Embedded Operating System，EOS)是指用于嵌入式系统的操作系统。嵌入式操作系统是一种用途广泛的系统软件，通常包括与硬件相关的底层驱动软件、系统内核、设备驱动接口、通信协议、图形界面、标准化浏览器等。嵌入式操作系统负责嵌入式系统的全部软、硬件资源的分配、任务调度，控制、协调并发活动。它必须体现其所在系统的特征，能够通过装卸某些模块来达到系统所要求的功能。目前在嵌入式领域广泛使用的操作系统有 VxWorks、Windows CE、μC/OS-Ⅱ、Linux 等，以及应用在智能手机和平板电脑中的 Android、iOS 等。

VxWorks 是美国 WindRiver 公司开发的嵌入式实时操作系统。单就性能而言，它是非常优秀的操作系统：具有可裁剪的微内核结构，高效的任务管理，灵活的任务间通信，微秒级的中断处理，支持 POSIX 1003.1b 实时扩展标准，支持多种物理介质及标准、完整的 TCP/IP 网络协议等。其缺点是支持的硬件相对较少，并且源代码不开放，需要专门的技术人员进行开发和维护，而且授权费用比较高。

Windows CE 是微软公司针对嵌入式设备开发的 32 位、多任务、多线程的操作系统。它支持 x86、ARM、MIPS、SH 等架构的 CPU，硬件驱动程序丰富，比如支持 WiFi、USB2.0 等新型设备，并具有强大的多媒体功能；可以灵活裁剪，以减小系统体积；与 PC 上的 Windows 操作系统相通，开发、调试工具使用方便，应用程序的开发流程与 PC 上的 Windows 程序上的开发流程相似。就开发的便利性而言(特别是对于习惯在 Windows 下开发的程序员)，Windows CE 是最好的选择，但是，其源代码没有开放(目前仅开放了一小部分)，开发人员难以进行更细致的定制；占用的内存较多，整个系统相对庞大；版权许可费用也比较高。

µC/OS-Ⅱ是一个源码公开、可移植、可固化、可裁剪、占先式的实时多任务操作系统，可用于 8 位、16 位和 32 位处理器。其特点包括：可裁剪，对硬件要求较低；可以运行最多 64 个任务；调度方式为抢占式，即总是运行最高优先级的就绪任务。µC/OS-Ⅱ的全部代码可以方便获得，但它不是开放源码的免费软件，作为研究和学习，可以通过购买相关书籍获得源码；用于商业目的时，必须购买其商业授权。相对于其他按照每个产品收费的操作系统，µC/OS-Ⅱ采用一次性的收费方式，可谓低廉。需要说明的是，µC/OS-Ⅱ仅是一个实时内核，用户需要完成其他更多的工作，比如编写硬件驱动程序、实现文件系统操作(使用文件的话)等。

Linux 是遵循 GPL 协议的开放源码的操作系统，使用时无需交纳许可费用。内核可任意裁剪，几乎支持所有的 32 位、64 位 CPU；内核中支持的硬件种类繁多，几乎可以从网络上找到所有硬件驱动程序；支持几乎所有的网络协议；有大量的应用程序可用，从编译工具、调试工具到 GUI 程序，几乎都有遵循 GPL 协议的相关版本；有庞大的开发人员群体和数量众多的技术论坛，大多问题基本可以得到快速而免费的解答。其缺点在于实时性，虽然 2.6 版本的 Linux 在实时性方面有较大改进，但是仍无法称为实时操作系统。不少变种的 Linux 在实时性方面做了很大改进，比如 RTLinux 达到了硬实时，TimeSys Linux 也提高了实时性。这些改进的 Linux 版本既有遵循 GPL 协议的免费版本，也有要付费的商业版本。

正是由于 Linux 的开放源代码、易于移植、资源丰富、免费等优点，使得它在嵌入式领域越来越来流行。更重要的一点是，由于嵌入式 Linux 与 PC Linux 源于同一套内核代码，只是裁剪的程度不一样，这使得很多为 PC 开发的软件再次编译之后，可以直接在嵌入式设备上运行，从而使得软件资源得到了"极大"的非富，比如各类实用的函数库、小游戏等。

1.6　嵌入式系统开发流程概述

本节主要介绍嵌入式系统开发的一般过程和主要步骤。在此采用自顶向下的方法，从对系统最抽象的描述开始，一步一步地细化。

1.6.1　嵌入式系统的基本设计流程

任何一种嵌入式产品都不可能是凭空造出来的，都有其预期的使用对象。所以嵌入式系统的设计首先从需求分析开始。其一般设计流程如图 1.3 所示。

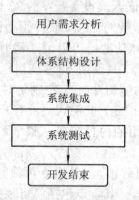

图 1.3　嵌入式系统的一般设计流程

1. 用户需求分析

这一步主要是确定系统设计的任务和目标(包括后来可能需要去掉的不合理的需求)，并提炼出设计规格说明书，作为正式设计指导和验收的标准。这一阶段的任务通常通过两个过程来实现。首先，从客户那里收集系统的非形式描述(也叫需求)；然后，对需求进行提炼，得到系统的规格说明，这些规格说明里包含了进行系统体系结构设计所需要的足够信息。

系统的需求一般分为功能性需求和非功能性需求两个方面。功能性需求就是系统的基本功能，如输入/输出信号、操作方式、显示方式等；非功能性需求包含系统性能、成本、功耗、体积、重量等因素。

另外，规格说明起到客户与生产者之间的合同的作用。所以规格说明必须首先编写，以便精确反映客户的需求，并且作为设计时必须明确遵循的要求。规格说明应该足够明晰，以便别人可以验证它是否符合系统需求，并且完全满足客户的期望。

2. 体系结构设计

规格说明不介绍系统如何做，而只介绍系统做什么。体系结构设计描述系统如何实现需求分析里面所述的功能性和非功能性需求，包括硬件、软件和执行装置的功能划分及系统的软件、硬件选型等。这里虽然没有涉及具体的实现问题，但这一步非常重要，一个好的体系结构是设计成功与否的关键。

3. 软/硬件设计

基于体系结构来对系统的软件、硬件进行详细设计。软/硬件设计使得体系结构和规格说明一致。虽然软件的运行要依赖于具体的硬件，但为加快开发的进度，通常情况是软件设计与硬件设计并行进行。由于 ARM 硬件体系的一致性，因此嵌入式系统设计工作大部分都集中在软件设计上。软件设计主要包括嵌入式操作系统的裁剪、操作系统的移植、驱动程序的开发和相关应用软件的编写等。面向对象技术、软件组件技术、模块化设计是现在经常采用的方法。

4. 系统集成

系统集成即把初步设计好的硬件、软件和执行装置等集成在一起，进行联调；在联调过程中发现并改进单元设计过程中的不足或错误；针对具体的问题，对软硬件进行调整。

5. 系统测试

系统测试即对设计好的系统进行测试，验证其是否满足规格说明中规定的要求。针对不同复杂程度的系统，目前有一些常用的系统设计方法，如瀑布设计法、自顶向下设计法、自下向上设计法、螺旋设计法、逐步细化设计法和并行设计法等。根据设计对象复杂程度的不同，可以灵活地选择不同的设计方法。

1.6.2　嵌入式系统的一般设计方法

因为嵌入式处理器平台都是通用的、固定的、成熟的，所以，在开发过程中有效地减少了硬件系统错误；同时，因为嵌入式操作系统屏蔽了底层硬件的很多信息，开发者只需通过使用操作系统提供的 API 函数就可以完成大部分工作，这就大大简化了过程，加快了开发速度，同时也提高了系统的稳定性。总而言之，嵌入式系统的开发把开发者从繁杂的硬件设计过程中解放出来，从而可以把更多的精力投入到应用程序的编写上。如图 1.4 所示为嵌入式系统的开发流程图。

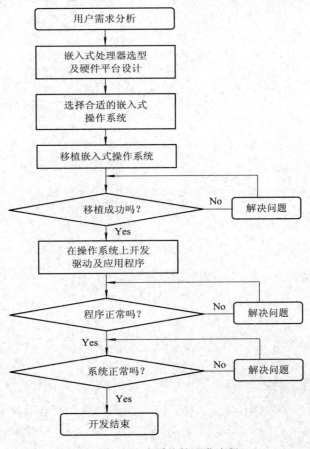

图 1.4　嵌入式系统的开发流程

1.7　思考和练习题

1. 列举几个你身边的嵌入式系统的例子。
2. 什么叫嵌入式系统?
3. 什么是嵌入式处理器? 嵌入式处理器分为哪几类?
4. 什么是嵌入式操作系统? 为何要使用嵌入式操作系统?
5. 嵌入式系统的特点是什么?

第 2 章　ARM 微处理器体系结构

本章目标：

- 了解 ARM 的体系架构；
- 了解 ARM Cortex-A9 处理器工作模式；
- 了解 ARM Cortex-A9 处理器内部寄存器；
- 了解 ARM Cortex-A9 处理器异常中断体系。

2.1　ARM 简介

　　ARM 公司是一家知识产权供应商，它与一般的半导体公司最大的不同就是不制造芯片且不向终端用户出售芯片，而是通过转让设计方案，由合作伙伴生产出各具特色的芯片。ARM 公司利用这种双赢的伙伴关系迅速成了全球性 RISC 微处理器标准的缔造者。这种模式也给用户带来了巨大的好处，因为用户只需掌握一种 ARM 内核结构及其开发手段，就能够使用多家公司相同 ARM 内核的芯片，如图 2.1 所示。

ARM 公司	**ARM**		
ARM 架构	ARMv4、ARMv4E、ARMv5TE		ARMv5TEJ、ARMv6、ARMv7、ARMv8
	SAMSUNG、 *freescale*、 intel、 IBM、 NEC、 SONY、 NXP、 ATMEL		
		将技术授权给其他芯片厂商，形成各具特色的 ARM 芯片	
ARM 芯片	S3C2410、Exynos 4412、MSM8x94、MT6795、骁龙 808、i.MX 6、LPC1200、SAMA5D2 等		

图 2.1　ARM 公司、ARM 架构、ARM 芯片关系

　　目前，100 多家公司与 ARM 公司签订了技术使用许可协议，其中包括 Intel、IBM、LG、NEC、SONY、NXP、NS、Samsung、Freescale、Atmel 等这样的大公司。

　　ARM 架构，又称先进精简指令集机器(Advanced RISC Machine)，是 ARM 公司面向市场设计的一款32位精简指令集(RISC)处理器架构，被广泛地使用在许多嵌入式系统设计中。它具有极高的性价比、代码密度，以及出色的实时中断响应和极低的功耗，并且占用硅片的面积少，从而使它成为嵌入式系统的理想选择，被广泛应用在手机、mp3/mp4、PDA 等众多的便携式消费产品上。

　　嵌入式处理器种类繁多，有 ARM、MIPS、PowerPC 等多种架构。相对而言，ARM 处理器的文档丰富，各类嵌入式软件大多支持 ARM 处理器，使用 ARM 开发板来学习嵌入式开发是个较好的选择。而且，基于不同架构 CPU 的开发是相通的，掌握 ARM 架构之后，在使用其他 CPU 时也会很快上手。当然，作为产品进行选材时，需要考量的因素就非常多了，本书对此不作介绍。

　　因此，ARM 既可以认为是一个公司的名字，也可以认为是对一类微处理器的通称，还可以认为是一种技术的名字。ARM 公司是 32 位嵌入式 RISC 微处理器技术的领导者，自从 1990 年创办公司以来，基于 ARM 技术 IP 核的微处理器的销售量已经超过了 100 亿元。ARM 公司并不生产芯片，而是出售芯片技术授权。其合作公司针对不同需求搭配各类硬件部件，比如 UART、SPI、I²C 等，设计出不同的 SoC 芯片。ARM 公司在技术上的开放性使得它的合作伙伴既有世界顶级的半导体公司，也有各类中、小型公司。随着合作伙伴的增多，也使得 ARM 处理器可以得到更多的第三方工具、制造商和软件支持，又使整个系统成本得以降低，使新品上市时间加快，从而具有更大的竞争优势。

2.1.1　RISC 结构特性

　　RISC(Reduced Instruction Set Computer，精简指令集计算机)的指令格式和长度通常是固定的(如 ARM 是 32 位的指令)，且指令和寻址方式少而简单，大多数指令在一个周期内就可以执行完毕。其指令集和相关的密码机制比复杂指令集计算机(CISC)要简单得多，其目标就是设计出一套能在高时钟频率下单周期执行、简单而有效的指令集。RISC 的设计重点在于降低处理器中指令执行部件的硬件复杂度，这是因为软件比硬件更容易提供更大的灵活性和更高的智能化。ARM 内核则是基于 RISC 体系结构的。因此，ARM 具备了非常典型的 RISC 结构特性。

　　与 RISC 架构对应的是 CISC(Complex Instruction Set Computer，复杂指令集计算机)架构。CISC 在 20 世纪 90 年代前被广泛使用，其特点是通过存放在只读存储器中的微码(Microcode)来控制整个处理器的运行。在 CISC 架构下，一条指令往往可以完成一串运算动作，但却需要多个时钟周期来执行。随着需求的不断增加，设计的指令集越来越多，为支持这些新增的指令，计算机的体系结构越来越复杂。然而，在 CISC 指令集的各种指令中，其使用频率却相差悬殊，大约有 20% 的指令会被反复使用，占整个程序代码的 80%，而余下的 80% 的指令却不经常使用，在程序设计中只占 20%，显然，这种结构是不太合理的。

　　RISC 和 CISC 在构架上的不同在于。

　　首先，在指令集的设计上，RISC 构架的指令格式和长度通常是固定的(如 ARM 是 32 位的指令)，且指令和寻址方式少而简单，大多数指令在一个周期内就可以执行完毕；CISC 构架下的指令长度通常是可变的，指令类型也很多，一条指令通常要若干周期才可以执行完。由于指令集多少与复杂度上的差异，使 RISC 的处理器可以利用简单的硬件电路设计出指令解码(Decode)功能，这样易于流水线的实现。相对的 CISC 则需要通过只读存储器里的微码来进行解码，CISC 因为指令功能与指令参数变化较大，执行流水线作业时有较多的限制。

　　其次，RISC 在结构设计上是一个载入/存储(Load/Store)的构架，只有载入和存储指令可以访问存储器，数据处理指令只对寄存器的内容进行操作。为了加速程序的运算，RISC 会设定多组寄存器，并且指定特殊用途的寄存器。CISC 架构则允许数据处理指令对存储器进行操作，对寄存器的要求相对不高。

2.1.2　ARM 体系架构的发展

为了使 ARM 能够更好地满足嵌入式应用的需要，ARM 体系结构还有以下特点：

(1) 每条数据处理指令可同时包含算术逻辑单元(ALU)的运算和移位处理，实现 ALU 和移位器的最大利用。

(2) 使用地址自增和自减的寻址方式优化程序循环。

(3) 装载/保存指令对数据的批量传输，实现最大数据吞吐量。

(4) 大多数指令是可以条件执行的，实现最快速的代码执行。

ARM 体系架构的版本就是它所使用的指令集的版本。ARM 架构支持 32 位的 ARM 指令集和 16 位的 Thumb 指令集，后者使得代码的存储空间大大减小。它还提供了其他一些扩展功能，比如 Java 加速器(Jazelle)技术，用以提高安全性能的 TrustZone 技术，智能能源管理(Intelligent Energy Manager，IEM)、SIMD 和 NEON^{TM} 等技术。

目前正在使用的 ARM 架构有以下版本：

(1) ARMv4。这是当今市场上最老的版本，所有之前的版本都已经废弃。ARMv4 只支持 32 位的指令集，支持 32 位的地址空间。一些 ARM7 系列的处理器和 Intel 公司的 StrongARM 处理器采用的便是 ARMv4 指令集。

(2) ARMv4E。该版本的架构在 ARMv4 基础上增加了 16 位的 Thumb 指令集，可以产生更紧凑的代码，与相同功能的 ARM 代码相比，可以节省超过 35% 的存储空间，同时具备 32 位代码的所有优点。

(3) ARMv5TE。1999 年，ARMv5TE 版本改进了 Thumb 指令集：增加了一些"增强型 DSP 指令"，简称为 E 指令集。这些指令用于增强处理器对一些典型的 DSP 算法的处理性能，使得音频 DSP 应用可以提升 70%的性能。许多系统在使用微控制器来进行各类控制的同时，还需要具备数据处理能力，传统的做法要么是使用更高级的处理器(这使得成本增加)，要么是使用多个处理器(这使得系统复杂度增高)。通过 E 指令集可以在一个普通 CPU 中增加 DSP 的功能，这在成本、性能、简化设计等方面都具有优势。

(4) ARMv5TEJ。2000 年，ARMv5TEJ 版本中增加了 Jazelle 技术，用于提供 Java 加速功能。相比于仅用软件实现的 Java 虚拟机，Jazelle 技术使得 Java 代码的运行速度提高了 8 倍，而功耗降低了 80%。Jazelle 技术使得可以在一个单独的处理器上运行 Java 程序、已经建立好的操作系统和应用程序。

(5) ARMv6。2001 年，ARMv6 问世。它在很多方面都有改进，如存储系统、异常处理方面，最重要的是增加了对多媒体功能的支持。ARMv6 中包含了一些媒体指令以支持 SIMD 媒体功能扩展。SIMD 媒体功能扩展为音频/视频的处理提供了优化功能，可以使音频/视频的处理性能提高 4 倍。

ARMv6 中还引入了 Thumb-2 和 TrustZone 技术，这是两个可选的技术。在之前的版本中，ARM 指令和 Thumb 指令分别运行于不同的处理器状态，执行不同指令集的指令时要进行切换。Thumb-2 技术增加了混合模式功能，定义了一个新的 32 位指令集，使得可以运行 32 位指令与传统 16 位指令的混合代码。这能够提供"ARM 指令级别的性能"与"Thumb 指令级别的代码密度"。TrustZone 技术在硬件上提供了两个隔离的地址空间：安全域(Secure

World)和非安全域(Non-Secure World)，给系统提供了一个安全机制。

(6) ARMv7。ARMv7 版本的架构使用 Thumb-2 技术，还使用了 NEON(高级 SIMD，即 Single Instruction Multiple Data，单指令、多数据)技术，将 DSP 和媒体处理能力提高了近 4 倍，并支持改良的浮点运算，满足下一代 3D 图形、游戏物理应用以及传统嵌入式控制应用的需求。

(7) ARMv8。2011 年 11 月，ARM 公司发布了新一代处理器架构 ARMv8 的部分技术细节。这是 ARM 公司的首款支持 64 位指令集的处理器架构。ARM 在 2012 年间推出基于 ARMv8 架构的处理器内核并开始授权，而面向消费者和企业的样机于 2013 年在苹果的 A7 处理器上首次运用。

ARMv8 是在 32 位 ARM 架构上进行开发的，将被首先用于对扩展虚拟地址和 64 位数据处理技术有更高要求的产品领域，如企业应用、高档消费电子产品。

ARMv8 架构包含两个执行状态：AArch64 和 AArch32。AArch64 执行状态针对 64 位处理技术，引入了一个全新指令集 A64；而 AArch32 执行状态将支持现有的 ARM 指令集。目前的 ARMv7 架构的主要特性都将在 ARMv8 架构中得以保留或进一步拓展，如 TrustZone 技术、虚拟化技术及 NEON advanced SIMD 技术等。

配合 ARMv8 架构的推出，ARM 正在努力确保一个强大的设计生态系统来支持 64 位指令集。ARM 的主要合作伙伴已经能够获得支持 ARMv8 架构的 ARM 编译器和快速模型 (Fast Model)。在新架构的支持下，对一系列开源操作系统、应用程序和第三方工具的初始开发已经在开展中。通过合作，ARM 合作伙伴们共同加速 64 位生态系统的开发，在许多情况下，这可视为对现有支持基于 ARMv7 架构产品的广泛生态系统的自然延伸。

2.1.3　ARM 处理器系列

在相同指令集下，搭配不同部件就可以组装出具有不同功能的处理器，比如有无内存管理单元、有无调试功能等等。它们可以分为 8 个系列，系列名中的后缀含义如下：

(1) T：支持 Thumb 指令集。

(2) D：支持片上调试(Debug)。

(3) M：内嵌硬件乘法器(Multiplier)。

(4) I：支持片上断点和调试点。

(5) E：支持增强型 DSP 功能。

(6) J：支持 Jazelle 技术，即 Java 加速器。

(7) S：全合成式(Full Synthesizable)。

这 8 个系列中，ARM7、ARM9、ARM9E 和 ARM10 为 4 个通用处理器系列，每一个系列提供一套相对独特的性能来满足不同应用领域的需求。SecurCore 系列是专门为安全要求较高的应用而设计的。

下面简要说明它们的特点。要了解更详细的信息，请参考 ARM 公司的网站 http://www.arm.com。

(1) ARM7。ARM7 系列微处理器是低功耗的 32 位 RISC 微处理器，它主要用于对成本、功耗特别敏感的产品。其最高主频可以达到 130 MIPS，支持 Thumb 16 位指令集和 ARM 32 位指令集。

ARM7 系列微处理器包括如下几种类型的核：ARM7TDMI、ARM7TDMI-S、ARM720T、ARM7EJ-S。其中，ARM7TDMI 是使用比较广泛的 32 位嵌入式 RISC 处理器，属低端 ARM 处理器核。ARM7 系列的处理器没有内存管理单元(MMU)。

(2) ARM9。与 ARM7 系列微处理器相比，ARM9 系列微处理器的最大差别在于有 MMU 和 CACHE。它的指令执行效率较 ARM7 系列有了较大提高，最高主频可达到 300 MIPS。

ARM9 系列微处理器有 ARM920T 和 ARM922T 两种类型。

(3) ARM9E。ARM9E 系列微处理器在单一的处理器内核上提供了微控制器、DSP、Java 应用系统的解决方案，极大地减少了芯片的面积和系统的复杂程度。ARM9E 系列微处理器提供了增强的 DSP 处理能力，非常适合那些需要同时使用 DSP 和微控制器的应用场合。

它有 ARM926EJ-S、ARM946E-S、ARM966E-S、ARM968E-S 和 ARM996HS 共 5 种类型。

(4) ARM10E。ARM10E 系列微处理器具有更加杰出的高性能、低功耗两个特点；由于使用了新的体系结构，它拥有所有 ARM 系列中最高的主频。ARM10E 系列微处理器采用了一种新的省电模式，支持 "64-bit load-store micro-architecture"，含有浮点运算协处理器(符合 IEEE 754 标准，支持向量运算)。

它有 ARM1020E、ARM1022E 和 ARM1026EJ-S 三种类型。

(5) ARM11。ARM11 系列微处理器是 ARM 公司近年推出的新一代 RISC 处理器，是 ARM 新指令架构(ARMv6)的第一代设计实现。ARM11 的媒体处理能力和低功耗特点，使其特别适用于无线和消费类电子产品；其高数据吞吐量和高性能的结合非常适合网络处理应用。另外，在实时性能和浮点处理等方面，ARM11 也可以满足汽车电子应用的需求。基于 AMRv6 体系结构的 ARM11 系列处理器将在上述领域发挥巨大的作用。

它有 ARM11 MPCore、ARM1136J(F)-S、ARM1156T2(F)-S 和 ARM1176JZ(F)-S 共 4 种类型。

(6) Cortex。ARM 公司将经典处理器 ARM11 以后的产品改用 Cortex 命名。由于应用领域不同，基于 v7 架构的 Cortex 系列处理器所采用的技术也不相同，基于 v7A 的称为 Cortex-A 系列，基于 v7R 的称为 Cortex-R 系列，基于 v7M 的称为 Cortex-M 系列，这三类处理器旨在为各种不同的市场提供服务。

Cortex 系列属于 ARMv7 架构，这是到 2010 年为止 ARM 公司最新的指令集架构(2011 年，ARMv8 架构在 TechCon 上推出)。ARMv7 架构定义了三大分工明确的系列："A" 系列面向尖端的基于虚拟内存的操作系统和用户应用；"R" 系列针对实时系统；"M" 系列针对微控制器。Cortex-A 为传统的、基于虚拟存储的操作系统和应用程序而设计，支持 ARM、Thumb 和 Thumb-2 指令集；Cortex-R 针对实时系统设计，支持 ARM、Thumb 和 Thumb-2 指令集；Cortex-M 为对价格敏感的产品而设计，只支持 Thumb-2 指令集。

(7) SecurCore。SecurCore 系列微处理器专为安全需要而设计，提供了完善的 32 位 RISC 技术的安全解决方案。因此，SecurCore 系列微处理器除了具有 ARM 体系结构的低功耗、高性能的特点外，还具有其独特的优势，即提供了对安全解决方案的支持。

SecurCore 系列微处理器有 SecurCore SC100、SecurCore SC200 两种类型。

(8) OptimoDE Data Engines。这是一个新的 IP 核，针对高性能的嵌入式信号处理应用而设计。

另外，Intel 公司的 StrongARM、Xscale 系列处理器也属于 ARM 架构。Intel StrongARM 处理器是便携式通信产品和消费类电子产品的理想选择，已成功应用于多家公司的掌上电脑系列产品。Xscale 处理器是基于 ARMv5TE 体系结构的解决方案，是一款全性能、高性价比、低功耗的处理器。它支持 16 位的 Thumb 指令和 DSP 指令集，已用于数字移动电话、个人数字助理和网络产品等。Xscale 处理器也是 Intel 目前主要推广的一款 ARM 微处理器。

2.2　Cortex-A9 内部功能及特点

2.2.1　Cortex-A9 的内部功能特点

如前所述，本书介绍的 Cortex-A9 是一款基于 ARMv7-A 架构的嵌入式处理器，是目前性能非常高的一款 ARM 处理器。Cortex-A9 处理器与其他 Cortex 系列处理器以及 ARM MPcore 多核技术具有较好的兼容性，因此能够方便地移植或很好地延用包括操作系统/实时操作系统(OS/RTOS)、中间件及应用在内的丰富资源，从而减少采用全新处理器所需的开发成本。

通过首次采用改进的关键微体系架构，Cortex-A9 处理器提供了具有高扩展性和低功耗的解决方案。它利用长度动态可变的、多指令执行超标量体系结构，能够提供采用乱序猜测方式执行的 8 阶段管道处理器。这些特点使其在消费类、网络、企业和移动应用中可以提供非常高的性能。

Cortex-A9 处理器的体系结构如图 2.2 所示，既可用于可伸缩的多核处理器(2～4 多核处理器)，也可用于更传统的单核处理器。可伸缩的多核处理器和单核处理器都支持 16 KB、32 KB 或 64 KB 的 4 路关联的 L1 高速缓存配置。对于可选的 L2 高速缓存控制器，最多支持 8 MB 的 L2 高速缓存配置。它们具有极高的灵活性，可方便地用于特定应用领域和市场。

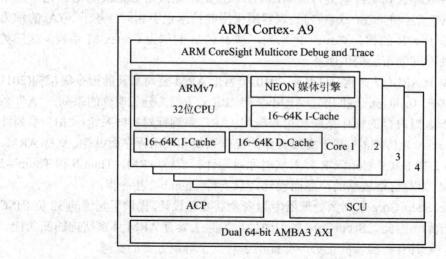

图 2.2　Cortex-A9 处理器的体系结构

Cortex-A9 多核处理器是首款结合了 Cortex 应用级架构以及用于可扩展的多处理能力的 ARM 处理器，增强了下列关键技术：

(1)　Thumb-2 技术。该技术性能上能达到传统 ARM 代码的峰值水平，最多可将指令存储所需内存减少 30%。

(2)　NEON 媒体处理引擎技术。该技术能够加快媒体和信号处理功能(比如，视频编/解码、2D/3D 图形、游戏、音频和语音处理、图像处理、电话和声音合成)，提升具体应用性能，更有应用软件开发和支持相统一的便利。

(3)　浮点运算单元(FPU)。该模块显著提高了单精度及双精度标量浮点运算的速度。性能较原有的 ARM FPU 提升了一倍，提供了行业领先的图像处理、图形和科学运算能力。

(4)　优化了一级缓存的性能和功耗。该处理器结合最低存取延时技术，不但最大限度地提升了性能，而且将功耗降至最低。同时，它还为更强大的处理器相互通信提供了高速缓存一致性，能够有力支持具有丰富 SMP 功能的操作系统，从而简化多核软件开发。

(5)　二级缓存控制器。该控制器在高频设计或者需要降低片外内存存取功耗的设计中，能维持较低的延时和较高的带宽存取，最高可配置 8 MB 的缓存。

(6)　采用高效超标量流水线。该类型指令流水线性能独占鳌头，能够达到超过 2.0 DMIPS/MHz 的速度，实现了前所未有的峰值性能，同时维持了较低的功耗，延长了电池寿命，降低了封装和操作成本。

另外，它还增加了面向多核处理器的技术：

(7)　Snoop Control Unit (SCU)技术。该单元主要功能包括：在 Cortex-A9 处理器之间维护数据 Cache 的一致性；初始化 L2 AXI 存储器访问；在请求 L2 访问的 Cortex-A9 处理器之间仲裁；管理 ACP(加速器一致性端口)访问。

(8)　ACP(加速器一致性端口)技术。这种先进的总线接口单元，用于高带宽设备中，能够实现低延迟时间。

(9)　多核 TrustZone 技术。该技术结合中断虚拟，允许基于硬件的安全和加强技术，为包括数字版权管理和电子支付在内的安全应用提供了可靠的实施方案。

(10)　Jazelle RCT 和 DBX 技术。该技术最多可将字节码语言的实时(JIT)和预先编译代码的大小减少至三分之一，同时支持直接执行 Java 指令的字节代码，大大提高了传统虚拟机的速度。

(11)　通用中断控制器(Generic Interrupt Controller，GIC)。该控制器能够支持多至 224 个独立中断，并提供了丰富灵活的方法实现中断系统的通信、路由、抢占和优先。

(12)　程序跟踪宏单元和 CoreSight 设计套件。这两个组件的结合使软件开发者能够轻松地跟踪多个处理器的执行历史，并将它们与带有时间标记的相关系数一起存储在片内缓冲器之中或通过标准跟踪接口传到芯片外面，从而增强了开发和调试的可视性。

2.2.2　Cortex-A9 的流水线

1. ARM 体系流水线的概念

传统的单片机(如 8051)中，处理器只有完成一条指令的读取和执行后，才会开始下一条指令的处理，所以 PC(程序计数器)总是指向正在执行的指令。而在 ARM 体系架构中则引入了流水线的概念。流水线是 ARM 体系架构提高执行效率的一种有效策略。ARM 处理器使用流水线来增加处理器指令流的速度，这样可使几个操作同时进行，并使处理和存储器系统连续操作，能提供 0.9 MIPS/MHz 的指令执行速度。

到 ARM7 为止的 ARM 处理器使用了简单的三级流水线。三级流水线使用三个工位，将指令的处理分为三个阶段，分别为取指、译码和执行，因此一条指令分为三个阶段并行执行。取指即从存储器中装载；译码即识别将要被执行的指令；执行则是处理指令并将结果写回寄存器。

三级流水线结构的指令执行顺序如图 2.3 所示。

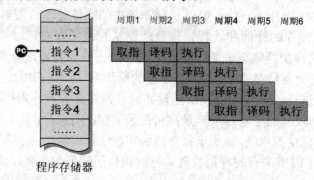

图 2.3　三级流水线结构的指令执行顺序

下面以三级流水线为例，讲解流水线的概念。

(1) 在第 1 个周期，PC 指向指令 1，此时指令 1 进入三级流水线的取指阶段。

(2) 在第 2 个周期，PC 指向指令 2，此时指令 1 进入三级流水线的译码阶段，同时取出指令 2。

(3) 在第 3 个周期，PC 指向指令 3，此时指令 1 进入三级流水线的执行阶段，指令 2 进入译码阶段，取出指令 3。

(4) 在第 4 个周期，指令 1 执行完成，指令 2 和指令 3 流水线推进一级，同时开始指令 4 的取指处理。

2. Cortex-A9 架构基于先进的推测型八级流水线

为了进一步提高性能，更高版本的 ARM 架构进一步优化了流水线的架构。比如，在 ARM9TDMI 中使用了典型的五级流水线。这种五级流水线在取指、译码、执行的基础上又加入了缓冲/数据、回写两个流水线级。

到 Cortex-A9 架构，则采用了基于先进的推测型八级流水线。该流水线具有高效、动态长度、多发射超标量及无序完成的特征，大大提升了 Cortex-A9 架构的性能。

Cortex-A9 架构的流水线主要特点如下：

(1) 先进的取指及分支预测处理，可避免因访问指令的延时而影响跳转指令的执行。

(2) 最多支持 4 条指令 Cache Line 预取挂起，可进一步减少内存延时的影响，从而促进指令的顺利传输。

(3) 每个周期内可连续将 2~4 条指令发送到指令解码单元，确保充分利用超标量流水线性能。

(4) 超标量解码器可在每个周期内完成两条指令的解码。

(5) 支持指令预测执行。通过将物理寄存器动态地重新命名至虚拟寄存器池来实现。

(6) 提升了流水线的利用效率，消除了相邻指令之间的数据依赖性，减少了中断延时。

(7) 支持寄存器的虚拟重命名。以一种有效的、基于硬件的循环展开方法，提高了代码执行效率，而不会增加代码大小和功耗水平。

(8) 4 个后续流水线中的任何一个均可从发射队列中选择执行指令(提供了无序分配功能)，进一步提高了流水线利用效率，无需借助开发者或编译器指令调度。

(9) 每周期支持 2 个算术流水线、加载-存储(load-store)或计算引擎以及分支跳转的并行执行。

(10) 可将有相关性的 load-store 指令提前传送至内存系统进行快速处理，进一步减少了流水线暂停时间，大幅提高了涉及存取复杂数据结构或 C++ 函数的高级代码的执行效率。

(11) 支持 4 个数据 Cache Line 的填充请求，而且还能通过自动或用户控制预取操作，保证了关键数据的可用性，从而进一步减少了内存延时导致的暂停现象。

(12) 支持无序指令完成回写。允许释放流水线资源，无需受限于系统提供所需数据的顺序。

由此可见，从经典的 ARM 系列到现在的 Cortex 系列，ARM 处理器流水线的结构在向复杂的阶段发展。但是不管是几级流水线，都可以按照最初的三级流水线的操作特性来判断当前 PC 值的位置。

2.3　Cortex-A9 架构的处理器状态

2.3.1　状态

在 Cortex-A9 架构中，提供了 4 种状态(state)：指令集状态、执行状态、安全状态和调试状态。

(1) 指令集状态：Cortex-A9 架构提供了 4 种指令集状态，分别是 ARM 状态、Thumb 状态、Jazelle 状态和 ThumbEE 状态。在不同的状态下，将执行对应的指令集。具体处于哪种状态由指令集状态寄存器 ISETSTATE 的 J、T 位控制，如表 2.1 所示。

表 2.1　指令集状态寄存器 ISETSTATE

J 位	T 位	指令集状态
0	0	ARM
0	1	Thumb
1	0	Jazelle
1	1	ThumbEE

(2) 执行状态：包括指令集状态和一些控制指令流编码的位。

(3) 安全状态：在 ARM 架构中，安全状态的数目依赖于是否执行安全扩展。在执行安全扩展时，包括安全状态和非安全状态。这两种状态都有各自的系统寄存器和存储器地址空间。安全状态基本上独立于处理器模式。

只有如下两种异常用于安全状态的切换：

① 监视模式。这种模式仅存在于安全状态，但支持在安全状态和非安全状态之间转换。

② 超级管理模式。该模式是虚拟扩展的一部分，存在于非安全状态，因为虚拟扩展仅支持非安全状态的虚拟化。不执行安全扩展时仅有一种安全状态。

(4) 调试状态：该状态是出于调试目的的暂停。此时，由于调试事件的存在，处理器被配置成暂停调试模式。

2.3.2　优先级水平

此处的优先级水平是指软件执行的先后顺序，在不同的安全状态下由处理器的不同模式决定。

在安全状态下，有两种优先级水平：

(1) PL0。在用户模式下，软件执行的优先级水平为 PL0。

(2) PL1。在除用户模式以外的模式下，软件执行的优先级水平为 PL1。

在非安全状态下，有两种或三种优先级水平：

(1) PL0。在用户模式下，软件执行的优先级水平为 PL0。

(2) PL1。在除用户模式和超级管理模式外的模式下，软件执行的优先级水平为 PL1。

(3) PL2。在包括虚拟扩展的实现中，软件执行在超级管理模式下，优先级水平为 PL2。

软件在优先级水平 PL0 下执行又称为非特权执行。与优先级水平 PLn 相关的模式，又被称为 PLn 模式。

2.4　Cortex-A9 内核的工作模式

ARMv7 内核共支持 9 种处理器模式，不同的模式反映了在该模式下对系统资源的控制能力。当前程序状态寄存器 CPSR 的控制位 M[4:0] 可指示处理器正在执行的模式，如表 2.2 所示。

表 2.2　ARM 处理器的模式

内核工作模式	简称	模式控制位 M[4:0]	优先级	执行状态	执行情况	用　　途
用户模式(User)	USR	10000	PL0	皆可	一直	ARM 处理器正常程序执行状态
快速中断模式	FIQ	10001	PL1	皆可	一直	进行快速中断请求处理
外部中断模式	IRQ	10010	PL1	皆可	一直	进行通用的中断请求处理
管理模式(Supervisor)	SVC	10011	PL1	皆可	一直	操作系统使用的保护模式
监视模式(Monitor)	MON	10110	PL1	安全状态	安全扩展	进行操作系统的高级处理
预取指令中止异常(Abort)	ABT	10111	PL1	皆可	一直	虚存和存储器保护，包括数据异常和预取指异常
超级管理模式(Hypervisor)	HYP	11010	PL2	非安全状态	虚拟扩展	虚拟内存和存储器保护
未定义指令模式(Undefined)	UND	11011	PL1	皆可	一直	协处理器的软件仿真，未定义指令异常
系统模式(System)	SYS	11111	PL1	皆可	一直	运行具有特权的操作系统任务

除了用户模式，其余的所有模式都称为非用户模式或特权模式(Priviledged Mode)。其中，除去用户模式和系统模式外的模式称为异常模式(Excepetion Mode)，常用于处理中断或异常以及需要访问受保护的系统资源等情况。

处理器模式可以通过软件控制进行切换，也可以通过外部中断或异常处理过程进行切换。大多数的用户程序运行在用户模式下。这时，应用程序不能够访问一些受操作系统保护的系统资源，也不能直接进行处理器模式的切换。当需要进行处理器模式的切换时，应用程序可以产生异常处理，在异常处理的过程中进行处理器模式的切换。这种体系结构可以使操作系统控制整个系统资源的使用。

当应用程序发生异常中断时，处理器进入相应的异常模式。在每一种异常模式中都有一组寄存器(见表 2.3)，供相应的异常处理程序使用。这样就可以保证在进入异常模式时，用户模式下的寄存器不被破坏(其中保存了程序的运行状态)。

系统模式并不是通过异常过程进入的，它和用户模式具有完全一样的寄存器。但是系统模式属于特权模式，可以访问所有的系统资源，也可以直接进行处理器模式的切换，它主要供操作系统的任务使用。通常操作系统的任务需要访问所有的系统资源，同时该任务仍然使用用户模式下的寄存器组，而不是使用异常模式下相应的寄存器组，这样可以保证当异常中断发生时任务的状态不被破坏。

2.5　Cortex-A9 架构的内核寄存器

从系统角度来看，Cortex-A9 架构内部共有 42 个用户可以访问的 32 位寄存器，其中包括 8 个 32 位宽的状态寄存器。Cortex-A9 处理器共有 9 种不同的处理器模式，每种模式都有一组相应的寄存器组。这些寄存器分别为：

(1) 13 个通用 32 位寄存器：R0_usr～R12_usr。特殊的，在 FIQ 模式下，R8～R12 对应为 R8_fiq、R9_fiq、R10_fiq、R11_fiq、R12_fiq。

(2) 8 个状态寄存器：CPSR、SPSR_hyp、SPSR_svc、SPSR_abt、SPSR_und、SPSR_mon、SPSR_irq、SPSR_fiq。

(3) 针对不同模式的三种寄存器：SP(R13)、LR(R14)、PC(R15)。在不同模式下，它们分别为 SP_usr(R13)、SP_hyp、SP_scv、SP_abt、SP_und、SP_mon、SP_irq、SP_fiq、LR_usr(R14)、LR_svc、LR_abt、LR_und、LR_mon、LR_irq、LR_fiq、PC。

2.5.1　ARM 状态下的寄存器

1. 各种模式下实际访问的寄存器

上述从系统角度列出了程序员实际能访问的所有寄存器。但是究竟哪些寄存器对程序员来说当前是可用的，则完全取决于 Cortex-A9 当前所处的处理器模式。因此，在各种处理器模式下，程序员实际能访问的寄存器的权限是完全不一样的，如表 2.3 所示。

在 ARM 状态中，可以在任何时候同时访问 R0_usr～R12_usr 这 13 个通用寄存器和 1 个状态寄存器(CPSR)。用户模式和系统模式具有完全相同的寄存器，其中 R0_usr～R7_usr

为所有模式共享的通用寄存器。具有特殊用途的寄存器，包括堆栈指针寄存器 SP、链接寄存器 LR、程序计数器 PC。这些寄存器在不同的工作模式下，都对应于不同的寄存器组，以供在各自模式下使用。

表 2.3　ARM 处理器各种模式下的寄存器

寄存器名称	各模式下实际访问的寄存器								
	用户	系统	超级管理	管理	中止	未定义	监测	中断	快中断
R0	R0_usr								
R1	R1_usr								
R2	R2_usr								
R3	R3_usr								
R4	R4_usr								
R5	R5_usr								
R6	R6_usr								
R7	R7_usr								
R8	R8_usr								R8_fiq
R9	R9_usr								R9_fiq
R10	R10_usr								R10_fiq
R11	R11_usr								R11_fiq
R12	R12_usr								R12_fiq
SP(R13)	R13_usr		SP_hyp	SP_scv	SP_abt	SP_und	SP_mon	SP_irq	SP_fiq
LR(R14)	R14_usr			LR_svc	LR_abt	LR_und	LR_mon	LR_irq	LR_fiq
PC(R15)	PC								
CPSR	CPSR								
SPSR	—		SPSR_hyp	SPSR_svc	SPSR_abt	SPSR_und	SPSR_mon	SPSR_irq	SPSR_fiq

2. 一般的通用寄存器

R0～R7 为保存数据或地址值的通用寄存器，这是因为在任何处理器模式下，R0～R7 中的每一个寄存器都是同一个 32 位物理寄存器。

R0～R7 是完全通用的寄存器，不会被体系结构作特殊用途，并且可用于任何可使用通用寄存器的指令。在由用户模式进入异常中断之后，可能会造成寄存器的数据丢失，因此应该对重要数据进行备份。

寄存器 R8～R14 所对应的物理寄存器取决于当前的物理寄存器模式。几乎所有允许使用通用寄存器的指令都允许使用寄存器 R8～R14。

寄存器 R8～R12 有两组不同的物理寄存器。其中一组用于除 FIQ 模式以外的所有寄存器模式(R8～R12)，另一组用于 FIQ 模式(R8_fiq～R12_fiq)。在进入 FIQ 模式后就不必为保护寄存器而浪费时间，程序可以直接使用 R8_fiq～R12_fiq 来执行操作，从而实现快速的中断处理。

除用户模式和系统模式外，寄存器 R13、R14 在不同模式下分别对应不同的寄存器。

例如，当处理器处于中断模式时，执行的指令可以访问的名字仍然是 R13 和 R14，但是实际上访问的是分组寄存器 SP_irq 和 LR_irq，而用户模式下的相应寄存器不会受到任何影响，程序仍然可以正常访问 R0～R12。

3. 堆栈指针寄存器 SP

堆栈是在内存中划分出的一段存储空间，这个存储空间就像一个大的数据仓库，用于暂时保存一些数据。堆栈操作通常会发生在子程序调用、异常发生或者是程序运行过程中寄存器数量不够时。在前两种情况下，通常把子程序或者异常服务程序中将要用到的寄存器内容保存到堆栈中。在子程序或者异常处理程序结束返回时再将保存在堆栈中的值重装到相应的寄存器中，这样便可以确保原有的程序状态不被破坏。

还有一种情况是，如果程序运行过程中，局部变量的数量太多，以至于处理器内部的寄存器无法全部装下时，程序员或者编译器会使用堆栈来作为数据暂存空间，将暂存未用到的数据压栈处理，当需要时再取出来。

堆栈的结构就像一个弹匣，只有一个子弹(数据)的出入口，但是不同在于，子弹出入时，弹夹的出入口位置不变而弹匣内子弹的位置发生变化，堆栈则是栈中的数据位置不变而出入口(栈顶)改变。

最先压入的子弹(数据)将会在最后弹出，这就是栈的一个重要性质——先入后出。堆栈操作分为"入栈"和"出栈"。入栈是往栈中写入数据，每写入一个数据，栈的剩余空间就减少一个。出栈就是从栈中弹出数据，每弹出一个数据，栈的剩余空间就增加一个。堆栈实际上就是一段内存空间，那么堆栈的出入口其实就是一个地址，程序在进行堆栈操作时需要能非常方便地知道当前出入口在哪里。堆栈指针就像一个指引程序前往这个出入口的向导，这个向导始终记得出入口的地址。

通常称堆栈指针指向的存储单元为"栈顶"，而堆栈区域中保存的第一个堆栈数据的存储单元称为"栈底"。如果把堆栈比作一个水桶的话，那么桶底相当于栈底，而桶中的水面就相当于栈顶。

在 ARM 处理器中，通常将寄存器 R13 作为堆栈指针(SP)寄存器，用于保存堆栈的出入口地址。ARM 处理器共有 8 个堆栈寄存器，其中用户模式和系统模式通用一个，每种异常模式都有专用的 SP 寄存器。它们通常指向各模式所对应的专用堆栈，也就是说 ARM 处理器允许用户有 8 个不同的堆栈空间。这些堆栈指针分别为 R13、SP_hyp、SP_scv、SP_abt、SP_und、SP_mon、SP_irq、SP_fiq，如表 2.4 所示。

表 2.4 不同模式下使用的堆栈指针

堆栈指针	用户	系统	超级管理	管理	中止	未定义	监测	中断	快中断
SP(R13)	R13		SP_hyp	SP_scv	SP_abt	SP_und	SP_mon	SP_irq	SP_fiq

ARM 处理器的堆栈操作具有非常大的灵活性，根据堆栈指针的递增方向和指针指向的存储单元是否为空，共有 4 种堆栈方式：满递增、空递增、满递减和空递减。

4. 链接寄存器 LR

寄存器 R14 也称为链接寄存器(LR)。子程序的返回地址将自动存入 R14 中。每种异常模式都有专用的 R14 寄存器用于保存子程序返回地址，分别为 R14、LR_scv、LR_abt、LR_und、LR_mon、LR_irq、LR_fiq，如表 2.5 所示。

表 2.5 不同模式下使用的堆栈指针

堆栈指针	用户	系统	超级管理	管理	中止	未定义	监测	中断	快中断
SP(R14)		R14		LR_scv	LR_abt	LR_und	LR_mon	LR_irq	LR_fiq

在结构上 R14 有两种特殊功能：

(1) 在使用 BL 指令调用子程序时，返回地址将自动存入 R14 中。子程序结束时，将 R14 复制到程序计数器 PC 中即可实现子程序的返回。

(2) 当发生异常中断时，应注意保证异常处理程序不会破坏 LR。因为 LR 保存的是异常处理程序的返回地址，即将异常处理程序的返回地址保存到 LR 对应的异常模式寄存器中。异常处理程序完成后的返回是通过将 LR 的值写入 PC，同时从 SPSR 寄存器中恢复 CPSR 来实现的。

5. 程序指针寄存器 PC

程序指针寄存器 PC 用来保存将要执行指令的地址，也就是说，PC 总是指向正在"取指"的指令。

6. 程序状态寄存器 CPSR 和程序状态保存寄存器 SPSR

所有模式共享一个程序状态寄存器 CPSR(Current Program Status Register)，ARM 内核就是通过使用 CPSR 来监视和控制内部的操作的。

在异常模式中，用于保存 CPSR 当前值的状态寄存器称为程序状态保存寄存器 SPSR(Saved Program Status Register)。每种异常模式都有相应的 SPSR，分别是 SPSR、SPSR_hyp、SPSR_svc、SPSR_abt、SPSR_und、SPSR_mon、SPSR_irq、SPSR_fiq，如表 2.6 所示。

表 2.6 CPSR 和 SPSR 寄存器

堆栈指针	用户	系统	超级管理	管理	中止	未定义	监测	中断	快中断
CPSR				CPSR					
SPSR	—		SPSR_hyp	SPSR_svc	SPSR_abt	SPSR_und	SPSR_mon	SPSR_irq	SPSR_fiq

除用户模式外，每一种处理器模式都可以通过改写 CPSR 中的模式控制位来改变。各种模式对应的模式控制位在表 2.2 中已经列出。除用户模式和系统模式共用一组寄存器外，所有处理器模式都有一组自己的状态寄存器。如果改变处理器的模式，新模式的状态寄存器将取代原来模式的状态寄存器。

CPSR 和 SPSR 之间的关系是：

(1) 当一个特定的异常中断发生时，将 CPSR 中当前值保存到相应异常模式下的 SPSR，然后设置 CPSR 为相应的异常模式的值。

(2) 从异常中断程序退出返回时，可以通过保存 SPSR 中的值恢复 CPSR 的值。

2.5.2 当前程序状态寄存器

Cortex-A9 架构(ARMv7 内核)包括 1 个程序状态寄存器 CPSR 和 7 个仅供异常模式使

用的程序状态保存寄存器 SPSR。由于所有的模式全部共享一个程序状态寄存器 CPSR，因此处理器所有的状态全部都保存在 CPSR 中。也就是说，ARM 内核通过 CPSR 来监视和控制内部的操作。每种异常模式都有一个对应的 SPSR，用于保存在异常前 CPSR 状态的当前值。CPSR 和 SPSR 可以通过特殊的指令进行访问。表 2.7 给出了 CPSR 和 SPSR 的基本格式。

表 2.7　CPSR 和 SPSR 的基本格式

31	30	29	28	27	26 25	24	23　　　　20	19　　16	15　　　　10	9	8	7	6	5	4 3 2 1 0
N	Z	C	V	Q	IT[1:0]	J	Reserved	GE[3:0]	IT[7:2]	E	A	I	F	T	M[4:0]

下面就其中重要的位域进行说明。

1. 条件标志位 bits[31:28]

大多数数值处理指令可以选择是否修改条件代码标志。一般地，如果指令带 S 后缀，则指令会修改条件代码标志。但是，有一些指令总是改变条件代码的标志。

N、Z、C 和 V 都是条件代码的表示位，算术和逻辑操作都可能改变这些位。这些标志位还可以通过 MSR 和 LDM 指令进行设置。ARM 处理器对这些位进行测试以决定是否执行一条指令，这样就可以不用程序跳转也可以实现条件执行。各标志位的含义如下：

(1) 负标志 N(Negative，bit[31])，运算结果的第 31 位，记录标志设置操作的结果。

(2) 零标志 Z(Zero，bit[30])，如果标志设置操作的结果为 0，则置位。

(3) 进位标志 C(Carry，bit[29])，记录无符号加法溢出，减法无借位，循环移位。

(4) 溢出标志 V(Overflow，bit[28])，记录标志设置操作的有符号溢出。

在 ARM 状态中，所有指令都可以按条件来执行。在任何模式下，条件标志位都可以被读或写。

2. Q 标志位 bit[27]

该位用于指示增强的 DAP 指令是否发生溢出。在 SPSR 中，该位用于在异常中断发生时保存和恢复 CPSR 中的 Q 标志位。

3. J 标志位 bit[24]

该位即 Jazelle 位，和 T 位一起决定 ARM 处理器的状态，见表 2.1。

4. If-Then 标志位 IT[7:0] (bits[15:10, 26:25])

CPSR 中的 bits[15:10, 26:25] 合称 If-Then 标志位，用于 Thumb 的 IT(If-Then)指令。

5. 大于等于标志位 GE[3:0]

该位域 bits[19:16] 表示 SIMD 指令集中的大于、等于标志。在任何模式下可读可写。

6. 大小端控制位 E

该位 bit[9]用于数据存储格式大小端的控制。0 表示小端存储，1 表示大端存储。

7. 屏蔽位

该位域 bits[8:6]对异步异常、IRQ、FIQ 进行屏蔽控制。0 表示未屏蔽，1 表示屏蔽。它包括：

(1) 异步异常屏蔽位 A，bit[8]；

(2) IRQ 屏蔽位 I，bit[7]；

(3) FIQ 屏蔽位 F，bit[6]。

8. Thumb 状态控制位 T

该位 bit[5] 和 J 位一起反映了 ARM 处理器的状态，见表 2.1。其中：

(1) 当该位置位时，表示处理器正在 Thumb 状态下运行；

(2) 当该位清零时，表示处理器正在 ARM 状态下运行。

9. 模式控制位 M[4:0]

该位域 bits[4:0] 是模式控制位，决定了处理器的操作模式，见表 2.2。不是所有的模式位的组合都定义了有效的处理器模式，因此不要使用表 2.2 中未列出的组合。

2.6　ARM 的异常中断

2.6.1　ARM 异常中断处理概述

在 ARM 处理器中，异常(Exception)和中断(Interrupt)有些差别。异常主要是从处理器被动接受异常的角度出发；而中断带有向处理器主动申请的色彩，是 CPU 在执行当前程序的过程中因硬件或软件的原因插入了另一段程序运行的过程。因硬件原因引起的中断过程的出现是不可预测的，即随机的，而软件中断则是事先安排的。一般对"异常"和"中断"不做严格区分，两者都是指请求处理器打断正常的程序执行流程，进入特定程序循环的一种机制。

只要正常的程序流被暂时中止，处理器就进入异常模式。例如在用户模式下执行程序，当外设向处理器内核发出中断请求时，将导致内核从用户模式切换到异常中断模式。

2.6.2　ARM 异常类型

每一种异常都会导致内核进入一种特定的模式。ARM 的异常向量地址如表 2.8 所示。此外，也可以通过编程改变 CPSR，进入任何一种 ARM 处理器模式。用户模式和系统模式是仅有的不可通过异常进入的两种模式，也就是说，要进入这两种模式，必须通过编程改变 CPSR。

表 2.8　ARM 的异常向量地址一览表

执行低地址	执行高地址	异 常 类 型	进入时的模式	进入时 I 的状态	进入时 F 的状态
0x00000000	0xFFFF0000	复位(Reset)	管理	禁止	禁止
0x00000004	0xFFFF0004	未定义指令(Undefined Interrupt)	未定义	I	F
0x00000008	0xFFFF0008	软件中断(SWI)	管理	禁止	F
0x0000000C	0xFFFF000C	预取中止(Prefetch Abort)	中止	I	F
0x00000010	0xFFFF0010	数据中止(Data Abort)	中止	I	F
0x00000014	0xFFFF0014	保留	保留	—	—
0x00000018	0xFFFF0018	外部中断(IRQ)	中断	禁止	F
0x0000001C	0xFFFF001C	快速中断(FIQ)	快速中断	禁止	禁止

注：表中的 I 和 F 表示对该位无影响，保留原来的值。

当异常发生时，处理器会把 PC 设置为一个特定的存储器地址。这一地址放在被称为向量表(Vector Table)的特定地址范围内。向量表的入口是一些跳转指令，跳转到专门处理某个异常或中断的子程序。

存储器映射地址 0x00000000 是为向量表(一组 32 位字)保留的。在有些处理器中，向量表可以选择定位在存储空间的高地址(从偏移量 0xffff0000 开始)。一些嵌入式操作系统，如 Linux 和 Windows CE 就利用了这一特性。

当异常发生时，分组寄存器 R14 和 SPSR 用于保存处理器状态，操作伪指令如下：

R14_<exception_mode> = return link

SPSR_<exception_mode> = CPSR

CPSR[4：0] = exception mode number

CPSR[5] = 0　　　　　；进入 ARM 状态

If　<exception mode> = = reset or FIQ then

CPSR[6] = 1　　　　　；屏蔽快速中断 FIQ

CPSR[7] = 1　　　　　；屏蔽外部中断 IRQ

PC = exception vector address

异常返回时，SPSR 内容恢复到 CPSR，连接寄存器 R14 的内容恢复到程序计数器 PC。下面分别对各种异常的处理情况进行详细阐述。

1. 复位异常

当处理器的复位引脚有效时，系统产生复位异常中断，程序跳转到复位异常中断处理程序处执行。复位异常中断通常用于系统上电和系统复位两种情况。

当复位异常时，系统(仅考虑 ARM 状态下，以下几个异常相同)主要执行下列伪操作：

R14_svc = UNPREDICTABLE value

SPSR_svc = UNPREDICTABLE value

CPSR[4:0] = 0b10011　　　　　　　；进入特权模式

CPSR[5] = 0　　　　　　　　　　　；处理器进入 ARM 状态

CPSR[6] = 1　　　　　　　　　　　；禁止快速中断

CPSR[7] = 1　　　　　　　　　　　；禁止外设中断

If　high vectors configured then

　　PC = 0xffff0000

else

　　PC = 0x00000000

复位异常中断处理程序将进行一些初始化工作，内容与具体系统相关。以下是复位异常中断处理程序的主要功能：

(1) 设置异常中断向量表。

(2) 初始化数据栈和寄存器。

(3) 初始化存储系统，如系统中的 MMU 等。

(4) 初始化关键的 I/O 设备。

(5) 使能中断。

(6) 处理器切换到合适的模式。

(7) 初始化 C 变量，跳转到应用程序执行。

2. 未定义指令异常

当 ARM 处理器执行协处理器指令时，它必须等待一个外部协处理器应答后，才能真正执行这条指令。若协处理器没有响应，则发生未定义指令异常。未定义指令异常也可用于没有物理协处理器的系统上，对协处理器进行软件仿真，或通过软件仿真实现指令集扩展。例如，在一个不包含浮点运算的系统中，CPU 执行浮点运算指令时，将发生未定义指令异常中断，在该未定义指令异常中断的处理程序中可以通过其他指令序列仿真浮点运算指令。

仿真功能可以通过以下步骤实现：

(1) 将仿真程序入口地址链接到向量表中未定义指令异常中断入口处(0x00000004 或 0xffff0004)，并保存原来的中断处理程序。

(2) 读取该未定义指令的 bits[27:24]，判断其是否是一条协处理器指令。如果 bits[27:24] 值为 0b1110 或 0b110x，则该指令是一条协处理器指令；否则，由软件仿真实现协处理器功能，可以通过 bits[11:8] 来判断要仿真的协处理器功能(类似于 SWI 异常实现机制)。

(3) 如果不仿真该未定义指令，程序跳转到原来的未定义指令异常中断的中断处理程序处执行。

当未定义指令异常发生时，系统主要执行下列伪操作：

　　r14_und = address of next instruction after the undefined instruction

　　SPSR_und = CPSR

　　CPSR[4:0] = 0b11011　　　　　　　; 进入未定义指令模式

　　CPSR[5] = 0　　　　　　　　　　　; 处理器进入 ARM 状态

　　　　　　　　　　　　　　　　　　　; CPSR[6]保持不变

　　CPSR[7] = 1　　　　　　　　　　　; 禁止外设中断

　　If high vectors configured then

　　　　PC = 0xffff0004

　　else

　　　　PC = 0x00000004

3. 软件中断异常

软件中断异常发生时，处理器进入特权模式，执行一些特权模式下的操作系统功能。软件中断异常发生时，处理器主要执行下列伪操作：

　　r14_svc = address of next instruction after the SWI instruction

　　SPSR_und = CPSR

　　CPSR[4:0] = 0b10011　　　　　　　; 进入特权模式

　　CPSR[5] = 0　　　　　　　　　　　; 处理器进入 ARM 状态

　　　　　　　　　　　　　　　　　　　; CPSR[6] 保持不变

　　CPSR[7] = 1　　　　　　　　　　　; 禁止外设中断

　　If high vectors configured then

```
        PC = 0xffff0008
    else
        PC = 0x00000008
```

4. 预取中止异常

预取中止异常是由系统存储器报告的。当处理器试图去取一条被标记为预取无效的指令时，发生预取中止异常。

如果系统中不包含 MMU，指令预取异常中断处理程序只是简单地报告错误并退出；若包含 MMU，那么引起异常的指令的物理地址将被存储到内存中。

预取中止异常发生时，处理器主要执行下列伪操作：

```
r14_svc = address of the aborted instruction + 4
SPSR_und = CPSR
CPSR[4:0] = 0b10111              ; 进入特权模式
CPSR[5] = 0                      ; 处理器进入 ARM 状态
                                 ; CPSR[6]保持不变
CPSR[7] = 1                      ; 禁止外设中断
If high vectors configured then
        PC = 0xffff000C
else
        PC = 0x0000000C
```

5. 数据中止异常

当数据访问指令的目标地址不存在或者该地址不允许当前指令访问时，处理器产生数据访问中止异常。数据中止异常时由存储器发出数据中止信号，它由存储器访问指令 Load/Store 产生。当数据中止异常发生时，处理器主要执行下列伪操作：

```
r14_abt = address of the aborted instruction + 8
SPSR_abt = CPSR
CPSR[4:0] = 0b10111
CPSR[5] = 0                      ; 处理器进入 ARM 状态
                                 ; CPSR[6]保持不变
CPSR[7] = 1                      ; 禁止外设中断
If high vectors configured then
        PC = 0xffff000C10
else
        PC = 0x00000010
```

当数据访问中止异常发生时，寄存器的值将根据以下规则进行修改：

(1) 返回地址寄存器 R14 的值只与发生数据异常的指令地址有关，与 PC 值无关。

(2) 如果指令中没有指定基址寄存器回写，则基址寄存器的值不变。

(3) 如果指令中指定了基址寄存器回写，则寄存器的值和具体芯片的中止模型有关，由芯片的生产商指定。

(4) 如果指令只加载一个通用寄存器的值，则通用寄存器的值不变。

(5) 如果是批量加载指令，则寄存器中的值不可预知。

(6) 如果指令加载协处理器寄存器的值，则被加载寄存器的值不可预知。

6. 外部中断异常

当处理器的外部中断请求引脚有效，而且 CPSR 寄存器的 I 控制位被清除时，处理器产生外部中断异常。系统中各外部设备通常通过该异常中断请求处理器服务。

当外部中断异常发生时，处理器主要执行下列伪操作：

r14_irq = address of next instruction to be executed + 4

SPSR_irq = CPSR

CPSR[4:0] = 0b10010　　　　；进入特权模式

CPSR[5] = 0　　　　　　　　；处理器进入 ARM 状态

　　　　　　　　　　　　　　；CPSR[6]保持不变

CPSR[7] = 1　　　　　　　　；禁止外设中断

If high vectors configured then

　　　　PC = 0xffff0018

else

　　　　PC = 0x00000018

7. 快速中断异常

当处理器的快速中断请求引脚有效且 CPSR 寄存器的 F 控制位被清除时，处理器产生快速中断异常。当快速中断异常发生时，处理器主要执行下列伪操作：

r14_fiq = address of next instruction to be executed + 4

SPSR_ fiq = CPSR

CPSR[4:0] = 0b10001　　　　；进入快速中断模式

CPSR[5] = 0　　　　　　　　；处理器进入 ARM 状态

CPSR[6] = 0　　　　　　　　；允许快速中断

CPSR[7] = 1　　　　　　　　；禁止外设中断

If high vectors configured

　　　　PC= 0xffff001c

else

　　　　PC = 0x0000001c

2.6.3　ARM 异常的优先级

ARM 处理器中有 7 种类型的异常，按优先级从高到低的排列如下：复位异常(Reset)、数据异常(DataAbort)、快速中断异常(FIQ)、外部中断异常(IRQ)、预取异常(Prefetch Abort)、软中断异常(SWI)和未定义指令异常(Undefined Interrupt)，如表 2.9 所示。

异常可以同时发生，此时处理器按表 2.9 中设置的优先级顺序处理异常。例如，处理器上电时发生复位异常，复位异常的优先级最高，所以当产生复位时，它将优先于其他异常得到处理。同样，当一个数据异常发生时，它将优先于除复位异常外的其他所有异常而得到处理。

表 2.9　ARM 异常的优先级

优先级	异常类型	返回地址
1　（最高）	复位异常	R14
2	数据异常	R14
3	快速中断异常	R14-4
4	外部中断异常	R14-4
5	预取异常	R14-4
6	软件中断异常	R14-8
7　（最低）	未定义指令异常	—

优先级最低的两种异常是软件中断异常和未定义指令异常。因为正在执行的指令不可能既是一条软件中断指令，又是一条未定义指令，所以软件中断异常和未定义指令异常享有相同的优先级。

2.6.4　ARM 异常响应和处理程序返回

1. 中断响应的概念

通常，中断响应大致可以分为以下几个步骤：

(1) 保护断点，即保存下一个将要执行的指令的地址，也就是把这个地址送入堆栈；

(2) 寻找中断入口，根据不同的中断源所产生的中断，查找不同的入口地址；

(3) 执行中断处理程序；

(4) 中断返回，执行完中断指令后，就从中断处返回到主程序，继续执行。

2. ARM 异常响应流程

1) 判断处理器状态

当异常发生时，处理器自动切换到 ARM 状态，所以在异常处理函数中要判断异常发生前处理器是 ARM 状态还是 Thumb 状态。这可以通过检测 SPSR 的 T 位来判断。通常情况下，只有在 SWI 处理函数中才需要知道异常发生前处理器的状态。所以在 Thumb 状态下，调用 SWI 必须注意以下两点：

(1) 发生异常的指令地址为(LR-2)而不是(LR-4)。

(2) Thumb 状态下的指令是 16 位的，在判断中断向量号时使用半字加载指令 LDRH。

2) 按异常向量表中地址跳转

如前面介绍的异常向量表 2.8 中所示，每一个异常发生时总是从异常向量表中列出的地址开始跳转。跳转指令 B 的跳转范围为 ±32 MB，但很多情况下不能保证所有的异常处理函数都定位在向量的 32 MB 范围内，而可能需要更大范围的跳转，而且由于向量表空间的限制，只能由一条指令完成。其具体实现可按下面两种方法操作：

(1) MOV PC, #imme_value。这种办法将目标地址直接赋值给 PC，但其受格式限制不能处理任意立即数。此处的立即数 #imme_value 由一个 8 位数值循环右移偶数位得到。

(2) LDR PC, [PC + offset]。这种方法把目标地址先存储在某一个合适的地址空间，然后把这个存储器单元的 32 位数据传送给 PC 来实现跳转。它对目标地址值没有要求，但是存储目标地址的存储器单元必须在当前指令的 ±4 KB 空间范围内。

3. 从异常处理程序中返回

当一个 ARM 异常处理返回时，共有 3 件事情需要处理：通用寄存器的恢复，状态寄存器的恢复及 PC 指针的恢复。通用寄存器的恢复采用一般的堆栈操作指令即可。下面重点介绍状态寄存器和 PC 指针的恢复以及各种异常返回地址的确定。

1) 恢复被中断程序的处理器状态

PC 和 CPSR 的恢复可以通过如下 3 条指令中的一条来实现，例如：

　　　MOVS PC, LR

　　　SUBS PC, LR, #4

　　　LDMFD SP!, {PC}^

以上几条指令是普通的数据处理指令，特殊之处在于它们把程序计数器寄存器 PC 作为目标寄存器，并且带了特殊的后缀"S"或"^"。其中"^"的作用就是使指令在执行时，同时完成从 SPSR 到 CPSR 的复制，达到恢复状态寄存器的目的。

2) 各种异常的返回地址

异常返回时，另一个非常重要的问题就是确定返回地址。处理器进入异常时会有一个保存 LR 的动作，但是该保持值并不一定是正确的中断返回地址。针对不同的异常，返回地址会有所差异，表 2.10 总结了各类异常及返回地址的关系。

表 2.10　各类异常及其返回地址的关系

异常或入口	返 回 指 令	返回地址
SWI	MOVS PC, R14_svc	R14
未定义的指令	MOVS PC, R14_und	R14
预取中止	SUBS PC, R14_abt, #4	R14−4
快速中断	SUBS PC, R14_fiq, #4	R14−4
中断	SUBS PC, R14_irq, #4	R14−4
数据中止	SUBS PC, R14_abt, #8	R14−8
复位	无	—

2.7　Cortex-A9 的存储系统

2.7.1　ARM 存储系统的相关概念

ARM 存储系统的体系结构因适应不同的嵌入式应用系统的需求而差别很大，最简单的存储系统使用平板式的地址映射机制，就像一些简单的单片机系统中的存储系统一样，地址空间的分配是固定的，系统各部分都使用物理地址；而一些复杂的存储系统可能使用如多种类型的存储器、Cache、Write buffer、内存映射、存储保护机制和 I/O 操作映射成内存操作等一种或几种技术，从而提供更为强大的存储系统。

　　Cortex-A9 是基于 ARMv7-A 内核的，其存储系统架构被称为虚拟存储系统架构(Virtual Memory System Architecture，VMSA)。从应用水平来看，ARM 架构的存储器模型可以看做一个由 2^{32} 个字节组成的 4 GB 地址平面空间，地址编号为 $0\sim2^{32}-1$。地址空间也可以看做包含 2^{30} 个 32 位的字或 2^{31} 个 16 位的半字。如果地址向上或向下溢出地址空间，地址通常会发生翻转。

　　注意：如果在取指操作时地址发生溢出，只要没有执行预取的无效指令，就不会导致异常。

1．存储器的字节、半字、字与双字

　　ARM 存储器里以字节为单位存储信息，每个字节单元存放的是一个 8 位的二进制数(例如，11001100 这个 8 位二进制数存放在一个字节单元里)。每个字节单元都被分配一个唯一的编号(存储器地址)，每个编号都代表一个字节单元，而且这些编号是从零开始的，最大的编号就是最后一个字节单元。

　　从偶数地址开始的连续 2 个字节构成一个半字；以能被 4 整除的地址开始的连续 4 个字节构成一个字；由两个字构成一个双字。

　　在 ARMv7 架构中，ARM 指令是字对齐的；Thumb 和 ThumbEE 指令是半字对齐的；Java 指令是字节对齐。

2．存储器的存储方式

　　在 ARM 存储器中，如果一个数据是从偶地址开始的连续存储，那么它就是半字对齐，否则就是非半字对齐；如果一个数据是以能被 4 整除的地址开始的连续存储，那么它就是字对齐，否则就是非字对齐，如表 2.11 所示。

表 2.11　字对齐和半字对齐地址示例

方式	半　字　对　齐	字　对　齐
地址	…… 0x4002 0x4004 ……	…… 0x4004 0x4008 ……
特征	bit0 = 0，其他位为任意值	bit1 = 0，bit0 = 0，其他位为任意值

　　如果是半字对齐的地址 A，则其包括 A、A+1 两个字节；如果是字对齐的地址 A，则其包括 A、A+1、A+2、A+3 四个字节；如果是双字对齐的地址 A，则其包括 A、A+1、A+2、A+3、A+4、A+5、A+6、A+7 八个字节。

3．存储器的存储格式

　　ARM 处理器可以将存储器中的双字和字按大端(Big-endian)格式和小端(Little-endian)格式存储，由此可以将 ARM 的存储系统分为大端存储系统和小端存储系统。

1) 大端存储系统

　　在大端存储格式中，ARM 将最高位字节保存在最低地址，最低位字节保存在最高地址。因此存储系统的 0 字节连接到数据线 31～24，如图 2.4 所示。

MSByte	MSByte-1	MSByte-2	MSByte-3	LSByte+3	LSByte+2	LSByte+1	LSByte
在地址 A 处的双字							
在地址 A 处的双字				在地址 A+4 处的字			
在地址 A 处的半字		在地址 A+2 处的半字		在地址 A+4 处的半字		在地址 A+6 处的半字	
A 处的字节	A+1 处的字节	A+2 处的字节	A+3 处的字节	A+4 处的字节	A+5 处的字节	A+6 处的字节	A+7 处的字节

图 2.4　大端存储系统示意图

2) 小端存储系统

在小端存储格式中，一个字中最低地址的字节被看做最低位字节，最高地址的字节被看做最高位字节，因此存储系统的 0 字节连接到数据线 0～7，如图 2.5 所示。

MSByte	MSByte-1	MSByte-2	MSByte-3	LSByte+3	LSByte+2	LSByte+1	LSByte
在地址 A 处的双字							
在地址 A+4 处的双字				在地址 A 处的字			
在地址 A+6 处的半字		在地址 A+4 处的半字		在地址 A+2 处的半字		在地址 A 处的半字	
A+7 处的字节	A+6 处的字节	A+5 处的字节	A+4 处的字节	A+3 处的字节	A+2 处的字节	A+1 处的字节	A 处的字节

图 2.5　小端存储系统示意图

一个基于 ARM 架构的实际芯片可能只支持小端存储格式，也可能只支持大端存储格式，还可能两者都支持。ARM 指令集不包含任何直接选择大、小端存储格式的指令，但是一个同时支持大、小端存储格式的 ARM 芯片可以通过硬件设置，选择所使用的存储格式。

在 ARMv7-A 架构中，指令存储器的映射总是小端存储格式。

2.7.2　ARM Cortex-A9 存储系统的架构

ARMv7 支持不同形式的存储系统架构，其中 ARMv7-A 体系支持的存储系统架构称作虚拟存储系统架构(Virtual Memory System Architecture，VMSA)。Cortex-A9 即采用了该架构的处理器，其存储系统的架构示意图如图 2.6 所示。由图可知，其存储器系统有 4 部分，包括片内的两级高速缓存(L1 Cache 16～64 MB，L2 Cache 8 MB)，片外 DRAM、SRAM、Flash、ROM 和第四层次的 CF/SD 装置。

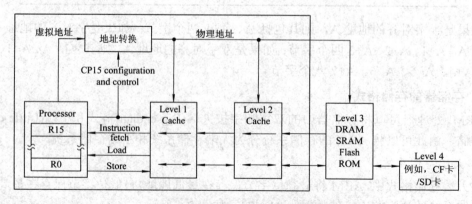

图 2.6　多层次高速缓存架构

Cortex-A9 通过其 MMU 单元(Memory Management Unit)完成虚拟地址到物理地址的转化。

表 2.12 列出了 Exynos 4412 处理器各存储空间的具体物理地址的空间范围。

表 2.12　Exynos 4412 处理器各存储空间的具体物理地址

基地址	地址上限	大小	说　　明
0x0000_0000	0x0001_0000	64 KB	iROM
0x0200_0000	0x0201_0000	64 KB	iROM(0x0~0x10000 的镜像)
0x0202_0000	0x0206_0000	256 KB	iRAM
0x0300_0000	0x0302_0000	128 KB	数据存储区或通用 SRP(三星可重构处理器)
0x0302_0000	0x0303_0000	64 KB	I-Cache 或通用 SRP
0x0303_0000	0x0303_9000	36 KB	SRP 的配置寄存器
0x0381_0000	0x0383_0000	—	AudioSS 的特殊功能寄存器区
0x0400_0000	0x0500_0000	16 MB	静态只读存储控制器(SMC)的 Bank0
0x0500_0000	0x0600_0000	16 MB	静态只读存储控制器(SMC)的 Bank1
0x0600_0000	0x0700_0000	16 MB	静态只读存储控制器(SMC)的 Bank2
0x0700_0000	0x0800_0000	16 MB	静态只读存储控制器(SMC)的 Bank3
0x0800_0000	0x0C00_0000	64 MB	保留
0x0C00_0000	0x0CD0_0000	—	保留
0x0CE0_0000	0x0D00_0000	—	NAND Flash 控制器的特殊功能寄存器区
0x1000_0000	0x1400_0000	—	特殊功能寄存器区
0x4000_0000	0xA000_0000	1.5 GB	动态存储控制器的存储区 0
0xA000_0000	0x0000_0000	1.5 GB	动态存储控制器的存储区 1

2.8　思考和练习题

1. RISC 和 CISC 架构的区别是什么?

2. 简述三级流水线的概念? Cortex-A9 面向多核技术的特点有哪些?

3. ARM 处理器模式和 ARM 处理器状态有何区别? 列举 Cortex-A9 处理器的模式和状态。

4. ARMv7 的内核工作模式有哪些? 哪些属于异常工作模式?

5. 针对不同的异常模式,SP 和 LR 分别使用哪个寄存器?

6. 简述 Cortex-A9 存储器的体系架构。

第 3 章　ARM 的指令系统及汇编程序设计

本章目标：

- 了解 ARM 处理器的寻址方式；
- 掌握 ARM 处理器指令集；
- 读懂 ARM 汇编程序；
- 掌握 ARM 汇编和 C 语言混合编程。

3.1　指令系统简介

指令是规定处理器进行某种操作的命令，处理器能够执行的各种指令的集合称为指令系统。本节将介绍与 ARM 指令相关的一些基本概念，包括指令的分类、指令的编码格式以及 ARM 指令中的条件码域。

3.1.1　ARM 指令分类

ARMv7 指令体系包括 ARM 和 Thumb 两种指令集。当处理器工作在 ARM 状态时，执行 ARM 指令集(以下简称 ARM 指令)，而当其工作在 Thumb 状态时，则执行 Thumb 指令集(以下简称 Thumb 指令)。所有 ARM 指令均为 32 位长度，指令以字对齐方式保存在存储器中，而所有的 Thumb 指令都是 16 位长度，指令以半字对齐方式保存在存储器中。大多数 ARM 指令都可以条件执行，而 Thumb 指令中只有一条具备条件执行的功能。

ARM 是典型 RISC 架构的处理器，指令和寻址方式少而简单，大多数 ARM 指令在一个周期内就可以执行完毕。ARM 体系的指令集中只有载入和存储(LDR/STR)指令可以访问存储器，数据处理指令只对寄存器的内容进行操作。为了提高处理性能，ARM 处理器采用流水线技术来缩短指令执行的周期。

ARM 指令集主要包括数据处理和杂项指令、分支指令、存储器访问指令、程序状态寄存器处理指令、协处理器指令和异常中断指令六大类。

3.1.2　ARM 指令的编码格式

ARM 指令的典型编码格式如表 3.1 所示。

表 3.1　ARM 指令的典型编码格式

31～28	27～25	24～21	20	19～16	15～12	11～0
cond	xxx	opcode	S	Rn	Rd	shifter_operand

表 3.1 中各部分编码的含义如下：

(1) cond：指令执行的条件码，如表 3.2 所示。

(2) opcode：指令操作符的编码。

(3) S：决定指令的执行是否影响 CPSR(当前程序状态寄存器)的值。

(4) Rn：包含第一个源操作数的寄存器编码。

(5) Rd：目标寄存器的编码。

(6) shift_operand：第二个源操作数。

一条典型的 ARM 指令语法格式如下：

　　　　<opcode>　{<cond>}　{S}　<Rd>, <Rn>, <shifter_operand>

其中，各参数的含义如下：

opcode：指令助记符，表示指令的功能，如 ADD 表示加法指令。

cond：指令执行的条件，如 EQ 表示相等时才执行该指令。

S：决定指令执行后，是否影响 CPSR 的值。默认情况下，数据处理指令影响条件码标志位，但可以选择通过添加"S"来影响。有些指令如 CMP 不需要增加"S"就可改变相应的标志位。一般情况下，需要影响 CPSR 的值则加上"S"，否则不加。

Rd：目标寄存器。

Rn：包含第一个源操作数的寄存器。

shifter_operand：第二个源操作数。

以上 ARM 语法格式中，"<>"中的内容是必需的，而"{ }"中的内容是可选的。如：

　　　　ADDEQS R0, R1, #6

该指令表示，相等时(Z 标志等于 1，即 Z = 1)执行操作 R0←R1 + 6，执行的结果影响 CPSR 的值(例如加的结果为负时，将 N 标志置 1)。

3.1.3　ARM 指令的条件码域

当处理器工作在 ARM 状态时，几乎所有的指令均根据 CPSR 中条件码的状态和指令的条件域有条件地执行，如表 3.2 所示。当指令的执行条件满足时，指令被执行，否则指令被忽略，继续执行下一条指令。

表 3.2　指令的条件码

操作码	条件助记符	标志	含　义	操作码	条件助记符	标志	含　义
0000	EQ	Z = 1	相等	1000	HI	C = 1, Z = 0	无符号数大于
0001	NE	Z = 0	不相等	1001	LS	C = 0, Z = 1	无符号数小于或等于
0010	CS/HS	C = 1	无符号数大于或等于	1010	GE	N = V	有符号数大于或等于
0011	CC/LO	C = 0	无符号数小于	1011	LT	N != V	有符号数小于
0100	MI	N = 1	负数	1100	GT	Z = 0, N = V	有符号数大于
0101	PL	N = 0	正数或零	1101	LE	Z = 1, N != V	有符号数小于或等于
0110	VS	V = 1	溢出	1110	AL	任何	无条件执行 (指令默认条件)
0111	VC	V = 0	没有溢出	1111	NV	任何	从不执行(不要使用)

每一条 ARM 指令包含 4 位条件码，位于指令的最高 4 位[31:28]。条件码共有 16 种，每种条件码可用两个字符表示，这两个字符可以添加在指令助记符的后面，和指令同时使用。例如，跳转指令 B 可以加上后缀 EQ 变为 BEQ，表示"相等则跳转"，即当 CPSR 中的 Z 标志置位时发生跳转。

在 16 种条件标志码中，只有 15 种可以使用，第 16 种(1111)为系统保留，暂时不能使用，如表 3.2 所示。

3.2 寻 址 方 式

寻址方式是指令按给出的地址码字段来寻找真实操作数地址的方式。目前，可将 ARM 指令系统分为如下 8 种寻址方式。

1. 立即数寻址

在立即数寻址指令中，操作码字段后面的地址部分即操作数本身。也就是说，数据就包含在指令当中，取出指令，也就取出了可以立即使用的操作数(这样的数称为立即数)。

指令中的立即数是由一个 8 位的常数向右移动偶数位得到的，右移的位数由一个 4 位的二进制数的两倍表示。所以，每一条指令都包含一个 8 位的常数 X 和移位值 Y，得到的立即数 = X 循环右移 2 × Y。一些常用的立即数如 0xFF、0x104、0xFF0、0xFF00、0xFF000、0xFF000000、0xF000000F，而一些无效的立即数如 0x101、0x102、0xFF1、0xFF04、0xFF003、0xFFFFFFFF、0xF000001F。

例如：

```
SUBS   R0, R0, #1          ; R0←R0 - 1，并且影响标志位
ADD    R0, R0, #0x3f       ; R0←R0 + 0x3f
```

在以上两条指令中，第二个源操作数即立即数，要求以"#"为前缀。"0x"意为以十六进制表示的立即数。

2. 寄存器寻址

寄存器寻址就是利用寄存器中的数值作为操作数。这种寻址方式是各类微处理器经常采用的，也是一种执行效率较高的寻址方式。例如：

```
ADD   R0, R1, R2                  ; R0←R1 + R2
```

该指令的执行效果是将寄存器 R1 和 R2 的内容相加，其结果存放在寄存器 R0 中。

3. 寄存器移位寻址

寄存器移位寻址是 ARM 指令集特有的寻址方式。当第二个操作数是寄存器方式时，第二个寄存器操作数在与第一个操作数结合之前，先进行移位操作。例如：

```
MOV   R0, R2, LSL   #3            ; R2 的值左移 3 位，结果放入 R0
ANDS   R1, R1, R2, LSL   R3       ; R2 的值左移 R3 位，然后和 R1 相"与"，结果放入 R1 中
```

可采用的移位操作如下：

LSL(Logical Shift Left)：逻辑左移，寄存器中的字的低端空出的位补零。

LSR(Logical Shift Right)：逻辑右移，寄存器中的字的高端空出的位补零。

ASR(Arithmetic Shift Right)：算术右移，移位过程中保持符号位不变，若源操作数为正数，则字的高端空出的位补零，否则补 1。

ROR(ROtate Right)：循环右移，由字的低端溢出的位填入字的高端空出的位。

RRX(Rotate Right eXtended by 1 place)：带扩展的循环右移，操作数右移 1 位，高端空出的位用原 C 标志填充。

4. 寄存器间接寻址

寄存器间接寻址指令中的地址码给出的是一个通用寄存器的编号，所需的操作数保存在寄存器指定地址的存储单元中，即寄存器为操作数的地址指针。例如：

```
LDR    R1, [R2]          ；将 R2 指向的存储单元的数据读出，保存在 R1 中
SWP    R1, R1, [R2]      ；将寄存器 R1 的值和 R2 指定的存储单元的内容交换
```

5. 基址变址寻址

基址变址寻址就是将寄存器(该寄存器一般称作基址寄存器)的内容与指令中给出的地址偏移量相加，从而得到一个操作数的有效地址。变址寻址方式常用于访问某基地址附近的地址单元。采用变址寻址方式的指令常见的有以下几种形式：

```
LDR R0, [R1, #4]          ；R0←[R1 + 4]
LDR R0, [R1, #4]!         ；R0←[R1 + 4]，R1←R1 + 4
LDR R0, [R1], #4          ；R0←[R1]，R1←R1 + 4
LDR R0, [R1, R2]          ；R0←[R1 + R2]
```

在第一条指令中，将寄存器 R1 的内容加上 4 形成操作数的有效地址，从该地址取得操作数存入寄存器 R0 中。

在第二条指令中，将寄存器 R1 的内容加上 4 形成操作数的有效地址，从该地址取得操作数存入寄存器 R0 中，然后，R1 的内容自增 4 个字节。

在第三条指令中，以寄存器 R1 的内容作为操作数的有效地址，从该地址取得操作数存入寄存器 R0 中，然后，R1 的内容自增 4 个字节。

在第四条指令中，将寄存器 R1 的内容加上寄存器 R2 的内容，形成操作数的有效地址，从该地址取得操作数存入寄存器 R0 中。

6. 多寄存器寻址

采用多寄存器寻址方式，一条指令可以完成多个寄存器值的传送。这种寻址方式可以用一条指令完成传送最多 16 个通用寄存器的值。例如：

```
LDMIA    R0, {R1, R2, R3, R4}    ；R1←[R0]，R2←[R0 + 4]，R3←[R0 + 8]，R4←[R0 + 12]
```

该指令的后缀 IA 表示在每次执行完加载/存储操作后，R0 按字长度增加，因此，指令可将连续存储单元的值传送到 R1～R4。

7. 相对寻址

与基址变址寻址方式类似，相对寻址以程序计数器 PC 的当前值为基地址，指令中的地址标号作为偏移量，将两者相加之后得到的操作数作为有效地址。以下程序段完成子程序的调用和返回，跳转指令 BL 采用了相对寻址方式：

```
BL    NEXT                        ；跳转到子程序 NEXT 处执行
…
```

```
    NEXT    …
        MOV  PC, LR                              ；从子程序返回
```

8. 堆栈寻址

堆栈是一种数据结构，按先进后出(First In Last Out，FILO)的方式工作，使用一个称作堆栈指针的专用寄存器指示当前的操作位置，堆栈指针总是指向栈顶。

当堆栈指针指向最后压入堆栈的数据时，称为满堆栈(Full Stack)，而当堆栈指针指向下一个将要放入数据的空位置时，称为空堆栈(Empty Stack)。

同时，根据堆栈的生成方式，又可以分为递增堆栈(Ascending Stack)和递减堆栈(Decending Stack)。当堆栈由低地址向高地址生成时，称为递增堆栈；当堆栈由高地址向低地址生成时，称为递减堆栈。这样就有四种类型的堆栈工作方式，ARM 微处理器支持这四种类型的堆栈工作方式。

(1) 满递增堆栈：堆栈指针指向最后压入的数据，且由低地址向高地址生成。

(2) 满递减堆栈：堆栈指针指向最后压入的数据，且由高地址向低地址生成。

(3) 空递增堆栈：堆栈指针指向下一个将要放入数据的空位置，且由低地址向高地址生成。

(4) 空递减堆栈：堆栈指针指向下一个将要放入数据的空位置，且由高地址向低地址生成。

3.3　ARM 指令集

本节对 ARM 指令集的六大类指令进行详细的描述。其中数据处理指令和杂项指令又包括移位操作指令、数据处理指令和数据交换指令。

3.3.1　移位操作指令

ARM 微处理器内嵌的桶型移位器(Barrel Shifter)支持数据的各种移位操作。移位操作指令在 ARM 指令集中不作为单独的指令使用，它只能作为指令格式中的一个字段，在汇编语言中表示为指令中的选项。例如，数据处理指令的第二个操作数为寄存器时，就可以加入移位操作选项对它进行各种移位操作。移位操作包括 LSL(逻辑左移)、ASL(算术左移)、LSR(逻辑右移)、ASR(算术右移)、ROR(循环右移)和 RRX(带扩展的循环右移)6 种类型。其中，ASL 和 LSL 是等价的，可以自由互换。

1. LSL(或 ASL)

LSL(或 ASL)可完成对通用寄存器中的内容进行逻辑(或算术)左移的操作，按操作数所指定的数量向左移位，低位用零来填充。其中，操作数可以是通用寄存器，也可以是立即数(0~31)。例如：

```
    MOV  R0, R1, LSL #2       ；将 R1 中的内容左移两位后传送到 R0 中
```

2. LSR

LSR 可完成对通用寄存器中的内容进行逻辑右移的操作，按操作数所指定的数量向右

移位,左端用零来填充。其中,操作数可以是通用寄存器,也可以是立即数(0~31)。例如:

　　　MOV　R0, R1, LSR　#2　　　　;将 R1 中的内容右移两位后传送到 R0 中,左端用零来填充

3. ASR

ASR 可完成对通用寄存器中的内容进行算术右移的操作,按操作数所指定的数量向右移位,左端用位 31 的值来填充。其中,操作数可以是通用寄存器,也可以是立即数(0~31)。例如:

　　　　MOV R0, R1, ASR #2　　　;将 R1 中的内容右移两位后传送到 R0 中,左端用位 31 的值来填充

4. ROR

ROR 可完成对通用寄存器中的内容进行循环右移的操作,按操作数所指定的数量向右循环移位,左端用右端移出的位来填充。其中,操作数可以是通用寄存器,也可以是立即数(0~31)。显然,当进行 32 位的循环右移操作时,通用寄存器中的值不改变。例如:

　　　　MOV R0, R1, ROR　#2　　　;将 R1 中的内容循环右移两位后传送到 R0 中

5. RRX

RRX 可完成对通用寄存器中的内容进行带扩展的循环右移的操作,按操作数所指定的数量向右循环移位,左端用进位标志位 C 来填充。其中,操作数可以是通用寄存器,也可以是立即数(0~31)。例如:

　　　MOV R0, R1, RRX #2　　　　;将 R1 中的内容进行带扩展的循环右移两位后传送到 R0 中

3.3.2　数据处理指令

数据处理指令可分为数据传送指令、算术逻辑运算指令和比较指令等。数据传送指令用于在寄存器和存储器之间进行数据的双向传输。算术逻辑运算指令完成常用的算术与逻辑运算,该类指令不但将运算结果保存在目的寄存器中,同时更新 CPSR 中的相应条件标志位。比较指令不保存运算结果,只更新 CPSR 中相应的条件标志位。数据处理指令如表3.3 所示。

表 3.3　数据处理指令

助记符	操作	行　为	助记符	操作	行　为
MOV	数据传送		SBC	带进位减	Rd : = Rn – op2 + C – 1
MVN	数据取反传送		RSB	翻转减	Rd : = op2 – Rn
AND	逻辑与	Rd : = Rn AND op2	RSC	带进位的翻转减	Rd : = op2 – Rn + C – 1
ORR	逻辑或	Rd : = Rn OR op2	TST	测试	Rn AND op2 并更新标志位
EOR	逻辑异或	Rd : = Rn EOR op2	TEQ	测试相等	Rn EOR op2 并更新标志位
ADD	加	Rd : = Rn + op2	CMP	比较	Rn – op2 并更新标志位
ADC	带进位的加	Rd : = Rn + op2 + C	CMN	负数比较	Rn + op2 并更新标志位
SUB	减	Rd : = Rn – op2	BIC	位清零	Rd : = Rn AND NOT (op2)

1. MOV

MOV 指令可将一个寄存器、被移位的寄存器的内容或一个立即数加载到目的寄存器

中。当没有 S 时，指令不更新 CPSR 中条件标志位的值。例如：

MOV	R1, R0	;将寄存器 R0 的值传送到寄存器 R1 中
MOV	PC, R14	;将寄存器 R14 的值传送到 PC 中，常用于子程序返回
MOV	R1, R0, LSL #3	;将寄存器 R0 的值左移 3 位后传送到 R1

2. MVN

MVN 指令可将一个寄存器、被移位的寄存器的内容或一个立即数加载到目的寄存器中。与 MOV 指令不同之处是在传送之前按位取反，即把一个被取反的值传送到目的寄存器中。当没有 S 时指令不更新 CPSR 中条件标志位的值。例如：

　　MVN　　R0, #0　　　　　　　　　　;将立即数 0 取反传送到寄存器 R0 中，完成后 R0 = −1

3. AND

AND 指令用于在两个操作数上进行逻辑与运算，并把结果放置到目的寄存器中。操作数 1 应是一个寄存器，操作数 2 可以是一个寄存器、被移位的寄存器或一个立即数。该指令常用于屏蔽操作数 1 的某些位。例如：

　　AND　　R0, R0, #3　　　　　　　　;该指令保持 R0 的 0、1 位，其余位清零

4. ORR

ORR 指令用于在两个操作数间进行逻辑或运算，并把结果放置到目的寄存器中。操作数 1 应是一个寄存器，操作数 2 可以是一个寄存器、被移位的寄存器或一个立即数。该指令常用于设置操作数 1 的某些位。例如：

　　ORR　　R0, R0, #3　　　　　　　　;该指令设置 R0 的 0、1 位，其余位保持不变

5. EOR

EOR 指令用于在两个操作数间进行逻辑异或运算，并把结果放置到目的寄存器中。操作数 1 应是一个寄存器，操作数 2 可以是一个寄存器、被移位的寄存器或一个立即数。该指令常用于反转操作数 1 的某些位。例如：

　　EOR　　R0, R0, #3　　　　　　　　;该指令反转 R0 的 0、1 位，其余位保持不变

6. ADD

ADD 指令用于把两个操作数相加，并将结果存放到目的寄存器中。操作数 1 应是一个寄存器，操作数 2 可以是一个寄存器、被移位的寄存器或一个立即数。例如：

ADD	R0, R1, R2	; R0 = R1 + R2
ADD	R0, R1, #256	; R0 = R1 + 256
ADD	R0, R2, R3, LSL #1	; R0 = R2 + (R3 << 1)

7. ADC

ADC 指令用于把两个操作数相加，再加上 CPSR 中的 C 条件标志位的值，并将结果存放到目的寄存器中。它使用一个进位标志位，这样就可以做比 32 位大的数的加法，注意不要忘记设置 S 后缀来更改进位标志。操作数 1 应是一个寄存器，操作数 2 可以是一个寄存器、被移位的寄存器或一个立即数。

例如，以下指令序列完成两个 128 位数的加法，第一个数由高到低存放在寄存器 R7～R4 中，第二个数由高到低存放在寄存器 R11～R8 中，运算结果由高到低存放在寄存器 R3～

R0 中:

```
ADDS R0, R4, R8              ; 加低端的字
ADCS R1, R5, R9              ; 加第二个字, 带进位
ADCS R2, R6, R10             ; 加第三个字, 带进位
ADC R3, R7, R11             ; 加第四个字, 带进位
```

8. SUB

SUB 指令用于使操作数 1 减去操作数 2, 并将结果存放到目的寄存器中。操作数 1 应是一个寄存器, 操作数 2 可以是一个寄存器、被移位的寄存器或一个立即数。该指令可用于有符号数或无符号数的减法运算。例如:

```
SUB    R0, R1, R2           ; R0 = R1 – R2
SUB    R0, R1, #256         ; R0 = R1 – 256
SUB    R0, R2, R3, LSL #1   ; R0 = R2 – (R3 << 1)
```

9. SBC

SBC 指令用于使操作数 1 减去操作数 2, 再减去 CPSR 中的 C 条件标志位的反码, 并将结果存放到目的寄存器中。操作数 1 应是一个寄存器, 操作数 2 可以是一个寄存器、被移位的寄存器或一个立即数。该指令使用进位标志来表示借位, 这样就可以做大于 32 位的数的减法, 注意不要忘记设置 S 后缀来更改进位标志。该指令可用于有符号数或无符号数的减法运算。例如:

```
SBC R0, R1, R2              ; R0 = R1 – R2 – !C, 并根据结果设置 CPSR 的进位标志位
```

10. RSB

RSB 指令称为逆向减法指令, 用于使操作数 2 减去操作数 1, 并将结果存放到目的寄存器中。操作数 1 应是一个寄存器, 操作数 2 可以是一个寄存器、被移位的寄存器或一个立即数。该指令可用于有符号数或无符号数的减法运算。例如:

```
RSB    R0, R1, R2           ; R0 = R2 – R1
RSB    R0, R1, #256         ; R0 = 256 – R1
RSB    R0, R2, R3, LSL #1   ; R0 = (R3 << 1) – R2
```

11. RSC

RSC 指令用于使操作数 2 减去操作数 1, 再减去 CPSR 中的 C 条件标志位的反码, 并将结果存放到目的寄存器中。操作数 1 应是一个寄存器, 操作数 2 可以是一个寄存器、被移位的寄存器或一个立即数。该指令使用进位标志来表示借位, 这样就可以做大于 32 位的数的减法。注意不要忘记设置 S 后缀来更改进位标志。该指令可用于有符号数或无符号数的减法运算。例如:

```
RSC    R0, R1, R2           ; R0 = R2 – R1 – !C
```

12. TST

TST 指令用于把一个寄存器的内容和另一个寄存器的内容或立即数进行按位与运算, 并根据运算结果更新 CPSR 中条件标志位的值。操作数 1 是要测试的数据, 而操作数 2 是一个位掩码。该指令一般用来检测是否设置了特定的位。例如:

  TST R1, #%1   ; 用于测试在寄存器 R1 中是否设置了最低位(%表示二进制数)

  TST R1, #0xffe ; 将寄存器 R1 的值与 0xffe 按位与, 并根据结果设置 CPSR 的标志位

13. TEQ

TEQ 指令用于把一个寄存器的内容和另一个寄存器的内容或立即数进行按位异或运算, 并根据运算结果更新 CPSR 中条件标志位的值。该指令通常用于比较操作数 1 和操作数 2 是否相等。例如:

  TEQ R1, R2 ; 将寄存器 R1 的值与寄存器 R2 的值按位异或, 并根据结果设置 CPSR 的标志位

14. CMP

CMP 指令用于把一个寄存器的内容和另一个寄存器的内容或立即数进行比较, 同时更新 CPSR 中条件标志位的值。该指令进行一次减法运算, 但不存储结果, 只更改条件标志位。标志位表示的是操作数 1 与操作数 2 的关系(大、小、相等)。例如, 若操作数 1 大于操作数 2, 则此后的有 GT 后缀的指令将可以执行。例如:

  CMP R1, R0 ; 将寄存器 R1 的值与寄存器 R0 的值相减, 并根据结果设置 CPSR 的标志位

  CMP R1, #100 ; 将寄存器 R1 的值与立即数 100 相减, 并根据结果设置 CPSR 的标志位

15. CMN

CMN 指令用于把一个寄存器的内容和另一个寄存器的内容或立即数取反后进行比较, 同时更新 CPSR 中条件标志位的值。该指令实际完成操作数 1 和操作数 2 相加, 并根据结果更改条件标志位。例如:

  CMN R1, R0 ; 将寄存器 R1 的值与寄存器 R0 的值相加, 并根据结果设置 CPSR 的标志位

  CMN R1, #100 ; 将寄存器 R1 的值与立即数 100 相加, 并根据结果设置 CPSR 的标志位

16. BIC

BIC 指令用于清除操作数 1 的某些位, 并把结果放置到目的寄存器中。操作数 1 应是一个寄存器, 操作数 2 可以是一个寄存器、被移位的寄存器或一个立即数。操作数 2 为 32 位的掩码, 如果在掩码中设置了某一位, 则清除这一位; 未设置的掩码位保持不变。例如:

  BIC R0, R0, #%1011 ; 该指令清除 R0 中的位 0、1 和 3, 其余的位保持不变

3.3.3　乘法指令与乘加指令

ARM 微处理器支持的乘法指令与乘加指令共有 6 条, 可分为运算结果为 32 位和运算结果为 64 位两类。与前面的数据处理指令不同, 指令中的所有操作数、目的寄存器必须为通用寄存器, 不能对操作数使用立即数或被移位的寄存器。同时, 目的寄存器和操作数 1 必须是不同的寄存器。

1. MUL

MUL 指令完成操作数 1 与操作数 2 的乘法运算, 并把结果放置到目的寄存器中, 同时根据运算结果设置 CPSR 中相应的条件标志位。其中, 操作数 1 和操作数 2 均为 32 位的有符号数或无符号数。例如:

  MUL R0, R1, R2   ; R0 = R1 × R2

  MULS R0, R1, R2   ; R0 = R1 × R2, 同时设置 CPSR 中的相关条件标志位

2. MLA

MLA 指令完成操作数 1 与操作数 2 的乘法运算，再将乘积加上操作数 3，并把结果放置到目的寄存器中，同时根据运算结果设置 CPSR 中相应的条件标志位。其中，操作数 1 和操作数 2 均为 32 位的有符号数或无符号数。例如：

    MLA   R0, R1, R2, R3   ；R0 = R1 × R2 + R3
    MLAS   R0, R1, R2, R3   ；R0 = R1 × R2 + R3，同时设置 CPSR 中的相关条件标志位

3. SMULL

SMULL 指令完成操作数 1 与操作数 2 的乘法运算，并把结果的低 32 位放置到目的寄存器 Low 中，结果的高 32 位放置到目的寄存器 High 中，同时根据运算结果设置 CPSR 中相应的条件标志位。其中，操作数 1 和操作数 2 均为 32 位的有符号数。例如：

    SMULL R0, R1, R2, R3   ；R0 =（R2 × R3）的低 32 位，R1 =（R2 × R3）的高 32 位

4. SMLAL

SMLAL 指令完成操作数 1 与操作数 2 的乘法运算，并把结果的低 32 位同目的寄存器 Low 中的值相加后又放置到目的寄存器 Low 中，结果的高 32 位同目的寄存器 High 中的值相加后又放置到目的寄存器 High 中，同时根据运算结果设置 CPSR 中相应的条件标志位。其中，操作数 1 和操作数 2 均为 32 位的有符号数。对于目的寄存器 Low，在指令执行前存放 64 位加数的低 32 位，指令执行后存放结果的低 32 位。对于目的寄存器 High，在指令执行前存放 64 位加数的高 32 位，指令执行后存放结果的高 32 位。例如：

    SMLAL R0, R1, R2, R3   ；R0 =（R2 × R3）的低 32 位 + R0，R1 =（R2 × R3）的高 32 位 + R1

5. UMULL

UMULL 指令完成操作数 1 与操作数 2 的乘法运算，并把结果的低 32 位放置到目的寄存器 Low 中，结果的高 32 位放置到目的寄存器 High 中，同时可以根据运算结果设置 CPSR 中相应的条件标志位。其中，操作数 1 和操作数 2 均为 32 位的无符号数。例如：

    UMULL R0, R1, R2, R3   ；R0 =（R2 × R3）的低 32 位，R1 =（R2 × R3）的高 32 位

6. UMLAL

UMLAL 指令完成操作数 1 与操作数 2 的乘法运算，并把结果的低 32 位同目的寄存器 Low 中的值相加后又放置到目的寄存器 Low 中，结果的高 32 位同目的寄存器 High 中的值相加后又放置到目的寄存器 High 中，同时根据运算结果设置 CPSR 中相应的条件标志位。其中，操作数 1 和操作数 2 均为 32 位的无符号数。对于目的寄存器 Low，在指令执行前存放 64 位加数的低 32 位，指令执行后存放结果的低 32 位。对于目的寄存器 High，在指令执行前存放 64 位加数的高 32 位，指令执行后存放结果的高 32 位。例如：

    UMLAL R0, R1, R2, R3   ；R0 =（R2 × R3）的低 32 位 + R0，R1 =（R2 × R3）的高 32 位 + R1

3.3.4　加载/存储指令

加载/存储指令用于寄存器和存储器之间的数据传送。加载指令用于将存储器中的数据传送到寄存器，存储指令则完成相反的操作。常用的加载指令有 LDR(字)、LDRB(字节)、LDRH(半字)；常用的存储指令有 STR(字)、STRB(字节)、STRH(半字)。

1. LDR

LDR 指令用于从存储器中将一个 32 位的字数据传送到目的寄存器中。该指令通常用于从存储器中读取 32 位的字数据到通用寄存器,然后对数据进行处理。当程序计数器 PC 作为目的寄存器时,指令从存储器中读取的字数据被当作目的地址,从而可以实现程序流程的跳转。该指令在程序设计中比较常用,且寻址方式灵活多样,请读者认真掌握。例如:

```
LDR    R0, [R1]                 ; 将存储器地址为 R1 的字数据读入寄存器 R0
LDR    R0, [R1, R2]             ; 将存储器地址为 R1 + R2 的字数据读入寄存器 R0
LDR    R0, [R1, #8]             ; 将存储器地址为 R1 + 8 的字数据读入寄存器 R0
LDR    R0, [R1, R2]!            ; 将存储器地址为 R1 + R2 的字数据读入寄存器 R0,并将新地址
                                ; R1 + R2 写入 R1
LDR    R0, [R1, #8]!            ; 将存储器地址为 R1 + 8 的字数据读入寄存器 R0,并将新地址
                                ; R1 + 8 写入 R1
LDR    R0, [R1], R2             ; 将存储器地址为 R1 的字数据读入寄存器 R0,并将新地址 R1 + R2
                                ; 写入 R1
LDR    R0, [R1, R2, LSL #2]!    ; 将存储器地址为 R1 + R2 × 4 的字数据读入寄存器 R0,
                                ; 并将新地址 R1 + R2 × 4 写入 R1
LDR    R0, [R1], R2, LSL#2      ; 将存储器地址为 R1 的字数据读入寄存器 R0,并将新地
                                ; 址 R1 + R2 × 4 写入 R1
```

2. LDRB

LDRB 指令用于从存储器中将一个 8 位的字节数据传送到目的寄存器中,同时将寄存器的高 24 位清零。该指令通常用于从存储器中读取 8 位的字节数据到通用寄存器,然后对数据进行处理。当程序计数器 PC 作为目的寄存器时,指令从存储器中读取的字数据被当作目的地址,从而可以实现程序流程的跳转。例如:

```
LDRB R0, [R1]                   ; 将存储器地址为 R1 的字节数据读入寄存器 R0,并将 R0 的高
                                ; 24 位清零
LDRB R0, [R1, #8]               ; 将存储器地址为 R1 + 8 的字节数据读入寄存器 R0,并将 R0 的高
                                ; 24 位清零
```

3. LDRH

LDRH 指令用于从存储器中将一个 16 位的半字数据传送到目的寄存器中,同时将寄存器的高 16 位清零。该指令通常用于从存储器中读取 16 位的半字数据到通用寄存器,然后对数据进行处理。当程序计数器 PC 作为目的寄存器时,指令从存储器中读取的字数据被当作目的地址,从而可以实现程序流程的跳转。例如:

```
LDRH R0, [R1]        ; 将存储器地址为 R1 的半字数据读入寄存器 R0,并将 R0 的高 16 位清零
LDRH R0, [R1, #8]               ; 将存储器地址为 R1 + 8 的半字数据读入寄存器 R0,并将 R0 的高
                                ; 16 位清零
LDRH R0, [R1, R2]               ; 将存储器地址为 R1 + R2 的半字数据读入寄存器 R0,并将 R0 的
                                ; 高 16 位清零
```

4. STR

STR 指令用于从源寄存器中将一个 32 位的字数据传送到存储器中。该指令在程序设计中比较常用，且寻址方式灵活多样，使用方式可参考指令 LDR。例如：

```
STR    R0, [R1], #8        ；将 R0 中的字数据写入以 R1 为地址的存储器中，并将新地址
                           ；R1 + 8 写入 R1
STR    R0, [R1, #8]        ；将 R0 中的字数据写入以 R1 + 8 为地址的存储器中
```

5. STRB

STRB 指令用于从源寄存器中将一个 8 位的字节数据传送到存储器中。该字节数据为源寄存器中的低 8 位。例如：

```
STRB R0, [R1]             ；将寄存器 R0 中的字节数据写入以 R1 为地址的存储器中
STRB R0, [R1, #8]         ；将寄存器 R0 中的字节数据写入以 R1 + 8 为地址的存储器中
```

6. STRH

STRH 指令用于从源寄存器中将一个 16 位的半字数据传送到存储器中。该半字数据为源寄存器中的低 16 位。例如：

```
STRH R0, [R1]             ；将寄存器 R0 中的半字数据写入以 R1 为地址的存储器中
STRH R0, [R1, #8]         ；将寄存器 R0 中的半字数据写入以 R1 + 8 为地址的存储器中
```

3.3.5　批量数据加载/存储指令

ARM 微处理器所支持的批量数据加载/存储指令，可以一次在一片连续的存储单元和多个寄存器之间传送数据。批量数据加载指令用于将一片连续的存储器中的数据传送到多个寄存器，批量数据存储指令则完成相反的操作。常用的批量数据加载/存储指令有 LDM(批量数据加载指令)、STM(批量数据存储指令)。LDM(或 STM)指令的格式为

LDM(或 STM){条件}{类型} 基址寄存器{!}，寄存器列表{^}

LDM(或 STM)指令用于由基址寄存器所指示的一片连续存储器到寄存器列表所指示的多个寄存器之间的数据传送。该指令的常见用途是将多个寄存器的内容入栈或出栈。基址寄存器不允许为 R15，寄存器列表可以为 R0~R15 的任意组合。其中，{类型}为以下几种情况：

IA——每次传送后地址加 1；

IB——每次传送前地址加 1；

DA——每次传送后地址减 1；

DB——每次传送前地址减 1；

FD——满递减堆栈；

ED——空递减堆栈；

FA——满递增堆栈；

EA——空递增堆栈。

{!}为可选后缀，若选用该后缀，则当数据传送完毕之后，将最后的地址写入基址寄存器，否则基址寄存器的内容不改变。{^}为可选后缀，当指令为 LDM 且寄存器列表中包含 R15 时，选用该后缀，表示除了正常的数据传送之外，还将 SPSR 复制到 CPSR。同时，该

后缀还表示传入或传出的是用户模式下的寄存器，而不是当前模式下的寄存器。指令示例如：

    STMFD R13!, {R0, R4-R12, LR}   ; 将寄存器列表中的寄存器(R0，R4 到 R12，LR)存入堆栈

    LDMFD R13!, {R0, R4-R12, LR}   ; 将堆栈内容恢复到寄存器(R0，R4 到 R12，LR)

3.3.6　跳转指令

跳转指令用于实现程序流程的跳转。在 ARM 程序中有两种方法可以实现程序流程的跳转：

(1) 使用专门的跳转指令。

(2) 直接向程序计数器 PC 写入跳转地址值。

通过向程序计数器 PC 写入跳转地址值，可以实现在 4 GB 的地址空间中的任意跳转。在跳转之前结合使用 MOV LR，PC 等类似指令，可以保存将来的返回地址值，从而实现在 4 GB 连续的线性地址空间的子程序调用。

ARM 指令集中的跳转指令可以完成从当前指令向前或向后的 32 MB 的地址空间的跳转，包括 B(跳转指令)、BL(带返回的跳转指令)、BLX(带返回和状态切换的跳转指令)和 BX(带状态切换的跳转指令) 4 条指令。

B/BL/BLX 指令的格式为

    B{条件}　目标地址

1. B

B 指令是最简单的跳转指令，一旦遇到一个 B 指令，ARM 处理器将立即跳转到给定的目标地址，从那里继续执行。注意存储在跳转指令中的实际值是相对当前 PC 值的一个偏移量，而不是一个绝对地址，它的值由汇编器来计算(参考寻址方式中的相对寻址)。它是一个 24 位有符号数，左移两位后带符号数扩展为 32 位，表示的有效偏移量为 26 位的地址(前后 32 MB 的地址空间)。例如：

    B Label   ; 程序无条件跳转到标号 Label 处执行

    CMP R1, #0   ; 当 CPSR 寄存器中的 Z 条件码置位时，程序跳转到标号 Label 处执行

    BEQ Label

2. BL

BL 是另一个跳转指令，但跳转之前，会在寄存器 R14 中保存 PC 的当前内容，因此，可以通过将 R14 的内容重新加载到 PC 中，来返回到跳转指令之后的那个指令处执行。该指令是实现子程序调用的一个基本但常用的手段。例如：

    BL Label   ; 当程序无条件跳转到标号 Label 处执行时，将当前的 PC 值保存到 R14 中

3. BLX

BLX 指令从 ARM 指令集跳转到指令中所指定的目标地址，并将处理器的工作状态由 ARM 状态切换到 Thumb 状态，该指令同时将 PC 的当前内容保存到寄存器 R14 中。因此，当子程序使用 Thumb 指令集，而调用者使用 ARM 指令集时，可以通过 BLX 指令实现子程序的调用和处理器工作状态的切换。同时，子程序的返回可以通过将寄存器 R14 的值复制到 PC 中来完成。

4. BX

BX 指令跳转到指令中所指定的目标地址，目标地址处的指令既可以是 ARM 指令，也可以是 Thumb 指令。

3.3.7　程序状态寄存器访问指令

ARM 微处理器支持程序状态寄存器访问指令，这些指令用于在程序状态寄存器和通用寄存器之间传送数据。程序状态寄存器访问指令包括 MRS 指令和 MSR 指令。

1. MRS

MRS 指令的语法格式为

    MRS{条件} 通用寄存器, 程序状态寄存器(CPSR 或 SPSR)

MRS 指令用于将程序状态寄存器的内容传送到通用寄存器中。该指令一般用于以下情况：

(1) 当需要改变程序状态寄存器的内容时，可用 MRS 指令将程序状态寄存器的内容读入通用寄存器，修改后再写回程序状态寄存器。

(2) 当在异常处理或进程切换时，需要保存程序状态寄存器的值，可先用该指令读出程序状态寄存器的值，然后保存。

例如：

    MRS R0, CPSR   ;传送 CPSR 的内容到 R0

    MRS R0, SPSR   ;传送 SPSR 的内容到 R0

2. MSR

MSR 指令的语法格式为

    MSR{条件} 程序状态寄存器(CPSR 或 SPSR)_<域>, 操作数

MSR 指令用于将操作数的内容传送到程序状态寄存器的特定域中。其中，操作数可以为通用寄存器或立即数。<域>用于设置程序状态寄存器中需要操作的位，32 位的程序状态寄存器可分为 4 个域：

(1) 位域 [31:24] 为条件标志位域，用 f 表示；

(2) 位域 [23:16] 为状态位域，用 s 表示；

(3) 位域 [15:8] 为扩展位域，用 x 表示；

(4) 位域 [7:0] 为控制位域，用 c 表示。

该指令通常用于恢复或改变程序状态寄存器的内容。在使用时，一般要在 MSR 指令中指明将要操作的域。例如：

    MSR CPSR, R0   ;传送 R0 的内容到 CPSR

    MSR SPSR, R0   ;传送 R0 的内容到 SPSR

    MSR CPSR_c, R0   ;传送 R0 的内容到 SPSR，但仅仅修改 CPSR 中的控制位域

3.3.8　数据交换指令

ARM 微处理器支持数据交换指令，这些指令用于在存储器和寄存器之间交换数据。数据交换指令包括 SWP(字数据交换指令)和 SWPB(字节数据交换指令)。

1. SWP

SWP 指令的语法格式为

    SWP{条件} 目的寄存器，源寄存器 1，[源寄存器 2]

SWP 指令用于将源寄存器 2 所指向的存储器中的字数据传送到目的寄存器中，同时将源寄存器 1 中的字数据传送到源寄存器 2 所指向的存储器中。显然，当源寄存器 1 和目的寄存器为同一个寄存器时，指令交换该寄存器和存储器的内容。例如：

    SWP R0, R1, [R2]   ;将 R2 所指向的存储器中的字数据传送到 R0，同时将 R1 中的
                            ;字数据传送到 R2 所指向的存储单元
    SWP R0, R0, [R1]   ;将 R1 所指向的存储器中的字数据与 R0 中的字数据进行交换

2. SWPB

SWPB 指令的语法格式为

    SWPB{条件}目的寄存器，源寄存器 1，[源寄存器 2]

SWPB 指令用于将源寄存器 2 所指向的存储器中的字节数据传送到目的寄存器中，目的寄存器的高 24 位清零，同时将源寄存器 1 中的字节数据传送到源寄存器 2 所指向的存储器中。显然，当源寄存器 1 和目的寄存器为同一个寄存器时，指令交换该寄存器和存储器的内容。例如：

    SWPB R0, R1, [R2]   ;将 R2 所指向的存储器中的字节数据传送到 R0，R0 的高 24 位清零，
                             ;同时将 R1 中的低 8 位数据传送到 R2 所指向的存储单元
    SWPB R0, R0, [R1]   ;将 R1 所指向的存储器中的字节数据与 R0 中的低 8 位数据交换

3.3.9　协处理器指令

ARM 微处理器可支持多达 16 个协处理器，用于各种协处理操作，在程序执行的过程中，每个协处理器只执行针对自身的协处理指令，忽略 ARM 处理器和其他协处理器的指令。

ARM 的协处理器指令主要用于 ARM 处理器初始化、ARM 协处理器的数据处理操作、在 ARM 处理器的寄存器和协处理器的寄存器之间传送数据、在 ARM 协处理器的寄存器和存储器之间传送数据。ARM 协处理器指令包括 CDP(协处理器数据操作指令)、LDC(协处理器数据加载指令)、STC(协处理器数据存储指令)、MCR(ARM 处理器的寄存器到协处理器的寄存器的数据传送指令)和 MRC(协处理器的寄存器到 ARM 处理器的寄存器的数据传送指令)。

1. CDP

CDP 指令的语法格式为

    CDP{条件} 协处理器编码，协处理器操作码 1，目的寄存器，源寄存器 1，源寄存器 2，
协处理器操作码 2

CDP 指令用于 ARM 处理器通知 ARM 协处理器执行特定的操作。若协处理器不能成功完成特定的操作，则产生未定义指令异常。其中协处理器操作码 1 和协处理器操作码 2 为协处理器将要执行的操作，目的寄存器和源寄存器均为协处理器的寄存器，指令不涉及 ARM 处理器的寄存器和存储器。例如：

    CDP P3, 2, C12, C10, C3, 4   ;完成协处理器 P3 的初始化

2. LDC

LDC 指令的语法格式为

　　　　LDC{条件}{L} 协处理器编码, 目的寄存器, [源寄存器]

LDC 指令用于将源寄存器所指向的存储器中的字数据传送到目的寄存器中。若协处理器不能成功完成传送操作, 则产生未定义指令异常。其中, {L}选项表示指令为长读取操作, 比如用于双精度数据的传输。例如:

　　　　LDC P3, C4, [R0]　　　　　; 将 ARM 处理器的寄存器 R0 所指向的存储器中的字数据传送到
　　　　　　　　　　　　　　　　　　 ; 协处理器 P3 的寄存器 C4 中

3. STC

STC 指令的语法格式为

　　　　STC{条件}{L} 协处理器编码, 源寄存器, [目的寄存器]

STC 指令用于将源寄存器中的字数据传送到目的寄存器所指向的存储器中。若协处理器不能成功完成传送操作, 则产生未定义指令异常。其中, {L}选项表示指令为长读取操作, 比如用于双精度数据的传输。例如:

　　　　STC P3, C4, [R0]　　　　　; 将协处理器 P3 的寄存器 C4 中的字数据传送到 ARM 处理器的
　　　　　　　　　　　　　　　　　　 ; 寄存器 R0 所指向的存储器中

4. MCR

MCR 指令的语法格式为

　　　　MCR{条件} 协处理器编码, 协处理器操作码 1, 源寄存器, 目的寄存器 1, 目的寄存器 2,
　　协处理器操作码 2

MCR 指令用于将 ARM 处理器的寄存器中的数据传送到协处理器的寄存器中。若协处理器不能成功完成操作, 则产生未定义指令异常。其中协处理器操作码 1 和协处理器操作码 2 为协处理器将要执行的操作, 源寄存器为 ARM 处理器的寄存器, 目的寄存器 1 和目的寄存器 2 均为协处理器的寄存器。例如:

　　　　MCR P3, 3, R0, C4, C5, 6　　　　　　; 将 ARM 处理器的寄存器 R0 中的数据传送
　　　　　　　　　　　　　　　　　　　　　　　 ; 到协处理器 P3 的寄存器 C4 和 C5 中

5. MRC

MRC 指令的语法格式为

　　　　MRC{条件} 协处理器编码, 协处理器操作码 1, 目的寄存器, 源寄存器 1, 源寄存器 2, 协处理器操作码 2

MRC 指令用于将协处理器寄存器中的数据传送到 ARM 处理器的寄存器中。若协处理器不能成功完成操作, 则产生未定义指令异常。其中协处理器操作码 1 和协处理器操作码 2 为协处理器将要执行的操作, 目的寄存器为 ARM 处理器的寄存器, 源寄存器 1 和源寄存器 2 均为协处理器的寄存器。例如:

　　　　MRC P3, 3, R0, C4, C5, 6　　　　　; 将协处理器 P3 的寄存器中的数据传送到 ARM 处理器的
　　　　　　　　　　　　　　　　　　　　　 ; 寄存器中

3.3.10　异常产生指令

ARM 微处理器支持的异常指令有 SWI 指令(软件中断指令)和 BKPT 指令(断点中断指令)。

1. SWI

SWI 指令的语法格式为

　　　　SWI{条件} 24 位的立即数

SWI 指令用于产生软件中断,以便用户程序能调用操作系统的系统例程。操作系统在 SWI 的异常处理程序中提供相应的系统服务。指令中 24 位的立即数指定用户程序调用系统例程的类型,相关参数通过通用寄存器传递。当指令中 24 位的立即数被忽略时,用户程序调用系统例程的类型由通用寄存器 R0 的内容决定,同时,参数通过其他通用寄存器传递。例如:

　　　　SWI 0x02　　　　　　; 调用操作系统编号为 02 的系统例程

2. BKPT

BKPT 指令的语法格式为

　　　　BKPT　　16 位的立即数

BKPT 指令产生软件断点中断,可用于程序的调试。

3.4　GNU ARM 汇编器支持的伪操作指令

在 ARM 汇编语言程序中,有一些特殊指令助记符,它们与指令系统的助记符有所不同,没有相应的操作码,通常称这些特殊指令助记符为伪操作标识符。它们所完成的操作称为伪操作。伪操作在源程序中的作用是协助完成汇编程序而做各种准备工作。这些伪操作在汇编过程中起作用,一旦汇编结束,伪操作的使命也就完成了。

在汇编程序中,伪操作指令主要有符号定义伪操作指令、数据定义伪操作指令、汇编控制伪操作指令及其杂项伪操作指令等。下面对这几种伪操作指令逐一进行介绍。

3.4.1　符号定义伪操作指令

符号定义伪操作指令用于定义 ARM 汇编程序中的变量、对变量赋值以及定义寄存器的别名等操作,常见的有 GBLA、GBLL 和 GBLS,LCLA、LCLL 和 LCLS,SETA、SETL、SETS,RLIST。

1. GBLA、GBLL 和 GBLS

GBLA、BGLL 和 GBLS 伪指令的语法格式为

　　　　GBLA(GBLL 或 GBLS) 全局变量名

GBLA(GBLL 或 GBLS)伪指令用于定义一个 ARM 程序中的全局变量,并将其初始化。其中,GBLA 伪指令用于定义一个全局的数字变量,并初始化为 0;GBLL 伪指令用于定义一个全局的逻辑变量,并初始化为 F(假);GBLS 伪指令用于定义一个全局的字符串变量,并初始化为空。

由于以上三条伪指令用于定义全局变量，因此在整个程序范围内变量名必须唯一。

例如：

GBLA Test1	；定义一个全局的数字变量，变量名为 Test1
Test1 SETA 0xaa	；将该变量赋值为 0xaa
GBLL Test2	；定义一个全局的逻辑变量，变量名为 Test2
Test2 SETL {TRUE}	；将该变量赋值为真
GBLS Test3	；定义一个全局的字符串变量，变量名为 Test3
Test3 SETS "Testing"	；将该变量赋值为"Testing"

2. LCLA、LCLL 和 LCLS

LCLA、LCLL 和 LCLS 伪指令的语法格式为

LCLA(LCLL 或 LCLS) 局部变量名

LCLA(LCLL 或 LCLS)伪指令用于定义一个 ARM 程序中的局部变量，并将其初始化。其中，LCLA 伪指令用于定义一个局部的数字变量，并初始化为 0；LCLL 伪指令用于定义一个局部的逻辑变量，并初始化为 F(假)；LCLS 伪指令用于定义一个局部的字符串变量，并初始化为空。

以上三条伪指令用于声明局部变量，在其作用范围内变量名必须唯一。

例如：

LCLA Test4	；声明一个局部的数字变量，变量名为 Test4
Test3 SETA 0xaa	；将该变量赋值为 0xaa
LCLL Test5	；声明一个局部的逻辑变量，变量名为 Test5
Test4 SETL {TRUE}	；将该变量赋值为真
LCLS Test6	；定义一个局部的字符串变量，变量名为 Test6
Test6 SETS "Testing"	；将该变量赋值为"Testing"

3. SETA、SETL 和 SETS

SETA、SETL 和 SETS 伪指令的语法格式为

变量名 SETA(SETL 或 SETS) 表达式

伪指令 SETA(SETL 或 SETS)用于给一个已经定义的全局变量或局部变量赋值。其中，SETA 伪指令用于给一个数字变量赋值；SETL 伪指令用于给一个逻辑变量赋值；SETS 伪指令用于给一个字符串变量赋值。这里的变量名为已经定义过的全局变量或局部变量，表达式为将要赋给变量的值。

例如：

LCLA Test3	；声明一个局部的数字变量，变量名为 Test3
Test3 SETA 0xaa	；将该变量赋值为 0xaa
LCLL Test4	；声明一个局部的逻辑变量，变量名为 Test4
Test4 SETL {TRUE}	；将该变量赋值为真

4. RLIST

RLIST 伪指令的语法格式为

名称 RLIST {寄存器列表}

RLIST 伪指令用于对一个通用寄存器列表定义名称。该伪指令定义的名称可在 ARM 指令 LDM/STM 中使用。在 LDM/STM 指令中，列表中的寄存器访问次序需根据寄存器的编号由低到高，而与列表中的寄存器排列次序无关。

例如：

　　RegList RLIST {R0-R5，R8，R10}　　;将寄存器列表定义为 RegList，可在 ARM 指令 LDM/STM
　　　　　　　　　　　　　　　　　　　　; 中通过该名称访问寄存器列表

3.4.2　数据定义伪操作指令

数据定义伪操作指令一般用于为特定的数据分配存储单元，同时可完成已分配存储单元的初始化，常见的有 DCB、DCW(DCWU)、DCD(DCDU)、DCFD(DCFDU)、DCFS(DCFSU)、DCQ(DCQU)、SPACE、MAP、FIELD。

1. DCB

DCB 伪指令的语法格式为

　　标号　DCB　表达式

DCB 伪指令用于分配一片连续的字节存储单元并用伪指令中指定的表达式初始化。其中，表达式可以为 0～255 的数字或字符串。DCB 也可用"="代替。

例如：

　　Str DCB "This is a test!"　　　　　;分配一片连续的字节存储单元并初始化

2. DCW(DCWU)

DCW(DCWU)伪指令的语法格式为

　　标号 DCW (DCWU) 表达式

DCW(DCWU)伪指令用于分配一片连续的半字存储单元并用伪指令中指定的表达式初始化。其中，表达式可以为程序标号或数字表达式。用 DCW 分配的字存储单元是半字对齐的，而用 DCWU 分配的字存储单元并不严格半字对齐。

例如：

　　DataTest DCW 1，2，3　　　　　;分配一片连续的半字存储单元并初始化

3. DCD(DCDU)

DCD(DCDU)伪指令的语法格式为

　　标号 DCD(DCDU)表达式

DCD(DCDU)伪指令用于分配一片连续的字存储单元并用伪指令中指定的表达式初始化。其中，表达式可以为程序标号或数字表达式。DCD 也可用"&"代替。

用 DCD 分配的字存储单元是字对齐的，而用 DCDU 分配的字存储单元并不严格字对齐。

例如：

　　DataTest DCD 4, 5, 6　　　　　;分配一片连续的字存储单元并初始化

4. DCFD(DCFDU)

DCFD(DCFDU)伪指令的语法格式为

　　　　　标号 DCFD(或 DCFDU) 表达式

　　DCFD(DCFDU)伪指令用于为双精度的浮点数分配一片连续的字存储单元并用伪指令中指定的表达式初始化。每个双精度的浮点数占据两个字存储单元。用 DCFD 分配的字存储单元是字对齐的，而用 DCFDU 分配的字存储单元并不严格字对齐。

　　例如：

　　　　　FDataTest DCFD 2E115, -5E7　　　　　　　　;分配一片连续的字存储单元并初始化为指定的双精度数

5. DCFS(DCFSU)

　　DCFS(DCFSU)伪指令的语法格式为

　　　　　标号 DCFS(或 DCFSU) 表达式

　　DCFS(或 DCFSU)伪指令用于为单精度的浮点数分配一片连续的字存储单元并用伪指令中指定的表达式初始化。每个单精度的浮点数占据一个字存储单元。用 DCFS 分配的字存储单元是字对齐的，而用 DCFSU 分配的字存储单元并不严格字对齐。

　　例如：

　　　　　FDataTest DCFS 2E5, -5E-7　　;分配一片连续的字存储单元并初始化为指定的单精度数

6. DCQ(DCQU)

　　DCQ(DCQU)伪指令的语法格式为

　　　　　标号 DCQ(DCQU) 表达式

　　DCQ(DCQU)伪指令用于分配一片以 8 个字节为单位的连续存储区域并用伪指令中指定的表达式初始化。用 DCQ 分配的存储单元是字对齐的，而用 DCQU 分配的存储单元并不严格字对齐。

　　例如：

　　　　　DataTest DCQ 100　　　　　;分配一片连续的存储单元并初始化为指定的值

7. SPACE

　　SPACE 伪指令的语法格式为

　　　　　标号 SPACE 表达式

　　SPACE 伪指令用于分配一片连续的存储区域并初始化为 0。其中，表达式为要分配的字节数。SPACE 也可用“%”代替。

　　例如：

　　　　　DataSpace SPACE 100　　　;分配连续 100 字节的存储单元并初始化为 0

8. MAP

　　MAP 伪指令的语法格式为

　　　　　MAP 表达式 {, 基址寄存器}

　　MAP 伪指令用于定义一个结构化的内存表的首地址。 MAP 也可用“^”代替。其中，表达式可以为程序中的标号或数学表达式。基址寄存器为可选项，当基址寄存器选项不存在时，表达式的值即内存表的首地址；当该选项存在时，内存表的首地址为表达式的值与基址寄存器的和。

　　MAP 伪指令通常与 FIELD 伪指令配合使用来定义结构化的内存表。

例如：

  MAP 0x100，R0　　　　　　　;定义结构化内存表首地址的值为 0x100 + R0

9. FIELD

FIELD 伪指令的语法格式为

  标号 FIELD 表达式

FIELD 伪指令用于定义一个结构化内存表中的数据域。FIELD 也可用"#"代替。其中，表达式的值为当前数据域在内存表中所占的字节数。

FIELD 伪指令常与 MAP 伪指令配合使用来定义结构化的内存表。MAP 伪指令定义内存表的首地址，FIELD 伪指令定义内存表中的各个数据域，并可以为每个数据域指定一个标号供其他的指令引用。

注意，MAP 和 FIELD 伪指令仅用于定义数据结构，并不实际分配存储单元。

例如：

  MAP 0x100　　　　　　;定义结构化内存表首地址的值为 0x100

  A FIELD 16　　　　　　;定义 A 的长度为 16 字节，位置为 0x100

  B FIELD 32　　　　　　;定义 B 的长度为 32 字节，位置为 0x110

  S FIELD 256　　　　　　;定义 S 的长度为 256 字节，位置为 0x130

3.4.3　汇编控制伪操作指令

汇编控制伪操作指令用于控制汇编程序的执行流程，常用的如下：

1. .if….else….endif

.if….else….endif 伪操作指令的语法格式为

  .if 逻辑表达式

  指令 1

  ...

  {.else

   指令 2

  ...}

  .endif 逻辑表达式

该伪操作指令还有另外一种形式：

  .if 逻辑表达式 1

  指令 1

  ...

  .elseif 逻辑表达式 2

  指令 2

  ...

  .endif

.if….else….endif 伪操作指令能根据条件的成立与否决定是否执行某个指令序列。如果 .if 后面的逻辑表达式为真，则执行其后面的指令序列，否则执行 .else 后面的指令序列。

其中，.else 及其后指令序列可以没有，此时，当 .if 后面的逻辑表达式为真时则执行指令序列，否则继续执行后面的指令序列。该指令可以嵌套使用。

2．.macro….endm

.macro….endm 伪操作指令的语法格式为

```
.macro
{$标号} 宏名 {$参数 1{,参数 2,…}}
指令
.endm
```

其中，$ 标号在宏指令被展开时，会被替换为用户定义的符号。通常，在一个符号前面使用"$"表示该符号被汇编器编译时，使用相应的值代替该符号。当宏指令被展开时，宏指令的参数将被替换成相应的值，类似于函数中的参数。

.macro….endm 伪操作指令可以将一段代码定义为一个整体，称为宏指令，然后就可以在程序中通过宏指令多次调用该代码。

宏指令可以使用一个或多个参数，当宏指令被展开时，这些参数被相应的值替换。宏指令的使用方式和功能与子程序有些相似。子程序可以提供模块化的程序设计，节省存储空间，并提高运行速度。但在使用子程序结构时需要保护现场，从而增加了系统的开销。因此，在代码较短且需要传递的参数较多时，可以使用宏指令代替子程序。

包含在 .macro 和 .endm 之间的指令序列称为宏定义体。在宏定义体的第一行应声明宏的原型(包括宏名和所需的参数)。然后就可以在汇编程序中通过宏名来调用该指令序列。在源程序被编译时，汇编器将宏调用展开，用宏定义中的伪指令序列代替程序中的宏调用，并将实际参数的值传递给宏定义中的形式参数。该指令可以嵌套使用。

3．.mexit

.mexit 伪操作指令的语法格式为

```
.macro
{$标号} 宏名 {$参数 1{,参数 2,…}}
指令
.endm
```

其中，$ 标号在宏指令被展开时，会被替换为用户定义的符号。通常，在一个符号前面使用"$"表示该符号被汇编器编译时，使用相应的值代替该符号。当宏指令被展开时，宏指令的参数将被替换成相应的值，类似于函数中的参数。

.mexit 伪操作指令用于从宏定义中跳转出去。

4．WHILE、WEND

WHILE、WEND 伪操作指令的语法格式为

```
WHILE 逻辑表达式
指令序列
WEND
```

WHILE、WEND 伪操作指令能根据条件的成立与否决定是否循环执行某个指令序列。当 WHILE 后面的逻辑表达式为真时，则执行指令序列，该指令序列执行完毕后，再判断

逻辑表达式的值，若为真则继续执行，一直到逻辑表达式的值为假。WHILE、WEND 伪操作指令可以嵌套使用。

3.4.4　杂项伪操作指令

还有一些其他的伪操作指令，在汇编程序中经常会被使用，主要有：

1. AREA

AREA 伪指令的语法格式为

　　AREA 段名　属性 1，属性 2，…

AREA 伪指令用于定义一个代码段或数据段。其中，段名若以数字开头，则该段名需用"｜"括起来，如｜1_test｜。属性字段表示该代码段(或数据段)的相关属性，多个属性用逗号分隔。常用的属性如下：

- CODE 属性：定义代码段，默认为 READONLY。
- DATA 属性：定义数据段，默认为 READWRITE。
- READONLY 属性：指定本段为只读，代码段默认为 READONLY。
- READWRITE 属性：指定本段为可读可写，数据段的默认属性为 READWRITE。
- ALIGN 属性：使用方式为"ALIGN 表达式"。在默认时，ELF(可执行连接文件)的代码段和数据段是按字对齐的，表达式的取值范围为 n = 0~31，相应的对齐方式为 2^n。
- COMMON 属性：定义一个通用的段，不包含任何用户代码和数据。各源文件中同名的 COMMON 段共享同一段存储单元。

一个汇编语言程序至少要包含一个段，当程序太长时，也可以将程序分为多个代码段和数据段。例如：

　　AREA Init, CODE, READONLY

该伪指令定义了一个代码段，段名为 Init，属性为只读。

2. ALIGN

ALIGN 伪指令的语法格式为

　　ALIGN { 表达式　{，偏移量 }}

ALIGN 伪指令可通过添加填充字节的方式，使当前位置满足一定的对齐方式。其中，表达式的值用于指定对齐方式，可能的取值为 2 的幂，如 1、2、4、8、16 等。若未指定表达式，则将当前位置对齐到下一个字的位置。偏移量也为一个数字表达式，若使用该字段，则当前位置的对齐方式为"2 的表达式次幂 + 偏移量"。

例如：

```
AREA Init，CODE, READONLY, ALIEN=3          ; 指定后面的指令为 8 字节对齐
指令序列
END
```

3. CODE16(CODE32)

CODE16(CODE32)伪指令的语法格式为

　　CODE16(CODE32)

CODE16 伪指令通知编译器，其后的指令序列为 16 位的 Thumb 指令。CODE32 伪指

令通知编译器，其后的指令序列为 32 位的 ARM 指令。若在汇编源程序中同时包含 ARM
指令和 Thumb 指令，可用 CODE16 伪指令通知编译器其后的指令序列为 16 位的 Thumb 指
令，CODE32 伪指令通知编译器其后的指令序列为 32 位的 ARM 指令。因此，在使用 ARM
指令和 Thumb 指令混合编程的代码里，可用这两条伪指令进行切换，但注意它们只通知编
译器其后指令的类型，并不能对处理器进行状态的切换。

例如：

```
AREA Init, CODE, READONLY
…
CODE32                 ; 通知编译器其后的指令为 32 位的 ARM 指令
LDR R0, = NEXT + 1     ; 将跳转地址放入寄存器 R0
BX R0                  ; 程序跳转到新的位置执行，并将处理器切换到 Thumb 工作状态
…
CODE16                 ; 通知编译器其后的指令为 16 位的 Thumb 指令
NEXT LDR R3, = 0x3FF
…
END                    ; 程序结束
```

4. ENTRY

ENTRY 伪指令的语法格式为

```
ENTRY
```

ENTRY 伪指令用于指定汇编程序的入口点。在一个完整的汇编程序中至少要有一个
ENTRY(也可以有多个，当有多个 ENTRY 时，程序的真正入口点由链接器指定)，但在一
个源文件里最多只能有一个 ENTRY(可以没有)。

例如：

```
AREA Init, CODE, READONLY
ENTRY              ; 指定应用程序的入口点
…
```

5. END

END 伪指令的语法格式为

```
END
```

END 伪指令用于通知编译器已经到了源程序的结尾。

例如：

```
AREA Init, CODE, READONLY
…
END                ; 指定应用程序的结尾
```

6. EQU

EQU 伪指令的语法格式为

```
名称 EQU 表达式 {, 类型}
```

EQU 伪指令用于为程序中的常量、标号等定义一个等效的字符名称，类似于 C 语言中

的#define。其中，EQU 可用"*"代替。名称为 EQU 伪指令定义的字符名称，当表达式为
32 位的常量时，可以指定表达式的数据类型，可以有三种类型：CODE16、CODE32 和 DATA。
　　例如：

```
        Test EQU 50              ；定义标号 Test 的值为 50
        Addr EQU 0x55, CODE32    ；定义 Addr 的值为 0x55，且该处为 32 位的 ARM 指令
```

7. EXPORT(GLOBAL)

EXPORT(GLOBAL)伪指令的语法格式为

```
    EXPORT 标号 {[WEAK]}
```

EXPORT 伪指令用于在程序中声明一个全局的标号，该标号可在其他的文件中引用。
EXPORT 可用 GLOBAL 代替。标号在程序中区分大小写，[WEAK] 选项声明其他的同名标
号优先于该标号被引用。
　　例如：

```
    AREA Init, CODE, READONLY
    EXPORT Stest       ；声明一个可全局引用的标号 Stest
    END
```

8. IMPORT

IMPORT 伪指令的语法格式为

```
    IMPORT 标号 {[WEAK]}
```

IMPORT 伪指令用于通知编译器要使用的标号在其他的源文件中定义，但要在当前源
文件中引用，而且无论当前源文件是否引用该标号，该标号均会被加入到当前源文件的符
号表中。标号在程序中区分大小写，[WEAK] 选项表示当所有的源文件都没有定义这样一
个标号时，编译器也不给出错误信息，在多数情况下将该标号置为 0，若该标号为 B 或 BL
指令引用，则将 B 或 BL 指令置为 NOP 操作。
　　例如：

```
    AREA Init, CODE, READONLY
    IMPORT Main    ；通知编译器当前文件要引用标号 Main，但 Main 在其他源文件中定义
    END
```

9. EXTERN

EXTERN 伪指令的语法格式为

```
    EXTERN 标号 {[WEAK]}
```

EXTERN 伪指令用于通知编译器要使用的标号在其他的源文件中定义，但要在当前源
文件中引用，如果当前源文件实际并未引用该标号，该标号就不会被加入到当前源文件的
符号表中。标号在程序中区分大小写，[WEAK] 选项表示当所有的源文件都没有定义这样
一个标号时，编译器也不给出错误信息，在多数情况下将该标号置为 0，若该标号为 B 或
BL 指令引用，则将 B 或 BL 指令置为 NOP 操作。
　　例如：

```
    AREA Init, CODE, READONLY
    EXTERN Main    ；通知编译器当前文件要引用标号 Main，但 Main 在其他源文件中定义
```

　　　　　END

10. GET(INCLUDE)

GET 伪指令的语法格式为

　　　GET　文件名

GET 伪指令用于将一个源文件包含到当前的源文件中，并将被包含的源文件在当前位置进行汇编处理。可以使用 INCLUDE 代替 GET。

汇编程序中常用的方法是在某源文件中定义一些宏指令，用 EQU 定义常量的符号名称，用 MAP 和 FIELD 定义结构化的数据类型，然后用 GET 伪指令将这个源文件包含到其他的源文件中。其使用方法与 C 语言中的 "include" 相似。GET 伪指令只能用于包含源文件，包含目标文件需要使用 INCBIN 伪指令。

例如：

　　　AREA Init, CODE, READONLY
　　　GET a1.s　　　　　　　; 通知编译器当前源文件包含源文件 a1.s
　　　GET C: \a2.s　　　　　; 通知编译器当前源文件包含源文件 C: \ a2.s
　　　END

11. INCBIN

INCBIN 伪指令的语法格式为

　　　INCBIN　文件名

INCBIN 伪指令用于将一个目标文件或数据文件包含到当前的源文件中，被包含的文件不作任何变动地存放在当前文件中，编译器从其后开始继续处理。

例如：

　　　AREA Init, CODE, READONLY
　　　INCBIN a1.dat　　　　; 通知编译器当前源文件包含文件 a1.dat
　　　INCBIN C:\a2.txt　　　; 通知编译器当前源文件包含文件 C:\a2.txt
　　　END

12. RN

RN 伪指令的语法格式为

　　　名称　RN　表达式

RN 伪指令用于给一个寄存器定义一个别名。采用这种方式可以方便程序员记忆该寄存器的功能。其中，名称为给寄存器定义的别名，表达式为寄存器的编码。

例如：

　　　Temp RN R0　　　　　; 给 R0 定义一个别名 Temp

13. ROUT

ROUT 伪指令的语法格式为

　　　{名称} ROUT

ROUT 伪指令用于给一个局部变量定义作用范围。在程序中未使用该伪指令时，局部变量的作用范围为所在的 AREA，而使用 ROUT 后，局部变量的作用范围为当前 ROUT 和下一个 ROUT 之间。

在 ARM 汇编程序中还有一些其他的伪操作，在汇编程序中经常被使用，包括：

.arm　　　　　　　　　　　; 定义以下代码使用 ARM 指令集编译

.thumb　　　　　　　　　　; 定义以下代码使用 Thumb 指令集编译

.section expr　　　　　　　; 定义域中包含的段。expr 可以使用 .text、.data、.bss

.text {subsection}　　　　　; 将定义符开始的代码编译到代码段或代码子段

.data {subsection}　　　　　; 将定义符开始的代码编译到数据段或数据子段

.bss {subsection}　　　　　; 将变量存放到 .bss 段或 .bss 子段

.org　offset {,expr}　　　　; 指定从当前地址加上 offset 开始存放代码，并且从当前地址到当前

　　　　　　　　　　　　　; 地址加上 offset 之间的内存单元，用 0 或者指定的数据填充

3.5　ARM 汇编伪指令

ARM 汇编程序中的伪指令不是真正的 ARM 指令或者 Thumb 指令。这些伪指令在汇编编译时被替换成对应的 ARM 或 Thumb 指令(序列)。ARM 伪指令包括 ADR、ADRL、LDR 和 NOP 等。

1. ADR(小范围的地址读取伪指令)

ADR 指令将基于 PC 的地址值或基于寄存器的地址值读取到寄存器中。

其语法格式为

　　　ADR{cond} register, expr

其中，cond 为可选的指令执行条件，register 为目标寄存器，expr 为基于 PC 或者基于寄存器的地址表达式。expr 表达式的取值范围为：当地址值不是字对齐时，其取值范围为 –255～255；当地址值是字对齐时，其取值范围为 –1020～1020；当地址值是 16 字节对齐时，其取值范围将更大。

在汇编编译器处理源程序时，ADR 伪指令被编译器替换成一条合适的指令。通常，编译器用一条 ADD 指令或 SUB 指令来实现该 ADR 伪指令的功能。

因为 ADR 伪指令中的地址是基于 PC 或者基于寄存器的，所以 ADR 读取到的地址为位置无关的地址。当 ADR 伪指令中的地址是基于 PC 时，该地址与 ADR 伪指令必须在同一个代码段中。

例如：

　　　start MOV r0, #10　　　　　　　; 因为 PC 值为当前指令地址值加 8 字节

　　　ADR r4, start　　　　　　　　　; 本 ADR 伪指令将被编译器替换成 SUB r4, pc, #0xc

2. ADRL(中等范围的地址读取伪指令)

ADRL 指令将基于 PC 或基于寄存器的地址值读取到寄存器中。ADRL 伪指令比 ADR 伪指令可以读取更大范围的地址。ADRL 伪指令在汇编时被编译器替换成两条指令，即使一条指令可以完成该伪指令的功能，编译器也会产生两条指令，其中一条是多余的指令。若汇编器不能在两条指令内完成该操作，将报告错误，中止编译。

其语法格式为

```
                    ADRL{cond} register, expr
```

其中，地址表达式 expr 的取值范围为：当地址值是字节对齐时，其取指范围为 −64 K～64 K；当地址值是字对齐时，其取指范围为 −256 K～256 K。

例如：

```
    start MOV r0, #10                    ；因为 PC 值为当前指令地址值加 8 字节
    ADRL r4, start + 60000              ；本 ADRL 伪指令将被编译器替换成下面两条指令
    ADD r4, pc, #0xe800
    ADD r4, r4, #0x254
```

3. LDR(大范围的地址读取伪指令)

LDR 伪指令将一个 32 位的常数或者一个地址值读取到寄存器中。

其语法格式为

```
    LDR{cond} register, =[expr|label-expr]
```

其中，expr 为 32 位的常量。编译器将根据 expr 的取值情况，按如下方式处理 LDR 伪指令：当 expr 表示的地址值没有超过 MOV 或 MVN 指令中地址的取值范围时，编译器用合适的 MOV 或 MVN 指令代替该 LDR 伪指令；当 expr 表示的地址值超过了 MOV 或者 MVN 指令中地址的取值范围时，编译器将该常数放在数据缓冲区中，同时用一条基于 PC 的 LDR 指令读取该常数。

label-expr 为基于 PC 的地址表达式或者是外部表达式。当 label-expr 为基于 PC 的地址表达式时，编译器将 label-expr 表示的数值放在数据缓冲区(literal pool)中，然后将该 LDR 伪指令处理成一条基于 PC 到该数据缓冲区单元的 LDR 指令，从而将该地址值读取到寄存器中。这时，要求该数据缓冲区单元到 PC 的距离小于 4 KB。当 label-expr 为外部表达式或者非当前段的表达式时，汇编编译器将在目标文件中插入一个地址重定位伪操作，这样连接器将在连接时生成该地址。

LDR 伪指令主要有以下两种用途：

①　当需要读取到寄存器中的数据超过了 MOV 及 MVN 指令可以操作的范围时，可以使用 LDR 伪指令将该数据读取到寄存器中。

②　将一个基于 PC 的地址值或者外部的地址值读取到寄存器中。由于这种地址值是在连接时确定的，所以这种代码不是位置无关的。同时 LDR 伪指令的 PC 值到数据缓冲区中的目标数据所在的地址的偏移量要小于 4 KB。

例如：

```
    LDR R1, =0xFF0                       ；将 0xff0 读取到 R1 中
    ；汇编后将得到
    MOV R1, 0xFF0
    LDR R1, =0xFFF                       ；将 0xfff 读取到 R1 中
    ；汇编后将得到
    LDR R1, [PC, OFFSET_TO_LPOOL]
    ...
    LPOOL DCD 0xFFF
```

```
        LDR R1, =ADDR1                ; 将外部地址 ADDR1 读取到 R1 中
    ; 汇编后将得到
        LDR R1, [PC, OFFSET_TO_LPOOL]
        …
        LPOOL    DCD ADDR1
```

4. NOP(空操作伪指令)

该指令在汇编时将被替换成 ARM 中的空操作，如 MOV R0，R0。

NOP 伪指令不影响 CPSR 中的条件标志位。

3.6　ARM 汇编编程简介

ARM 处理器一般支持 C 语言的编程和汇编语言的程序设计，以及两者的混合编程。本节介绍 ARM 微处理器编程的一些基本概念，如 ARM 汇编语言的文件格式、语句格式和汇编语言的程序结构等，同时介绍 C 语言和汇编语言的混合编程等。

3.6.1　ARM 汇编语言文件格式

ARM 源程序文件(即源文件)为文件格式，可以使用文本编辑器编写程序代码。一般地，ARM 源程序文件名的后缀名如表 3.4 所示。

表 3.4　ARM 源程序文件名的后缀名

程　　序	文件名后缀
汇编	*.S
C 程序	*.C
头文件	*.H
引入文件	*.INC

在一个项目中，至少要有一个汇编源文件或程序文件，可以有多个汇编源文件或多个 C 程序文件，或者 C 程序文件和汇编文件两者的组合。

3.6.2　ARM 汇编语言语句格式

ARM 汇编语言的语句格式为

　　　[标号]　<指令|条件|S>　<操作数>　[;注释]

ARM 汇编语言中，所有标号必须在一行的顶格书写，其后面不要添加"："，而所有指令均不能顶格书写。ARM 汇编器对标示符大小写敏感，书写标号及指令时字母大小写要一致。在 ARM 汇编程序中，一个 ARM 指令、伪指令、寄存器名可以全部为大写字母，也可以全部为小写字母，但不要大小写混合使用。注释使用"；"，注释内容由"；"开始到此行结束，注释可以在一行顶格书写。

源程序中允许有空行，适当地插入空行可以提高源代码的可读性。如果单行太长，可以使用字符 "\" 将其分开，"\" 后不能有任何字符，包括空格和制表符等。对于变量的设

置、常量的定义，其标示符必须在一行顶格书写。

1. 汇编语言程序中的标号

1) 标号

在 ARM 汇编程序中，标号代表一个地址，段内标号的地址在汇编时确定，而段外标号的地址值在连接时确定。根据标号的生成方式可将其分为三种。

(1) 基于 PC 的标号：位于目标指令前的标号或程序中数据定义伪指令前的标号，这种标号在汇编时将被处理成 PC 值加上或者减去一个数字常量。它常用于表示跳转指令的目标地址，或者代码段中所嵌入的少量数据。

(2) 基于寄存器的标号：通常用 MAP 和 FIELD 伪指令定义，也可以用 EQU 伪指令定义。这种标号在汇编时被处理成寄存器的值加上或者减去一个数字常量，常常用于访问数据段中的数据。

(3) 绝对地址：是一个 32 位的数字量，它可以寻址的范围是 $0 \sim 2^{32}-1$，可以直接寻址整个内存空间。

2) 局部标号

局部标号主要用于局部范围代码中，也经常在宏定义中使用。局部标号是一个 $0 \sim 99$ 之间的十进制数字，可以重复定义，后面可以紧跟一个通常表示局部变量作用范围的符号。如果局部变量的作用范围为当前段，也可以用伪指令 ROUT 来定义局部标号的作用范围。

局部标号的定义格式为

    N{routname}

其中，N 为局部标号，范围为 $0 \sim 99$；routname 为局部标号作用范围的名称，由 ROUT 伪指令定义。

2. 汇编语言程序中的符号

在汇编语言程序设计中，经常使用各种符号代替地址、变量和常量等，以增加程序的可读性。符号的命名规则如下：

(1) 标示符由大小写字母、数字以及下划线组成；

(2) 除局部标号以数字开头外，其他的符号不能以数字开头；

(3) 符号区分大小写，且所有字符都是有意义的；

(4) 符号在其作用域范围内必须是唯一的；

(5) 符号不能与系统内部或系统预定的符号同名；

(6) 符号不要与指令助记符、伪指令同名。

1) 常量

(1) 数字常量。数字常量有如下三种表示方式：

① 十进制数，如 12、4、987、0。

② 十六进制数，如 0x439、0xFF0、0x1。

③ n 进制数，用 n-XXX 表示，其中 n = 2～9，XXX 为具体的数。如 2-010111、8-4363156。

(2) 字符常量。字符常量由一对单引号及中间字符串表示，标准 C 语言中的转义字符也可以使用。如果需要包含双引号或 "$"，必须使用 "" 和 $$ 代替。

(3) 布尔常量。布尔常量的逻辑真为 true，逻辑假为 false。

2) 变量

变量是指其值在程序的运行过程中可以改变的量。ARM 汇编程序所支持的变量有数字变量、逻辑变量和字符串变量。

数字变量用于在程序的运行中保存数字值，但注意数字值的大小不应超出数字变量所能表示的范围。

逻辑变量用于在程序的运行中保持逻辑值，逻辑值只有两种取值情况：真或假。

字符串变量用于在程序的运行中保存一个字符串，但注意字符串的长度不应超出变量所能表示的范围。

在 ARM 汇编语言程序设计中，可以使用 GBLA、GBLL、GBLS 伪指令声明全局变量，使用 LCLA、LCLL、LCLS 伪指令声明局部变量，并可以使用 SETA、SETL、SETS 对其进行初始化。

3. 汇编语言程序中的表达式和运算符

在汇编语言程序设计中，也经常使用变量、常量、运算符和括号构成各种表达式。常用的表达式有数学表达式、逻辑表达式和字符串表达式，其运算的优先级次序如下：

(1) 优先级相同的双目运算符的运算顺序为从左到右；

(2) 相邻的单目运算符的运算顺序是从右到左，且单目运算符的优先级高于其他运算符；

(3) 括号运算符的优先级最高。

3.6.3　C 语言和汇编语言的混合编程

在需要 C 语言与汇编语言混合编程时，若汇编代码较少，则可使用直接内嵌汇编的方法混合编程；否则，可以将汇编文件以文件的形式加入项目中，通过 ATPCS 规定与 C 程序相互调用及访问。

ATPCS(ARM/Thumb Procedure Call Standard，ARM/Thumb 过程调用标准)规定了一些子程序间调用的基本规则，如子程序调用过程中的寄存器使用规则、堆栈的使用规则、参数的传递规则等。

1. 汇编语言的程序结构

在 ARM/Thumb 汇编语言程序中，以程序段为单位组织代码。段是相对独立的数据序列，具有特定的名称。段可以分为代码段和数据段，代码段的内容为执行代码，数据段存放代码运行时需要用到的数据。一个汇编程序至少应该有一个代码段，当程序较长时，可以分割为多个代码段和数据段。多个段在程序编译链接时最终形成一个可执行的映像文件。

可执行映像文件通常由以下几部分构成：一个或多个代码段，代码段的属性为只读；零个或多个包含初始化数据的数据段，数据段的属性为可读/写；零个或多个不包含初始化数据的数据段，数据段的属性为可读/写。

链接器根据系统默认或用户设定的规则，将各个段安排在存储器中的相应位置。因此，源程序中段之间的相对位置与可执行的镜像文件中段的相对位置一般不会相同。

以下是一个汇编语言源程序的基本结构：

```
AREA    Init, CODE, READONLY
ENTRY
Start
LDR     R0, =0x3FF5000
LDR     R1, 0xFF
STR     R1, [R0]
LDR     R0, =0x3FF5008
LDR     R0, =0x01
STR     R1, [R0]
...
END
```

在汇编语言程序中，用 AREA 伪指令定义一个段，并说明所定义段的相关属性。本例定义一个名为 Init 的代码段，属性为只读。ENTRY 伪指令标示程序的入口点，接下来为指令序列，程序的末尾为 END 伪指令，该伪指令表明编译器源文件结束。每一个汇编程序段都必须有一条 END 伪指令，指示代码段的结束。

2. 汇编语言与 C 语言的混合编程

在应用系统的程序设计中，若所有的编程任务都用汇编语言来完成，则其工作量是非常巨大的。同时也不利于系统升级或应用软件移植。事实上，ARM 体系结构支持 C/C++ 以及与汇编语言的混合编程。在一个完整的程序设计中，除了初始化部分用汇编语言完成外，其主要的编程任务一般都用 C 语言完成。

汇编语言与 C 语言的混合编程通常有以下几种方式：

1) C 语言代码中嵌入汇编程序

在 C 程序中嵌入汇编程序，可以实现一些高级语言没有的功能，提高程序执行效率。armcc 编译器的内嵌汇编器支持 ARM 指令集，tcc 编译器的内嵌汇编器支持 Thumb 指令集。

(1) 内嵌汇编的语法格式为

```
-asm
{
    指令 1[; 指令]      /*注释*/
    ...
    [指令 1]
}
```

(2) 内嵌汇编指令的用法主要包括以下几种：

① 操作数。内嵌的汇编指令中作为操作数的寄存器和常量可以是表达式。这些表达式可以是 char、short、int 类型，而且这些表达式都是作为无符号数进行操作的。若需要有符号数，用户需要自己处理好有关的操作，编译器将会计算这些表达式的值，并为其分配寄存器。

② 物理寄存器。内嵌汇编器中使用物理寄存器有以下限制：

● 不能直接向 PC 寄存器赋值，程序跳转只能使用 B 或 BL 指令实现。

● 使用物理寄存器的指令中不要使用过于复杂的 C 语言表达式。因为表达式过于复杂时，将会需要较多的物理寄存器，这些寄存器可能与指令中的物理寄存器冲突。

● 编译器可能会使用 R12 或 R13 寄存器存放编译的中间结果，在计算表达式的值时，可能会将 R0～R3、R12、R14 寄存器用于子程序调用。因此，在内嵌的汇编指令中，不要将这些寄存器同时指定为指令中的物理寄存器。

通常内嵌的汇编指令不要指定物理寄存器，因为这可能会影响编译器分配寄存器，进而影响代码的效率。

③ 常量。在内嵌的汇编指令中，常量前面的 "#" 可以省略。

④ 指令展开。内嵌汇编指令中，如果包含常量操作数，该指令有可能被内嵌汇编器展开成几条指令。

⑤ 标号。C 语言程序中的标号可以被内嵌的汇编指令使用，但是只有指令 B 可以使用 C 程序中的标号，而 BL 则不能使用。

⑥ 内存单元的分配。所谓的内存分配均由 C 编译器完成，分配的内存单元通过变量供内嵌汇编器使用。内嵌汇编器不支持内嵌汇编程序中用内存分配的伪指令。

⑦ SWI 和 BL 指令。在内嵌的 SWI 和 BL 指令中，除了正常的操作数以外，还必须增加 3 个可选的寄存器列表：第一个寄存器列表中的寄存器用于存储输入的参数；第二个寄存器列表中的寄存器用于存储返回的结果；第三个寄存器列表中寄存器的内容可能被调用的子程序破坏，即这些寄存器是供被调用的程序作为工作寄存器的。

(3) 内嵌汇编器与 armasm 汇编器的差异：内嵌汇编器不支持通过 "." 指示符或 PC 获取当前指令地址；不支持 LDR Rn, =expr 伪指令，而使用 MOV Rn, expr 指令向寄存器赋值；不支持符号表达式；不支持 ADR 和 ADRL 伪指令；不支持 BX 指令；不能向 PC 赋值；使用 8 位移位常数导致 CPSR 的标志更新时，N、Z、C 和 V 标志中的 C 不具有真实意义。

2) 在汇编程序和 C 语言之间进行全局变量互访

使用 IMPORT 伪指令引入全局变量，可利用 LDR 和 STR 指令根据全局变量的地址访问它们。对于不同类型的变量，需要采用不同选项的 LDR 和 STR 指令。例如：

```
unsigned char        LDRB/STRB
unsigned short       LDRH/STRH
unsigned int      LDR/STR
char  LDRSB/STRSB
short LDRSH/STRSH
```

对于结构，如果知道各个数据项的偏移值，可以通过存储/加载指令访问。如果结构所占空间小于 8 个字，可以使用 LDM 和 STM 一次性读/写。

例如，一个汇编的函数，它读取全局变量 glovbvar，将其加 1 后写回，访问 C 程序的全局变量：

```
AREA        globats, CODE, READONLY
EXPORT      asmsubroutine
IMPORT      glovbvar          ; 声明外部变量 glovbvar asmsubroutine
LDR         R1, =glovbvar     ; 装载变量地址
LDR         R0, [R1]          ; 读出数据
```

ADD	R0, R0, #1	;加 1 操作
STR	R0, [R1]	;保存变量值
MOV	PC LR	
END		

3) 汇编语言程序和 C 语言程序间相互调用

在 C 程序和 ARM 汇编程序之间相互调用必须遵守 ATPCS 规则。对于汇编语言来说，完全要依赖用户来保证各个子程序满足选定的 ATPCS。具体来说，汇编语言程序必须满足下列 3 个条件：

(1) 在子程序编写时必须遵守相应的 ATPCS 规则；

(2) 堆栈的使用要遵守相应的 ATPCS 规则；

(3) 在汇编编译器中使用 -apsc 选项。

基本 ATPCS 规定了子程序调用时的一些基本规则，包括各寄存器的使用规则及其相应的名称、堆栈的使用规则、参数传递的规则等。

(1) 寄存器的使用规则：

● 子程序将通过寄存器 R0～R3 来传递参数。这时，寄存器 R0～R3 可记作 A0～A3，被调用的子程序在返回前无需恢复寄存器 R0～R3 的内容。

● 在子程序中，使用寄存器 R4～R11 来保存局部变量。这时，寄存器 R4～R11 可记作 V1～V8。如果在子程序中使用了寄存器 V1～V8 中的某些寄存器，子程序进入时必须保存这些寄存器的值，在返回前必须恢复这些寄存器的值。

● 寄存器 R12 用作过程调用中间临时寄存器，记作 IP。在子程序间的连接代码段中常用这种规则。

● 寄存器 R13 用作堆栈指针，记作 SP。在程序中，寄存器 R13 不能作其他用途，寄存器 SP 在进入子程序时的值和退出子程序时的值必须相等。

● 寄存器 R14 称为链接寄存器，记作 LR，可用于保存子程序的返回值。如果在子程序中包含了返回值，则寄存器 R14 可以用作其他用途。

● 寄存器 R15 是程序计数器，记作 PC，不能用作其他用途。

(2) 堆栈的使用规则：ATPCS 规定堆栈为 FD 类型，即满递减堆栈，并且对堆栈的操作是 8 字节对齐。

(3) 参数传递的规则：根据参数个数是否固定可以将子程序分为参数个数固定的子程序和参数个数可变化的子程序。这两种子程序的参数传递规则是不一样的。对于参数个数可变的子程序，当参数不超过 4 个时，可以使用寄存器 R0～R3 来传递参数；当参数超过 4 个时，还可以使用堆栈来传递参数。

在参数传递时，将所有参数看做存放在连续的内存单元的字数据。然后，依次将字数据传送到寄存器 R0、R1、R2 和 R3 中。如果参数多于 4 个，则将剩余的数据传送到堆栈中，入栈的顺序与参数顺序相反，即最后一个参数先入栈。

按照上面的规则，一个浮点数参数可以通过寄存器传递，也可以通过堆栈传递，也可能一半通过寄存器传递，另一半通过堆栈传递。

参数个数固定的子程序参数传递与参数个数可变的子程序参数传递的规则不同。如果系统包含浮点运算的硬件部件，则浮点参数将按以下的规则传递：

- 各个浮点参数按顺序处理；
- 为每个浮点参数分配寄存器 FP。

分配的方法是，满足该浮点参数需要且编号最小的一组连续的 FP 寄存器作为第一个整数参数，通过寄存器 R0～R3 来传递，其他参数通过堆栈传递。

子程序中结果返回的规则如下：

- 结果为一个 32 位的整数时，可以通过寄存器 R0 返回。
- 结果为一个 64 位的整数时，可以通过寄存器 R0 和 R1 返回。
- 结果为一个浮点数时，可以通过浮点运算部件的寄存器 f0、d0、s0 来返回。
- 结果为复合型的浮点数据时，可以通过寄存器 f0～fnA 或 d0～dn 来返回。

对于位数更多的结果，需要通过内存来传递。

4) C 程序调用汇编语言程序

汇编语言程序的设置要遵循 ATPCS 规则，保证程序调用时参数的正确传递，例如下面的程序中，汇编子程序在汇编程序中使用伪指令 EXPORT 声明本子程序，使其他程序可以调用此子程序；在 C 语言程序中使用关键字 extern 声明外部函数(声明要调用的汇编子程序)，即可调用汇编子程序。

strcopy( )函数有两个参数，一个表示目标字符串地址，一个表示源字符串地址，参数分别存放在 R0 和 R1 寄存器中。

调用汇编程序的 C 函数示例：

```
#include <stdio.h>
extern void strcopy(char *d, const char *s);        //声明外部函数，即要调用的汇编子程序
int main( )
{
    const char *srcstr="First string- source";
    char dststr[ ] = "Second string – destination";
    printf("before copying:\n");
    printf("'%s\n '%s\n", srcstr, dststr);
    strcopy(dststr,srcstr);
    printf("after copying:\n");
    printf(" ' %s\n '%s\n", srcstr, dststr);
    return 0;
}
```

被调用的汇编子程序：

```
    AREA        Scopy, CODE, READONLY
    EXPORT      strcopy             ; 声明 strcopy，以便外部程序引用 strcopy
                                    ; R0 为目标字符串地址
                                    ; R1 为源字符串的地址
    LDRB        R2, [R1], #1        ; 读取字节数据，源地址加 1
```

STRB	R2, [R0], #1	；保存读取的 1 字节数据，目标地址加 1
CMP	R2, #0	；判断字符串是否复制完毕
BNE	strcopy	；如果没有复制完毕，则继续循环
MOV	PC LR	；返回
END		

5）汇编语言程序调用 C 语言程序

在汇编语言程序中调用 C 语言程序要遵循如下规则：

● 汇编程序的设置要遵循 ATPCS 规则，保证程序调用时参数的正确传递。

● 在汇编程序中使用 IMPORT 伪指令声明将要调用的 C 程序函数。

● 在调用 C 程序时，要正确设置入口参数，然后使用 BL 调用。

在以下程序清单中，程序使用了 5 个参数，分别使用寄存器 R0～R3 存储第 1、2、3 和第 4 个参数，使用堆栈传递第 5 个参数。由于利用了堆栈传递参数，在程序调用结束后要调整堆栈指针。

汇编语言程序调用 C 语言程序中的函数示例：

```
/* 函数 sum5( )返回 5 个整数的和*/
int sum5(int a, int b, int c, int d, int e)
{
    return(a+b+c+d+e);
}
```

汇编程序调用 C 程序的汇编程序示例：

EXPORT	CALLSUMS	
AREA	Example, CODE, READONLY	
IMPORT	sum5	；声明外部函数 sum5，即 c 函数 sum5( )
CALLSUMS		
STMFD	SP! {LR}	；LR 寄存器入栈
ADD	R1, R0, R0	；设置 sum5 函数的入口参数，R0 为参数 a
ADD	R2, R1, R0	；R1 为参数 b，R2 为参数 c
ADD	R3, R1, R2	；R3 为参数 d
STR	R3, [SP, #-4]	；参数 e 要通过堆栈传递
ADD	R3, R1, R1	
BL	sum5	；调用 sum5( )，结果保存在 R0 中
ADD	SP, SP #4	；修正 SP 指针
LDMFD	SP {PC}	；子程序返回
END		

3.7　思考和练习题

1. Cortex-A9 有几种寻址方式？"LOR R1，[R0，#0x08]"属于哪种寻址方式？

2. ARM 指令的条件码有多少个？默认条件码是什么？

3. ARM 指令中第二个操作数有哪几种形式？试列举几个 8 位图立即数的例子。

4. LDR/STR 指令的偏移形式有哪四种？LDRB 和 LDRSB 有何区别？

5. 试指出 MOV 指令与 LDR 加载指令的区别及用途。

6. CMP 指令的操作方法是什么？写一个程序，判断 R1 的值是否大于 0x30，是则将 R1 减去 0x30。

7. 调用子程序是用 B 还是用 BL 指令？试写出返回子程序的指令。

8. 试指出 LDR 伪指令的用法，其指令格式与 LDR 加载指令的区别是什么？

9. ARM 状态与 Thumb 状态的切换指令是什么？举例说明。

10. Thumb 状态与 ARM 状态的寄存器有区别吗？Thumb 指令访问哪些寄存器时受到一定限制？

11. 把下面的 C 代码转换成汇编代码。数组 a 和 b 分别存放在以 0x4000 和 0x5000 为起始地址的存储区内，其中的数据类型为 long(即 32 位)。把编写的汇编语言进行编译链接，并进行调试。

```
for (i=0; i<8; i++)
{
    a[i] = b[7-i];
}
```

第 4 章　构建嵌入式开发环境

本章目标：

- 了解嵌入式 Linux 开发的交叉开发模式；
- 掌握搭建嵌入式 Linux 硬件、软件开发环境的方法；
- 掌握制作工具链的方法。

4.1　主机与目标板结合的交叉开发模式

嵌入式系统的软件可以分为三部分：Bootloader、内核、根文件系统和应用程序。与 PC 作一个类比，如图 4.1 所示。对于 PC 来说，BIOS 的目的是启动操作系统，之后识别出硬盘(应用程序在硬盘上)，由操作系统启动应用程序。类似的，对于嵌入式 Linux 系统，Bootloader 的目的是启动 Linux 内核，之后由 Linux 内核启动各类应用，这需要首先挂载根文件系统(应用程序存在根文件系统上)。

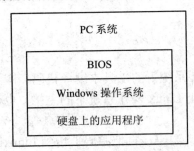
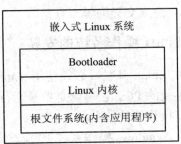

图 4.1　PC 系统和嵌入式 Linux 系统结构对比

开发 PC 上的软件时，可以直接在 PC 上编辑、编译、调试软件，最终发布的软件也是在 PC 上运行的。对于嵌入式开发，最初的嵌入式设备是一个空白的系统，需要通过主机为它构建基本的软件系统，并烧写到设备中。另外，嵌入式设备的资源并不足以用来开发软件，所以需要用到交叉开发模式：在主机上编写、编辑、编译软件和应用程序，然后下载到目标板上，在目标板上运行、验证程序。主机又称宿主机，一般为 PC；目标板指正在开发的嵌入式设备或者 ARM 开发板。

对于嵌入式开发板(目标板)，进行 Linux 开发时一般可以分为 3 个步骤：

(1) 在主机上编译 Bootloader，烧入目标板。可以通过 JTAG 工具直接烧写单板，也可以把板上的存储器件取下，用主机的工具烧写后再接回目标板上。这两种烧写方法效率都比较低，所以一般通过 Bootloader 烧写。Bootloader 一般都具备这些功能：支持串口操作、网络下载、烧写板上存储器件。还可以通过 Bootloader 来烧录其他映像文件。

(2) 在主机上编译 Linux 内核，通过 Bootloader 烧入目标板或直接启动。一个可以在目标板上运行的 Linux 内核是进行后续开发的基础。为方便调试，内核应该支持网络文件系统(NFS)，即：将应用程序放在主机上，目标板启动 Linux 内核后，通过网络来获取程序，然后运行。

(3) 在主机上编译各类应用程序，目标板启动内核后通过 NFS 运行它们，经过验证后烧入目标板。烧写、启动 Bootloader 后，就可以通过 Bootloader 的各类命令来下载、烧写、运行程序了。启动 Linux 后，通过执行各种命令来启动应用程序。一般通过串口通信软件(如 Minicom)输入命令、查看命令运行的结果。

在交叉开发模式中，主机与目标板通常有 4 种连接方式：JTAG、串口、USB、网络。

对于 Exynos 4412 开发板，目前还没有能支持它的 JTAG 工具，所以不能通过 JTAG 口烧写 Bootloader 的方法，通常采用 PC 烧好 SD 卡后再挂接到开发板上的方法。因此，对于 Exynos 4412 开发板，它和 PC 之间只需要串口、网线连接即可。

4.2　建立主机开发的软件环境

建立宿主机与目标板的连接需要从硬件和软件两个方面着手，上节介绍了硬件方面的连接方式，接下来在宿主机上安装软件，通过宿主机上的软件可以编译内核和开发嵌入式系统中运行的软件。安装软件的过程主要包括：安装宿主机上的 Linux 操作系统；配置与安装宿主机操作系统下的串口通信工具 Minicom、TFTP 服务、NFS(Network File System，网络文件系统)，建立交叉编译工具链。

4.2.1　主机 Linux 操作系统的安装

对于嵌入式 Linux 开发，必须使用 Linux 系统下的工具来编译代码，即必须有一台运行 Linux 操作系统的 PC。它可以是单独运行于 Linux 操作系统下的主机，也可以是虚拟机上安装了 Linux 操作系统的主机。

我们习惯在 Windows 操作系统上阅读/修改源码，再把源码上传到 Linux 机器里编译，最后把程序下载到板上运行。在很多公司里也是这样的模式：在 Windows 主机上编写代码，然后上传到 Linux 服务器去编译。对于个人用户，我们在 Windows 主机上使用虚拟机软件 VMware 安装 Linux 操作系统，把它当作 Linux 服务器。当然，也完全可以在纯粹的 Linux 主机上开发。

对于初学者，我们建议，首先在基于 Windows 操作系统的 PC 上安装虚拟机 VMware，然后在 VMware 下安装 Linux 操作系统。以这种方式安装完成后，Linux 操作系统隶属于 Windows 的下的一个软件，启动虚拟机之前的所有操作与 Windows 下的其他操作都是一样的。下面我们将按照这种模式逐步讲解。

1. 在 Windows 上安装虚拟机 VMware

虚拟机(VMware Workstation)是一个在 Windows 或 Linux 计算机上运行的应用程序，它可以模拟一个基于 x86 的标准 PC 环境。这个环境和真实的计算机一样，都有芯片组、CPU、内存、显卡、声卡、网卡、软驱、硬盘、光驱、串口、并口、USB 控制器、SCSI 控制器等设备，提供这个应用程序的窗口就是虚拟机的显示器。

在使用上，这台虚拟机和真正的物理主机没有太大的区别，都需要分区、格式化、安装操作系统、安装应用程序和软件，总之，一切操作都跟使用一台真正的计算机一样。

下面，大家可以根据自己选择的虚拟机版本，参考网络上的示例，一步步操作，在自己的 Windows 系统上安装一台可以操作的虚拟机。之后，就可以在安装好的虚拟机上安装 Linux 操作系统了。

2. Fedora 的安装

Fedora(第七版以前为 Fedora Core)是一款基于 Linux 的操作系统，也是一组维持计算机正常运行的软件集合。Fedora 由 Fedora Project 社区开发、红帽公司赞助，目标是创建一套新颖、多功能并且自由和开源的操作系统。Fedora 项目以社区的方式工作，引领创新并传播自由代码和内容，是世界各地爱好、使用和构建自由软件的社区朋友的代名词。Fedora 是一个独立的操作系统，可运行的体系结构包括 x86(即 i386～i686)、x86_64 和 PowerPC。

Fedora 基于 Red Hat Linux，在 Red Hat Linux 终止发行后，红帽公司计划以 Fedora 来取代 Red Hat Linux 在个人领域的应用，而另外发行的 Red Hat Enterprise Linux(Red Hat 企业版 Linux，RHEL)则取代 Red Hat Linux 在商业领域的应用。

Fedora 的功能对于用户而言，它是一套功能完备、更新快速的免费操作系统，而对赞助者 Red Hat 公司而言，它是许多新技术的测试平台，被认为可用的技术最终会加入到 Red Hat Enterprise Linux 中。

Fedora 大约每六个月就会发布新版本。目前 Fedora 最新的稳定版本是 Fedora 22。本书选用了 Fedora 9，其安装过程比较简单，网络资源也很丰富，囿于篇幅，此处不再赘述安装的各个步骤，读者可以借助网络完成。

4.2.2　Minicom 的安装配置

Minicom 是 Linux 操作系统或者基于 Linux 操作系统下的一款串口通信软件，在嵌入式开发领域应用十分广泛。Minicom 的功能类似于 Windows 下的超级终端。Fodora 安装完成后，它在默认情况下是被安装的。

Minicom 需要在终端运行，可以通过配置界面来配置 Minicom 的工作特性。第一次使用前，通常需要做一些配置。下面详细给出 Minicom 的配置过程。

(1) 使用 Minicom 之前要先检查宿主机的 VMware 上是否已经添加了串口(serial port)设备。在 VMware 的 setting 里面查看，没有则添加(点击 add)一个，添加的时候需要设置使用 COM 口(本书设为 COM1)。注意添加串口的时候要把 Linux 系统关闭。

(2) 再次启动 Linux 之后，注意右下角有一个圆圆的图标，把鼠标放在上面会显示串口信息。如果是灰色的，则 Linux 没有能够使用添加的 COM，这时候要把占有 COM 的程序关闭，然后右击该图标，选择 connect，连接成功后图标不再是灰色的。

(3) 对 Minicom 配置主要是配置串行口、波特率和是否使用流控制技术，这一步网上有很多资料，这里简单介绍一下步骤和需要注意的地方。

① 在终端输入 "minicom -s", 这时会弹出一个窗口。

② 在弹出的窗口中选择 serial port setup, 进入相关参数配置窗口。用户可以通过键入每一项前的大写字母, 分别对每一项进行更改(注意修改完后按回车键, 然后再键入另外一项的大写字母进行配置)。另外, 在 Minicom 中, "ttyS0"对应"COM1", "ttyS1"对应"COM2"。

③ 配置工作完成后, 可以键入 Enter 键返回上一级配置界面, 选择 Save setup as dfl, 保存为默认配置, 然后重新启动 Minicom 使刚才的配置生效。在 Minicom 的使用中, 经常会遇到三个键的操作, 如 "CTRL+A Z"表示先同时按下"CTRL + A"键, 然后松开这两个按键后再按下 Z 键。这样就可以进入帮助界面, 然后可以根据提示输入相应的字母进行相应的操作, 比如输入 Q, 则会退出 Minicom。

(4) Minicom 的使用。配置好后, Minicom 的使用就和 Windows 下面的使用方法一样, 不过需要借助一些命令。

4.2.3　TFTP 服务的安装配置

TFTP 是用来下载远程文件的最简单网络协议, 它是基于 UDP 协议而实现的, 没有文件管理、用户控制等功能, 因而实现起来简单易行, 使用方便。TFTP 分为服务器程序和客户端程序, 在主机上通常同时配置 TFTP 服务器端和客户端。

嵌入式 Linux 的 TFTP 开发环境包括两个方面: 一是 Linux 服务器端的 tftp-server 支持, 二是嵌入式目标系统的 tftp-client 支持。因为 U-Boot 本身内置支持 tftp-client, 所以嵌入式目标系统端就不用配置了。

xinetd(eXtended InterNET services Daemon)是新一代的网络守护进程服务程序, 又叫超级 INTERNET 服务器, 经常用于管理多种轻量型 INTERNET 服务, xinetd 提供类似于 inetd + tcp_wrapper 的功能, 但是更加强大和安全。

TFTP 服务的安装配置过程如下:

(1) 在安装 TFTP 之前, 需要先安装 xinetd 服务, 命令如下:

```
yum install xinetd
```

(2) 安装 xinetd 完成后, 安装 TFTP 的客户端和服务器端, 命令如下:

```
yum install tftp
yum install tftp-server
```

(3) 对 TFTP 服务器进行配置。把/etc/xinetd.d/tftp.rpmnew 复制并改名为/etc/xinetd.d/tftp, 命令如下:

```
cp    /etc/xinetd.d/tftp.rpmnew    /etc/xinetd.d/tftp
```

(4) 打开 /etc/xinetd.d/tftp 文件, 并修改其中的某些内容。

① disable=yes 改为 disable=no;

② 修改 user 的值, 不使用 root 用户;

③ 修改 server_args 的行为, 将 server_args = -s /var/lib/tftpboot 改为 server_args = -s /tftpboot/ -c;

④ 修改 /etc/sysconfig/selinux 文件:

SELINUX=disabled(系统默认是 enforcing, 改成 disabled);

chmod 777 /tftpboot 修改/tftpboot 文件夹的权限。

上述修改完成后, 存盘退出后再执行如下指令就可以启动 tftp_server:

　　　　　　service xinetd restart

　　至此，TFTP 服务已经配置完成，下面简要介绍一下 TFTP 经常使用的命令。

　　tftp 的命令格式为

　　　　　　tftp [-i] [Host] [{get | put}] [Source] [Destination]

　　参数说明：

　　-i：指定二进制图像传送模式(也称为八进制模式)。在二进制图像模式下，文件以一个字节为单位进行传输。在传送二进制文件时使用该模式。如果省略了 -i，文件将以 ASCII 模式传送。这是默认的传送模式。该模式将行尾(EOL)字符转换为指定计算机的适用格式。传送文本文件时使用该模式。如果文件传送成功，将显示数据传输率。

　　Host：指定本地或远程计算机。

　　put：将本地计算机上的 Destination(目标)文件传送到远程计算机的 Source(源)文件中。

　　get：将远程计算机上的 Destination(目标)文件传送到本地计算机的 Source(源)文件中。

　　在具体的命令中，用 -g 表示下载文件(get)，-p 表示上传文件(put)，-l 表示本地文件名(local file)，-r 表示远程主机的文件名(remote file)。

　　例如，要从远程主机 192.168.1.2 上下载文件 embedexpert，则应输入以下命令：

　　　　　　tftp -g -r embedexpert 192.168.1.2

4.2.4　NFS 的安装配置

　　NFS(Network File System，网络文件系统)类似于 Windows 中的文件共享服务。它的最大特点是可以让网络上不同的机器、不同的操作系统之间彼此共享文件，所以它可以看作一个简单的文件服务器。NFS 可以被视为一个 RPC 服务程序，在启动 RPC 程序前，要先做好端口的映射工作，也就是 portmap。portmap 是指当客户(Client)要连接服务器(Server)时，必须先知道服务器的一个空闲端口。客户端在工作时会先向服务器请求一个端口，取得服务器的端口后才可以建立与服务器的连接。所以在启动 NFS 前要先启动 portmap。

　　安装 Fedora 9 时，如果选择的是"全部安装"选项，则 portmap 在启动时就已经自动运行了。如果 Fedora 9 的 NFS 没有被启动，则需要手动启动。如下命令可以启动 NFS：

　　　　　　[root@localhost root]#　rpm　-qa　|grep　nfs && rpm　-qa　|grep　portmap/

　　在 NFS 服务中，主机是被挂载(mount)端，为远端客户机提供可以访问的共享文件。主机需要配置两方面内容：即设置 NFS 服务和允许"指定的 NFS 用户"使用。其具体步骤如下：

　　(1) 设置 NFS 服务。打开 NFS 服务命令并输入 setup，弹出系统设置选项菜单，选择 System services，将 nfs 一项选中(出现 [*] 表示选中)。

　　(2) 指定 NFS 服务的用户。在文件"exports"中指定 NFS 服务的用户。

　　使用 vi，在配置文件 exports 中加入/linux_nfs　　*(rw)。其中，"/linux_nfs"是共享文件目录。然后按<ESC>键，输入"："，再输入"wq"，之后回车，存储退出。重新启动 nfs 服务，使设置生效：

　　　　　　/etc/rc.d/init.d/nfs restart

　　(3) 在客户机端挂接共享目录。现在还需要将宿主机 NFS 服务提供的共享目录挂接到嵌入式系统开发板上。我们利用 Minicom 作为被开发目标板的终端。

① 进入 Minicom 终端界面。用串口线连接宿主机和开发板，并在宿主机的终端进入到 Minicom 界面：

　　　[root@localhost root]#　　minicom

打开设备电源，这时，可以观察到开发板上所运行的嵌入式 Linux 系统的启动过程。

② 设置开发板的 IP 地址。通过 Minicom 终端界面，我们可以设置开发板的 IP 地址 192.168.0.16：

　　　[root@localhost root]#　　ifconfig　etho 192.168.0.16

③ 挂载共享目录。将宿主机 NFS 服务共享的目录/linux_nfs 挂载到开发板的 /mnt 目录下(假设宿主机的 IP 地址为 192.168.0.1)：

　　　[root@localhost root]#　　mount -o　soft，timeo=100, rsize=1024　192.168.0.1:/linux_nfs　/mnt

经过上面的设置，就可以在嵌入式系统的开发板上使用宿主机 NFS 服务提供的共享目录了。嵌入式系统开发板 /mnt 目录下的文件就是宿主机 /linux_nfs 目录下的文件。

4.3　建立交叉编译工具链

源文件需要经过编译才能生成可执行文件。在 Windows 下进行开发时，集成开发环境(比如 Visual studio)已经将各种编译工具的使用封装好了，只需要点几个按钮即可完成编译。Linux 下也有很优秀的集成开发工具，但是更多的时候是直接以命令方式运行编译工具，即使使用集成开发工具，也需要掌握一些编译选项。

PC 上的编译工具链有 gcc、ld、objcopy、objdump 等，它们编译出来的程序在 x86 平台上运行。要编译出能在 ARM 平台上运行的程序，必须使用交叉编译工具链 arm-linux-gcc、arm-linux-ld 等，下面分别进行介绍。

4.3.1　arm-linux-gcc 选项

一个 C/C++ 文件要经过预处理(preprocessing)、编译(compilation)、汇编(assembly)和连接(linking)4 个步骤才能变成可执行文件。在日常交流中通常使用"编译"一词统称这 4 个步骤。如果不是特指这 4 个步骤中的某一个，本书也依惯例使用"编译"这个统称。

(1) 预处理。C/C++ 源文件中，以"#"开头的命令被称为预处理命令，如包含命令"#include"、宏定义命令"#define"、条件编译命令"#if"、"#ifdef"等。预处理就是将要包含(include)的文件插入原文件中，将宏定义展开，根据条件编译命令选择要使用的代码，最后将这些东西输出到一个后缀为".i"的文件中等待进一步处理。预处理将用到 arm-linux-cpp 工具。

(2) 编译。编译就是把 C/C++ 代码(比如上述的".i"文件)"翻译"成汇编代码，所用到的工具为 cc1(它的名字就是 cc1，不是 arm-linux-cc1)。

(3) 汇编。汇编就是将第二步输出的汇编代码翻译成符合一定格式的机器代码。在 Linux 系统上一般表现为 ELF 目标文件(OBJ 文件)，用到的工具为 arm-linux-as。"反汇编"是指将机器代码转换为汇编代码，这在调试程序时常常会用到。

(4) 连接。连接就是将上一步生成的 OBJ 文件和系统库的 OBJ 文件、库文件连接起来，最终生成可以在特定平台运行的可执行文件，用到的工具是 arm-linux-ld。

编译器利用这 4 个步骤中的一个或多个来处理输入文件，源文件的后缀名表示源文件所用的语言，后缀名控制着编译器的缺省动作，经常用到的文件的后缀名如表 4.1 所列。

表 4.1　常用文件后缀名与编译器动作对应关系

后缀名	语言种类	后期缺省操作	后缀名	语言种类	后期缺省操作
.c	C 源程序	预处理、编译、汇编	.i	预处理后的 C 文件	编译、汇编
.C	C++ 源程序	预处理、编译、汇编	.ii	预处理后的 C++ 文件	编译、汇编
.cc	C++ 源程序	预处理、编译、汇编	.s	汇编语言源程序	组内 8 种中断源
.cxx	C++ 源程序	预处理、编译、汇编	.S	汇编语言源程序	预处理、汇编
.m	C++ 源程序	预处理、编译、汇编	.h	预处理器文件	通常不出现在命令行上

其他后缀名的文件将被传递给连接器(linker)，通常包括 .o，(目标文件，Object file，OBJ 文件)和 .a(归档库文件，Archive file)。

在编译过程中，除非使用了 "-c"，"-S" 或 "-E" 选项(或者编译错误阻止了完整的过程)，否则最后的步骤总是连接。在连接阶段，所有对应于源程序的 .o 文件、"-l" 选项指定库文件、无法识别的文件名(包括指定的 .o(目标文件)和 .a(库文件))将按命令行中的顺序传递给连接器。

例如，以一个简单的 "Hello, World!" C 程序为例说明上述过程。它的代码如下，功能是打印 "Hello World!" 字符串。

```
01    /* File: hello.c */
02    #include <stdio.h>
03    int main(int argc, char *argv[ ])
04    {
05        printf("Hello World!\n");
06        return 0;
07    }
```

使用 arm-linux-gcc，只需要一个命令就可以生成可执行文件 hello，它包含了上述 4 个步骤：

```
$ arm-linux-gcc -o hello hello.c
```

加上 "-v" 选项，即使用 "arm-linux-gcc -v -o hello hello.c" 命令可以观看编译的细节，下面摘取关键部分：

```
cc1 hello.c -o /tmp/cctETob7.s
as -o /tmp/ccvv2KbL.o /tmp/cctETob7.s
collect2 -o hello crt1.o crti.o crtbegin.o /tmp/ccvv2KbL.o crtend.o crtn.o
```

以上 3 条命令分别对应于编译步骤中的预处理和编译、汇编、连接。其中，ld 被 collect2 调用来连接程序。预处理和编译被放在了一个命令(cc1)中进行，可以把它再次拆分为以下两步：

```
cpp -o hello.i hello.c
cc1 hello.i -o /tmp/cctETob7.s
```

通过各种选项可以控制 arm-linux-gcc 的动作，下面介绍一些常用的选项及其功能。

1. 总体选项(Overall Option)

(1) -c：预处理、编译和汇编源文件，但是不作连接，编译器根据源文件生成 OBJ 文件。缺省情况下，GCC 通过用 ".o" 替换源文件名的后缀 ".c"，".i"，".s" 等，产生 OBJ 文件名。可以使用 -o 选项选择其他名字。GCC 忽略 -c 选项后面任何无法识别的输入文件。

(2) -S：编译后即停止，不进行汇编。对于每个输入的非汇编语言文件，输出结果是汇编语言文件。缺省情况下，GCC 通过用 ".s" 替换源文件名后缀 ".c"，".i" 等，产生汇编文件名。可以使用 -o 选项选择其他名字。GCC 忽略任何不需要汇编的输入文件。

(3) -E：预处理后即停止，不进行编译。预处理后的代码送往标准输出。GCC 忽略任何不需要预处理的输入文件。

(4) -o file：指定输出文件为 file。无论是预处理、编译、汇编还是连接，这个选项都可以使用。如果没有使用 -o 选项，默认的输出结果为 "a.out"；修改输入文件的名称是 "source.suffix"，则它的 OBJ 文件是 "source.o"，汇编文件是 "source.s"，而预处理后的 C 源代码送往标准输出。

(5) -v：显示制作 GCC 工具自身时的配置命令；同时显示编译器驱动程序、预处理器、编译器的版本号。

下面以一个程序为例，说明上述选项的功能。该程序包含三个文件，源码如下：

```
//File: main.c
01 #include <stdio.h>
02 #include "sub.h"
03
04 int main(int argc, char *argv[ ])
05 {
06     int i;
07     printf("Main fun!\n");
08     sub_fun( );
09     return 0;
10 }
//File: sub.h
01 void sub_fun(void);
//File: sub.c
01 void sub_fun(void)
02 {
03     printf("Sub fun!\n");
04 }
```

arm-linux-gcc、arm-linux-ld 等工具与 gcc、ld 等工具的使用方法相似，很多选项是一样的。本节使用 gcc、ld 等工具进行编译、连接，这样可以在 PC 上直接看到运行结果。使用上面介绍的选项进行编译，命令如下：

```
$ gcc   -c   -o main.o main.c
$ gcc   -c   -o sub.o sub.c
$ gcc   -o   test   main.o   sub.o
```

其中，main.o、sub.o 是经过了预处理、编译、汇编后生成的 OBJ 文件，它们还没有被连接成可执行文件；最后一步将它们连接成可执行文件 test，可以直接运行以下命令：

```
$ ./test
Main fun!
Sub fun!
```

现在试试其他选项。以下命令生成的 main.s 是 main.c 的汇编语言文件：

```
$ gcc   -S   -o main.s main.c
```

以下命令对 main.c 进行预处理，并将得到的结果打印出来。里面扩展了所有包含的文件、所有定义的宏。在编写程序时，有时候查找某个宏定义是非常繁琐的事，可以使用"-dM -E"选项来查看。命令如下：

```
$ gcc   -E main.c
```

2. 警告选项(Warning Option)

-Wall：该选项基本打开了所有需要注意的警告信息，比如没有指定类型的声明、在声明之前就使用的函数、局部变量除了声明就没再使用等。

上面的 main.c 文件中，第 6 行定义的变量 i 没有被使用，但是使用"gcc-c-o main.o main.c"进行编译时并没有出现提示。可以加上 -Wall 选项，命令如下：

```
$ gcc -Wall -c main.c
```

执行上述命令后，得到如下警告信息：

```
main.c: In function 'main':
main.c:6: warning: unused variable 'i'
```

这个警告虽然对程序没有坏的影响，但是有些警告需要加以关注，比如类型匹配的警告等。

3. 调试选项(Debugging Option)

-g：以操作系统的本地格式(stabs、COFF、XCOFF 或 DWARF)产生调试信息，GDB 能够使用这些调试信息。在大多数使用 stabs 格式的系统上，"-g"选项加入只有 GDB 才使用的额外调试信息。可以使用下面的选项来生成额外的信息：-gstabs+、-gstabs、-gxcoff+、-gxcoff、-gdwarf+ 或 -gdwarf，具体用法请读者参考 GCC 手册。

4. 优化选项(Optimization Option)

(1) -O 或 -O1：对于大函数，优化编译的过程将占用较多的时间和相当大的内存。不使用"-O"或"O1"选项的目的是减少编译时内存的开销，使编译结果也能够被进一步调试，此时，编译结果中的语句是独立的，可以在语句之间用断点中止程序，可以对任何变量重新赋值，或者在函数体内把程序计数器指向其他语句，甚至可以从源程序中精确地获取中间结果。

不使用"-O"或"-O1"选项时，只有声明了 register 的变量才会被分配使用寄存器。

如果使用了"-O"或"-O1"选项，编译器会试图减少目标码的大小和执行时间。此时，

"-fthread-jumps"和"-fdefer-pop"选项将被打开。在有 delay slot 的机器上，"-fdelayed-branch"选项将被打开。在即使没有帧指针(frame pointer)也支持调试的机器上，"-fomit-frame-pointer"选项将被打开。某些机器上还可能会打开其他选项。

(2) -O2：多优化一些。除了涉及空间和速度交换的优化选项，执行几乎所有的优化工作，例如不进行循环展开(loop unrolling)和函数内嵌(inlining)。和"-O"或"-O1"选项比较，这个选项既增加了编译时间，也提高了生成代码的运行效果。

(3) -O3：优化得更多。除了打开- O2 所做的一切，它还打开了-finline-functions 选项。

(4) -O0：不优化。如果指定了多个 -O 选项，不管带不带数字，生效的是最后一个选项。

在一般应用中，经常使用 -O2 选项，例如 options 程序：

```
$ gcc   -O2   -c   -o main.o main.c
$ gcc   -O2   -c   -o sub.o sub.c
$ gcc   -o    test   main.o   sub.o
```

5. 连接器选项(Linker Option)

下面的选项用于连接 OBJ 文件，输出可执行文件或库文件。

(1) object-file-name：如果某些文件没有特别明确的后缀(a special recognized suffix)，GCC 就认为它们是 OBJ 文件或库文件(根据文件内容，连接器能够区分 OBJ 文件和库文件)。如果 GCC 执行连接操作，这些 OBJ 文件将成为连接器的输入文件。

比如上面 options 程序的"gcc -o test main.o sub.o"中，main.o、sub.o 就是输入的文件。

(2) -llibrary：连接名为 library 的库文件。

连接器在标准搜索目录中寻找这个库文件，库文件的真正名字是"liblibrary.a"。搜索目录除了一些系统标准目录外，还包括用户以"-L"选项指定的路径。一般说来，用这个方法找到的文件是库文件，即由 OBJ 文件组成的归档文件。连接器处理归档文件的方法是：扫描归档文件，寻找某些成员，这些成员的符号目前已被引用，不过还没有被定义。但是，如果连接器找到普通的 OBJ 文件，而不是库文件，就把这个 OBJ 文件按平常方式连接进来。指定"-l"选项和指定文件名的唯一区别是，"-l"选项用"lib"和".a"把 library 包裹起来，而且搜索一些目录。

即使不明显地使用-llibrary 选项，一些默认的库也被连接进去，可以使用-v 选项看到这点：

```
$ gcc -v -o test main.o sub.o
```

输出的信息如下：

```
/usr/lib/gcc-lib/i386-redhat-linux/4.2.2/collect2   --eh-frame-hdr   -m   elf_i386
-dynamic-linker /lib/ld-linux.so.2
-o test
/usr/lib/gcc-lib/i386-redhat-linux/4.2.2/../../../crt1.o
/usr/lib/gcc-lib/i386-redhat-linux/4.2.2/../../../crti.o
/usr/lib/gcc-lib/i386-redhat-linux/4.2.2/crtbegin.o
-L/usr/lib/gcc-lib/i386-redhat-linux/4.2.2
-L/usr/lib/gcc-lib/i386-redhat-linux/4.2.2/../../..
```

```
main.o
sub.o
-lgcc -lgcc_eh -lc -lgcc -lgcc_eh
/usr/lib/gcc-lib/i386-redhat-linux/4.2.2/crtend.o
/usr/lib/gcc-lib/i386-redhat-linux/4.2.2/../../../crtn.o
```

可以看到，除了 main.o、sub.o 两个文件外，还连接了启动文件 crt1.o、crti.o、crtend.o、crtn.o，以及一些库文件(-lgcc -lgcc_eh -lc -lgcc -lgcc_eh)。

(3) -nostdlib：不连接系统标准启动文件和标准库文件，只把指定的文件传递给连接器。这个选项常用于编译内核、Bootloader 等程序，它们不需要启动文件、标准库文件。

仍以 options 程序为例：

```
$ gcc -v -nostdlib -o test main.o sub.o
```

输出的信息如下：

```
/usr/lib/gcc-lib/i386-redhat-linux/4.2.2/collect2   --eh-frame-hdr   -m  elf_i386
-dynamic-linker /lib/ld-linux.so.2
-o test
-L/usr/lib/gcc-lib/i386-redhat-linux/4.2.2
-L/usr/lib/gcc-lib/i386-redhat-linux/4.2.2/../../..
main.o
sub.o
/usr/bin/ld: warning: cannot find entry symbol _start; defaulting to 08048074
main.o(.text+0x19): In function 'main':
: undefined reference to 'printf'
sub.o(.text+0xf): In function 'sub_fun':
: undefined reference to 'printf'
collect2: ld returned 1 exit status
```

由于没有使用该选项，上面出现了一大堆错误，因为诸如 printf 等这样的函数是在库文件中实现的。由于在编译 Bootloader、内核等程序时，用到的很多函数是自包含的，所以需要该选项。

(4) -static：在支持动态连接(dynamic linking)的系统上，阻止连接共享库。

仍以 options 程序为例，是否使用 -static 选项，编译出来的可执行程序大小相差巨大：

```
$ gcc -c -o main.c
$ gcc -c -o sub.c
$ gcc -o test main.o sub.o
$ gcc -o test_static main.o sub.o -static
$ ls -l test test_static
-rwxr-xr-x 1 book book 4509 Aug 16 14:22 test
-rwxr-xr-x 1 book book 446479 Aug 16 14:22 test_static
```

其中，test 文件为 4509 字节，test_static 文件为 446 479 字节。当不使用 -static 编译文件时，程序执行前要连接共享库文件，所以还需要将共享库文件放入文件系统中。

(5) -shared：生成一个共享 OBJ 文件，它可以和其他 OBJ 文件连接产生可执行文件。只有部分系统支持该选项。

当不想以源代码发布程序时，可以使用 -shared 选项生成库文件，比如对于 options 程序，可以如下制作库文件：

> $ gcc -c -o sub.o sub.c

> $ gcc -shared -o sub.a sub.o

以后要使用 sub.c 中的函数 sub_fun 时，在连接程序时，将 sub.a 加入即可，例如：

> $ gcc -o test main.o ./sub.a

可以将多个文件制作为一个库文件，例如：

> $ gcc -shared -o sub.a sub.o sub2.o sub4.o

6. 目录选项(Directory Option)

下列选项指定搜索路径，用于查找头文件、库文件或编译器的某些成员。

(1) 在头文件的搜索路径列表中添加 dir 目录。

头文件的搜索方法为：如果以"#include <>"包含文件，则只在标准库目录开始搜索(包括使用 -Idir 选项定义的目录)；如果以"#include "file""包含文件，则先从用户的工作目录开始搜索，再搜索标准库目录。

(2) -I-。任何在"-I-"前面用"-I"选项指定的搜索路径只适用于"-I"这种情况；它们不能用来搜索"#include <>"包含的头文件。如果用"-I"选项指定的搜索路径位于"-I-"选项后面，就可以在这些路径中搜索所有的"#include"指令(一般说来，-I 选项就是这么用的)。另外，"-I-"选项能够阻止当前目录(存放当前输入文件的地方)成为搜索"#include "file""的第一选择。

"-I-"不影响使用系统标准目录，因此，"-I-"和"-nostdinc"是不同的选项。

(3) -Ldir。在"-l"选项的搜索路径列表中添加 dir 目录。

仍使用 options 程序进行说明，先制作库文件 libsub.a：

> $ gcc -c -o sub.o sub.c

> $ gcc -shared -o libsub.a sub.o

编译 main.c：

> $ gcc -c -o main.o main.c

连接程序，下面的指令将出错，提示找不到库文件：

> $ gcc -o test main.o -lsub

> /usr/bin/ld: cannot find -lsub

> collect2: ld returned 1 exit status

可以使用-Ldir 选项将当前目录加入搜索路径，则连接成功：

> $ gcc -L. -o test main.o -lsub

4.3.2　arm-linux-ld 选项

arm-linux-ld 用于将多个目标文件、库文件连接成可执行文件，它的大多数选项与上节"5. 连接器选项(Linker Option)"中介绍的选项类似。

本小节介绍另外一个选项"-T"，它用来指定代码段、数据段、bss 段的起始地址，也可以用来指定一个连接脚本，在连接脚本中进行更复杂的地址设置。

在连接 Bootloader、内核等"没有底层软件支持"的软件，连接运行于操作系统之上的应用程序时，无需指定"-T"选项，它们使用默认的方式进行连接。

1. 直接指定代码段、数据段、bss 段的起始地址

直接指定代码段、数据段、bss 段的起始地址的格式如下：

```
-Ttext      startaddr
-Tdata      startaddr
-Tbss       startaddr
```

其中，"startaddr"分别表示代码段、数据段和 bss 段的起始地址，它是一个十六进制的数。

例如，有如下语句：

```
arm-linux-ld -Ttext 0x00000000 -g led_on.o -o led_on_elf
```

它表示代码段的运行地址为 0x00000000，由于没有定义数据段、bss 段的起始地址，它们被依次放在代码段的后面。

下面以一个例子来说明"-Ttext"选项的作用。在 /work/hardware/link 目录下有个 link.S 文件，源码内容如下：

```
01    .text
02    .global _start
03    _start:
04            b step1
05    step1:
06            ldr pc, =step2
07    step2:
08            b step2
```

使用下面的命令编译、连接、反汇编：

```
arm-linux-gcc   -c -o link.o link.S
arm-linux-ld -Ttext 0x00000000 link.o -o link_elf_0x00000000
arm-linux-ld -Ttext 0x30000000 link.o -o link_elf_0x30000000
arm-linux-objdump -D link_elf_0x00000000 > link_0x00000000.dis
arm-linux-objdump -D link_elf_0x30000000 > link_0x30000000.dis
```

link.S 中用到两种跳转方法：b 跳转指令、直接向 PC 寄存器赋值。先列出不同"-T text"选项下生成的反汇编文件，再详细分析由于不同运行地址带来的差异及影响。这两个反汇编文件如下：

```
link_0x00000000.dis:                    link_0x30000000.dis
0: eaffffff b    0x4                     0: eaffffff b    0x4
4: e59ff000 ldr pc, [pc, #0] ; 0xc       4: e59ff000 ldr pc, [pc, #0] ; 0xc
8: eafffffe b 0x8                        8: eafffffe b 0x8
c: 00000008 andeq r0, r0, r8             c: 30000008 tsteq r0
```

先看 link.S 中的第一条指令 "b step1"。b 跳转指令是个相对跳转指令,其机器码格式如下:

31 30 29 28	27 26 25	24	23　　　　　　　　　　　　　　　　　　　　　　　　　0
条件码	1 01	0	偏移地址

① [31:28] 位是条件码。

② [27:24] 位为 "1010" 时,表示 b 跳转指令;为 "1011" 时,表示 bl 跳转指令。

③ [23:0] 表示偏移地址。

使用 b 或 bl 跳转时,下一条指令的地址是这样计算的:将指令中 24 位带符号的补码扩展为 32 位(扩展其符号位);将此 32 位数左移两位;将得到的值加到 PC 寄存器中,即得到跳转的目标地址。

第一条指令 "b step1" 的机器码为 0xeaffffff:

① 24 位带符号的补码为 0xffffff,将它扩展为 32 位,得到 0xffffffff。

② 将此 32 位数左移两位,得到 0xfffffffc,其值就是 −4。

③ PC 的值是当前指令的下两条指令的地址,加上步骤②得到的 −4,这恰好是第二条指令 "ldr pc,=step2" 的地址。

请读者不要被反汇编代码中的 "b 0x4" 给迷惑了,它不是说跳到绝对地址 0x4 处执行。绝对地址需要按照上述 3 个步骤计算。可以发现,b 跳转指令依赖于当前 PC 寄存器的值,这个特性使得使用 b 指令的程序不依赖于代码存储的位置,即不管这条代码放在什么位置,b 跳转指令都可以跳到正确的位置。这类指令被称为位置无关码,使用不同的 "-Ttext" 选项,生成的代码仍是一样的。

再来继续分析第二条指令 "ldr pc, =step2"。从汇编码 "ldr pc, [pc, #0]" 可以看出,这条指令从内存的某个位置读出数据,并赋给 PC 寄存器。这个位置的地址是当前 PC 寄存器的值加上偏移值 0,其中存放的值依赖于连接命令的 "-Ttext" 选项。执行这条指令后,对于 link_0x00000000.dis,PC=0x00000008;对于 link_0x30000000.dis,PC=0x30000008。执行第三条指令 "b step2" 后,程序的运行地址就不同了,分别是 0x00000008、0x30000008。

Bootloader、内核等程序刚开始执行时,它们所处的地址通常不等于运行地址。在程序的开头,先使用 b、bl、mov 等 "位置无关" 的指令将代码从 Flash 等设备中复制到内存的 "运行地址" 处;然后跳到 "运行地址" 执行。

2. 使用连接脚本设置地址

以 /work/source/hardware/timer 目录下的程序为例,它的 Makefile 中有:

```
arm-linux-ld -T timer.lds -o timer_elf $^
```

其中,"$^" 表示 "head.o init.o interrupt.o main.o",所以这句代码就变为

```
arm-linux-ld -T timer.lds -o timer_elf head.o init.o interrupt.o main.o
```

它使用连接脚本 timer.lds 来设置可执行文件 timer_elf 的地址信息,timer_elf 文件内容如下:

```
01 SECTIONS {
02    . = 0x30000000;
03    .text              : { *(.text) }
```

```
04      .rodata ALIGN(4)    : {*(.rodata)}
05      .data ALIGN(4)      : { *(.data) }
06      .bss ALIGN(4)       : { *(.bss) *(COMMON) }
07 }
```

解析 timer_elf 文件之前，先讲解连接脚本的格式。连接脚本的基本命令是 SECTIONS，它描述了输出文件的"映射图"：输出文件中各段、各文件怎么放置。一个 SECTIONS 命令内部包含一个或多个段。段(Section)是连接脚本的基本单元，表示输入文件中的某部分怎么放置。

完整的连接脚本格式如下，它的核心部分是段(Section)：

```
SECTIONS {
    ...
    secname start ALIGN(align) (NOLOAD) : AT(ldadr)
    { contents } >region :phdr =fill
    ...
    }
```

secname 和 contents 是必需的，前者用来命名这个段，后者用来确定代码中的哪个部分放在这个段中。

start 是这个段的重定位地址，也称为运行地址。如果代码中有位置相关的指令，程序在运行时，这个段必须放在这个地址上。

ALIGN(align)：虽然 start 指定了运行地址，但是仍可以使用 BLOCK(align)来指定对齐的要求，这个对齐的地址才是真正的运行地址。

NOLOAD：用来通知加载器，在运行时不用加载这个段。显然，这个选项只有在有操作系统的情况下才有意义。

AT(ldadr)：指定这个段在编译出来的映像文件中的地址——加载地址(load address)。如果不使用这个选项，则加载地址等于运行地址。通过这个选项，可以控制各段分别保存输出文件中不同的位置，便于把文件保存到到单板上，A 段放在 A 处，B 段放在 B 处，运行前再把 A、B 段分别读出来组装成一个完整的执行程序。

后面的 3 个选项">region :phdr =fill"在本书中没有用到，这里不再介绍。

现在，可以明白前面的连接脚本 timer.lds 的含义了：

① 第 2 行表示设置"当前运行地址"为 0x30000000。

② 第 3 行定义了一个名为".text"的段，它的内容为"*(.text)"，表示所有输入文件的代码段。这些代码段被集合在一起，起始运行地址为 0x30000000。

③ 第 4 行定义了一个名为".rodata"的段，在输出文件 timer_elf 中，它紧挨着".text"段存放。其中的"ALIGN(4)"表示起始运行地址为 4 字节对齐。假设前面".text"段的地址范围是 0x30000000～0x300003f1，则".rodata"段的地址是 4 字节对齐后的 0x300003f4。

⑤ 第 5、6 行的含义与第 4 行类似。

4.3.3 arm-linux-objcopy 选项

arm-linux-objcopy 被用来拷贝一个目标文件的内容到另一个文件中，可以使用不同于源文件的格式来输出目的文件，即可以进行格式转换。

在本书中，常用 arm-linux-objcopy 来将 ELF 格式的可执行文件转换为二进制文件。arm-linux-objcopy 的使用格式如下：

```
arm-linux-objcopy    [ -F bfdname | --target=bfdname ]
                     [ -I bfdname | --input-target=bfdname ]
                     [ -O bfdname | --output-target= bfdname ]
                     [ -S | --strip-all ] [ -g | --strip-debug ]
                     [ -K symbolname | --keep-symbol= symbolname ]
                     [ -N symbolname | --strip-symbol= symbolname ]
                     [ -L symbolname | --localize-symbol= symbolname ]
                     [ -W symbolname | --weaken-symbol= symbolname ]
                     [ -x | --discard-all ] [ -X | --discard-locals ]
                     [ -b byte | --byte= byte ]
                     [ -i interleave | --interleave= interleave ]
                     [ -R sectionname | --remove-section= sectionname ]
                     [ -p | --preserve-dates ] [ --debugging ]
                     [ --gap-fill= val ] [ --pad-to= address ]
                     [ --set-start= val ] [ --adjust-start= incr ]
                     [ --change-address= incr ]
                     [ --change-section-address= section{=,+,-} val ]
                     [ --change-warnings ] [ --no-change-warnings ]
                     [ --set-section-flags= section= flags ]
                     [ --add-section= sectionname= filename ]
                     [ --change-leading char ] [--remove-leading-char ]
                     [ --weaken ]
                     [ -v | --verbose ] [ -V | --version ] [ --help ]
                     input-file [ outfile ]
```

下面介绍其中常用的选项。

(1) input-file、outfile：参数 input-file 和 outfile 分别表示输入目标文件(源目标文件)和输出目标文件(目的目标文件)。如果在命令行中没有明确地指定 outfile，那么 arm-linux-objcopy 将创建一个临时文件来存放目标结果，然后使用 input-file 的名字来重命名这个临时文件(这时候，原来的 input-file 将被覆盖)。

(2) -I bfdname 或 --input-target=bfdname：用来指明源文件的格式，bfdname 是 BFD 库中描述的标准格式名。如果不指明源文件格式，arm-linux-objcopy 会自己分析源文件的格式，然后和 BFD 中描述的各种格式比较，从而得知源文件的目标格式名。

(3) -O bfdname 或 --output-target= bfdname：使用指定的格式来输出文件，bfdname 是 BFD 库中描述的标准格式名。

(4) -F bfdname 或 --target= bfdname：同时指明源文件、目的文件的格式。将源目标文件中的内容拷贝到目的目标文件的过程中，只进行拷贝不做格式转换，源目标文件是什么格式，目的目标文件就是什么格式。

（5）-R sectionname 或 --remove-section = sectionname：从输出文件中删掉所有名为 sectionname 的段。这个选项可以多次使用。不恰当地使用这个选项可能会导致输出文件不可用。

（6）-S 或 --strip-all：不从源文件中拷贝重定位信息和符号信息到目标文件中。

（7）-g 或 --strip-debug：不从源文件中拷贝调试符号到目标文件中。

在编译 Bootloader、内核时，常用 arm-linux-objcopy 命令将 ELF 格式的生成结果转换为二进制文件，比如：

```
$ arm-linux-objcopy  -O binary  -S  elf_file   bin_file
```

4.3.4　arm-linux-objdump 选项

arm-linux-objdump 用于显示二进制文件信息，本书中常用来查看反汇编代码。
其使用格式如下：

```
arm-linux-objdump    [-a] [-b bfdname | --target=bfdname]
                     [-C] [--debugging]
                     [-d] [-D]
                     [--disassemble-zeroes]
                     [--file-headers|-f]
                     [-EB|-EL|--endian={big|little}] [-f]
                     [-h] [-i|--info]
                     [-j section | --section=name]
                     [-l] [-m machine ] [--prefix-addresses]
                     [-r] [-R]
                     [-s|--full-contents] [-S|--source]
                     [--[no-]show-raw-insn] [--stabs] [-t]
                     [-T] [-x]
                     [--start-address=address] [--stop-address=address]
                     [--adjust-vma=offset] [--version] [--help]
                     objfile...
```

其中，[ ] 表示可选项。

下面介绍其中常用的选项：

（1）-b bfdname 或 --target=bfdname：指定目标码格式。这不是必需的，arm-linux-objdump 能自动识别许多格式。可以使用"arm-linux-objdump -i"命令查看它支持的目标码格式列表。

（2）--disassemble 或 -d：反汇编可执行段(executable sections)。

（3）--disassemble-all 或 -D：与 -d 类似，反汇编所有段。

（4）-EB 或 -EL 或 --endian={big|little}：指定字节序。

（5）--file-headers 或 -f：显示文件的整体头部摘要信息。

（6）--section-headers、--headers 或 -h：显示目标文件各个段的头部摘要信息。

(7) --info 或 -i：显示支持的目标文件格式和 CPU 架构，它们在"-b"、"-m"选项中用到。

(8) --section=name 或 -j name：仅显示指定 section 的信息。

(9) --architecture=machine 或 -m machine：指定反汇编目标文件时使用的架构，当待反汇编文件本身没有描述架构信息的时候(比如 S-records)，这个选项很有用。可以用-i 选项列出这里能够指定的架构。

在调试程序时，常用 arm-linux-objdump 命令来得到汇编代码。本书使用如下两个命令：

(1) 将 ELF 格式的文件转换为反汇编文件：

$ arm-linux-objdump -D elf_file > dis_file

(2) 将二进制文件转换为反汇编文件：

$ arm-linux-objdump -D -b binary -m arm bin_file > dis_file

4.3.5　汇编代码、机器码和存储器的关系以及数据的表示

即使使用 C/C++ 或者其他高级语言编程，最后也会被编译工具转换为汇编代码，并最终作为机器码存储在内存、硬盘或者其他存储器上。在调试程序时，经常需要阅读它的汇编代码，例如：

4bc:　　e3a0244e　　mov r2, #1308622848　; 0x4e000000

4c0:　　e3a0344e　　mov r3, #1308622848　; 0x4e000000

4c4:　　e5933000　　ldr r3, [r3]

4bc、4c0、4c4 是这些代码所在的运行地址，也就是说在运行前，这些指令必须位于内存中的这些地址上。e3a0244e、e3a0344e、e5933000 是机器码。运行地址、机器码都以十六进制表示。CPU 用到的、内存中保存的都是机器码，图 4.2 是这几条指令在内存中的存储示意图。

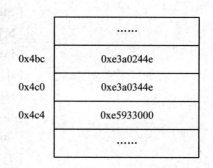

指令"mov r2, #1308622848"、"mov r3, #1308622848"、"ldr r3, [r3]"是这几个机器码的汇编代码。所谓汇编代码仅仅是为了方便人们读、写而引入的，机器码和汇编代码之间也仅仅是简单的转换关系。

图 4.2　机器码在内存中的存储示意图

参考 CPU 的数据手册可知，ARM 的数据处理指令格式为

31～28	27～25	24～21	20	19～16	15～12	11～0
Cond	xxx	Opcode	S	Rn	Rd	Operand2

以机器码 0xe3a0244e(0b1110, 0011, 1010, 0000, 0010, 0100, 0100, 1110)为例：

① [31:28] = 0b1110，表示这条指令无条件执行；

② [25] = 0b1，表示 Operand2 是一个立即数；

③ [24:21] = 0b1101，表示这是 MOV 指令，即 Rd := Op2；

④ [20] = 0b0，表示这条指令执行时不影响状态位；

⑤ [15:12] = 0b0010，表示 Rd 就是 r2；

⑥ [11:0] = 0x44e，这是一个立即数。

立即数占据机器码中的低 12 位表示：最低 8 位的值称为 immed_8，高 4 位称为 rotate_imm。

立即数的数值计算方法为：<immediate>=immed_8 循环右移(2*rotate_imm)位。对于 "[11:0] = 0x44e"，其中 immed_8=0x4e，rotate_imm=0x4，所以此立即数等于 0x4e000000。

综上所述，机器码 0xe3a0244e 的汇编代码为

　　　mov　r2,　#0x4e000000，即 mov　r2,　#1308622848

上面的 0x4e000000 和 1308622848 是一样的，之所以强调这点，是因为很多初学者问 "计算机中怎么以十六进制保存数据？以十六进制、十进制保存数据有什么区别？" 这样 的问题。这类问题与如下问题相似：桌子上有 12 个苹果，吃了一个，请问现在还有几个？ 你可以回答 11 个、0xb 个、十一个、eleven 个、拾壹个。所谓十六进制、十进制、八进制、 二进制，都仅仅是对同一个数据的不同表达形式而已，这些不同的表达形式也仅仅是为了 方便人们读、写而已，它们所表示的数值及它在计算机中的保存方式是完全一样的。

4.4　Makefile 介绍

或许很多 Winodws 的程序员都不知道 makefile 这个东西，因为那些 Windows 的 IDE(Intergrated Development Environment，集成开发环境)都为你做了这项工作。这些 Windows 下的 IDE 一般是一些商业软件，而且，并不能保证全部支持所有型号的 SoC。特 别是针对一些最新型号的嵌入式硬件芯片，IDE 的支持都是滞后的(要取得半导体开发商的 授权)。另外，在基于 Linux 的嵌入式开发过程中，类似于上述成熟的商业 IDE 开发环境是 稀缺的，所以，作为一个专业的 Linux 嵌入式系统程序开发人员，一般采用 makefile，根据 具体硬件系统编写自己的 IDE——makefile 文档。会不会写 makefile，从一个侧面说明了程 序员是否具备完成大型工程的能力，因为 makefile 关系到了整个工程的编译规则。

一个工程中的源文件不计其数，按类型、功能、模块分别放在若干个目录中，makefile 定义了一系列的规则来指定，哪些文件需要先编译，哪些文件需要后编译，哪些文件需要 重新编译，甚至进行更复杂的功能操作。因为 makefile 就像一个 Shell 脚本一样，其中也可 以执行操作系统的命令。makefile 带来的好处就是 "自动化编译"。一旦写好了 makefile 文件，只需要一个 make 命令，整个工程便会完全自动进行编译，极大地提高了软件开发 的效率。make 是一个命令工具，是一个解释 makefile 中指令的命令工具。一般来说，大多 数的 IDE 都有这个命令，比如，Delphi 的 make，Visual C++ 的 nmake，Linux 下 GNU 的 make。可见，makefile 已经成为了一种在工程方面的编译方法。

首先介绍一下关于程序编译的一些规范和方法。一般来说，无论是 C、C++，还是 pas， 首先要把源文件编译成中间代码文件，在 Windows 下也就是 .obj 文件，UNIX 下是 .o 文件， 即 Object File，这个动作叫做编译(compile)。然后再把大量的 Object File 合成执行文件，这 个动作叫做链接(link)。编译时，编译器需要的是语法的正确，即要保证函数、变量的声明 都正确。对于后者，通常需要告诉编译器头文件所在的位置(头文件中应该只是声明，而定 义应该放在 C/C++ 文件中)，只要所有的语法正确，编译器就可以编译出中间目标文件。一 般来说，每个源文件都应该对应于一个中间目标文件(.o 文件或是 .OBJ 文件)。

链接时,主要是链接函数和全局变量。所以,可以使用这些中间目标文件(.o 文件或 .OBJ 文件)来链接应用程序。链接器并不关心函数所在的源文件,只检查函数的中间目标文件(Object File)。在大多数情况下,由于源文件太多,编译生成的中间目标文件也很多,而在链接时需要明确地指出中间目标文件名,这对于编译很不方便,所以,要给中间目标文件打个包。在 Windows 下,这种包叫"库文件"(Library File),也就是 .lib 文件;在 Linux 下是 Archive File,也就是 .a 文件。

总之,源文件首先会生成中间目标文件,再由中间目标文件生成可执行文件。在编译时,编译器只检测程序语法、函数、变量是否被声明。如果函数未被声明,编译器会给出一个警告,但可以生成 Object File。而在链接程序时,链接器会在所有的 Object File 中找寻函数的实现,如果找不到,那就会报链接错误码(Linker Error)。在 VC 下,这种错误一般是:Link 2001 错误,意思是说,链接器未能找到函数的实现,需要指定函数的 Object File。

Linux 环境下的程序员如果不会使用 GNU make 来构建和管理自己的工程,应该不能算是一个合格的专业程序员,至少不能称得上是 Linux 程序员。在 Linux 环境下使用 GNU 的 make 工具能够比较容易地构建一个属于自己的工程。整个工程的编译只需要一个命令就可以完成编译、连接,以至于最后的执行。不过这需要投入一些时间去完成一个或者多个称之为 Makefile 文件的编写。

所要完成的 Makefile 文件描述了整个工程的编译、连接等规则,其中包括:工程中的哪些源文件需要编译以及如何编译,需要创建哪些库文件以及如何创建这些库文件,如何最后产生想要的可执行文件。尽管看起来可能是很复杂的事情,但是为工程编写 Makefile 的好处是能够使用一行命令来完成"自动化编译"。一旦提供一个(通常对于一个工程来说会是多个)正确的 Makefile,编译整个工程所要做的唯一的一件事就是在 shell 提示符下输入 make 命令。整个工程完全自动编译,极大地提高了效率。

make 是一个命令工具,它解释 Makefile 中的指令(应该说是规则)。在 Makefile 文件中描述了整个工程所有文件的编译顺序、编译规则。像 C 语言也有自己的格式、关键字和函数一样,Makefile 也有自己的书写格式、关键字、函数,而且在 Makefile 中可以使用系统 shell 所提供的任何命令来完成想要的工作。Makefile(在其他的系统上可能是另外的文件名)在绝大多数的 IDE 开发环境中都在使用,已经成为一种工程的编译方法。

在 Linux 中,使用 Makefile 来实现源文件和目标文件的时间比较,从而控制命令的执行。 在 Linux 下执行 make 命令,就是分析并执行同目录下的名为 Makefile 的文件。例如,一个最简单的 Makefile 文件为

```
hello: hello.c
    gcc -o hello hello.c
clean:
    rm -f hello
```

将上述 4 行存为 Makefile 文件(注意必须以 Tab 键缩进第 2、4 行,不能以空格键缩进),放入 /work/hardware/hello 目录下,然后直接执行 make 命令即可编译程序,执行"make clean"即可清除编译出来的结果。

make 命令根据文件更新的时间戳来决定哪些文件需要重新编译,这使得可以避免编译已经编译过的、没有变化的程序,可以大大提高编译效率。

正如前面所说的，如果一个工程有 3 个头文件和 8 个 C 文件，为了完成前面所述的那三个规则，我们的 Makefile 应该是下面这个样子的：

```
#sample Makefile.
edit : main.o kbd.o command.o display.o \
        insert.o search.o files.o utils.o
        cc -o edit main.o kbd.o command.o display.o \
        insert.o search.o files.o utils.o
main.o : main.c defs.h
        cc -c main.c
kbd.o : kbd.c defs.h command.h
        cc -c kbd.c
command.o : command.c defs.h command.h
        cc -c command.c
display.o : display.c defs.h buffer.h
        cc -c display.c
insert.o : insert.c defs.h buffer.h
        cc -c insert.c
search.o : search.c defs.h buffer.h
        cc -c search.c
files.o : files.c defs.h buffer.h command.h
        cc -c files.c
utils.o : utils.c defs.h
        cc -c utils.c
clean :
        rm edit main.o kbd.o command.o display.o \
        insert.o search.o files.o utils.o
```

其中，反斜杠(\)是换行的意思，这样是为了便于 Makefile 的阅读。可以把这个内容保存在名为"Makefile"或"makefile"的文件中，然后在该目录下直接输入命令"make"就可以生成可执行文件 edit。如果要删除可执行文件和所有的中间目标文件，那么，只要简单地执行一下"make clean"就可以了。

在这个 makefile 中，目标文件(target)包含可执行文件 edit 和那些中间目标文件(*.o)，如 main.o、kbd.o 等；而依赖文件(prerequisites)就是冒号后面的那些 .c 文件和 .h 文件。每一个 .o 文件都有一组依赖文件，而这些 .o 文件又是可执行文件 edit 的依赖文件。依赖关系实质上说明了目标文件是由哪些文件生成的，换言之，目标文件是由哪些文件更新的。

在定义好依赖关系后，后续的那一行是定义如何生成目标文件的操作系统命令。一定要以一个 Tab 键作为开头。make 并不管命令是怎么工作的，只管执行所定义的命令。make 会比较 targets 文件和 prerequisites 文件的修改日期，如果 prerequisites 文件的日期比 targets 文件的日期要新，或者 target 不存在的话，那么，make 就会执行后续定义的命令。

另外，clean 不是一个文件，它只不过是一个动作名字，有点像 C 语言中的 lable 一样，其冒号后什么也没有，那么，make 就不会自动去找文件的依赖性，也就不会自动执行其后所定义的命令。要执行其后的命令，就要在 make 命令后明确地指出这个 lable 的名字。这种方法非常有用，可以在一个 makefile 中定义不用的编译或是和编译无关的命令，比如程序的打包、程序的备份等。

　　要想完整地了解 Makefile 的规则，请参考《GNU Make 使用手册》，以下仅粗略介绍。实际上，Windows 系统下众多的开发工具也是使用类似 Makefile 的机制来编译程序的，只是这些开发工具把 Makefile 封装起来没让我们看到而已。

4.4.1　Makefile 规则

　　一个简单的 Makefile 文件包含一系列的"规则"，其样式如下：

　　　　目标(target)…: 依赖(prerequisites)…
　　　　<tab>命令(command)

　　目标(target)通常是要生成的文件的名称，可以是可执行文件或 .o 文件，也可以是一个执行的动作名称，如"clean"。依赖(此处依赖是个名称，指的是依赖条件、依赖文件)是用来产生目标的材料(比如源文件)，一个目标经常有几个依赖。命令是生成目标时执行的动作，一个规则可以含有几个命令，每个命令占一行。值得注意的是，每个命令行前面必须是一个 Tab 字符，即命令行第一个字符是由 Tab 键产生的空格(不能用多个空格组成)，这是容易出错的地方。

　　通常，如果一个依赖发生了变化，就需要规则调用命令以更新或创建目标。但是并非所有的目标都有依赖，例如，目标"clean"的作用是清除文件，它没有依赖。

　　规则一般用于解释怎样和何时重建目标。make 首先调用命令处理依赖，进而才能创建或更新目标。当然，一个规则也可以是用于解释怎样和何时执行一个动作，即打印提示信息。一个 Makefile 文件可以包含规则以外的其他文本，但一个简单的 Makefile 文件仅仅需要包含规则。虽然真正的规则比这里展示的例子复杂，但格式是完全一样的。

　　对于上面的 Makefile，执行"make"命令时，仅当 hello.c 文件比 hello 文件新，才会执行命令"arm-linux-gcc -o hello hello.c"生成可执行文件 hello；如果还没有 hello 文件，这个命令也会执行。

　　运行"make clean"时，由于目标 clean 没有依赖，它的命令"rm -f hello"将被强制执行。

4.4.2　Makefile 文件里的赋值方法

　　Makefile 文件里，变量定义的语法形式如下：

　　　　immediate = deferred
　　　　immediate ?= deferred
　　　　immediate := immediate
　　　　immediate += deferred or immediate
　　　　define immediate
　　　　deferred
　　　　endef

在 GNU make 中对变量赋值有两种方式：延时变量和立即变量。区别在于它们的定义方式和扩展时的方式不同，前者在这个变量使用时才扩展开，即当真正使用时这个变量的值才确定；后者在定义时它的值就已经确定了。使用"="、"?="定义或使用 define 指令定义的变量是延时变量；使用":="定义的变量是立即变量。需要注意的一点是，"?="仅仅在变量还没有定义的情况下有效，即"?="被用来定义第一次出现的延时变量。

对于附加操作符"+="，右边变量如果在前面已经使用":="定义为立即变量，则它也是立即变量，否则均为延时变量。

4.4.3　Makefile 常用函数

Makefile 文件里，函数调用的格式如下：

$(function arguments)

这里，"function"是函数名，"arguments"是该函数的参数。参数和函数名之间是用空格或 Tab 隔开，如果有多个参数，它们之间用逗号隔开。这些空格和逗号不是参数值的一部分。

内核的 Makefile 中用到大量的函数，在这里仅介绍一些常用的函数。

1. 字符串替换和分析函数

(1) $(subst from, to, text)：在文本"text"中使用"to"替换每一处"from"。例如，

$(subst ee, EE, feet on the street)

结果为"fEEt on the strEEt"。

(2) $(patsubst pattern, replacement, text)：寻找"text"中符合格式"pattern"的字，用"replacement"替换它们。"pattern"和"replacement"中可以使用通配符。例如，

$(patsubst %.c, %.o, x.c.c bar.c)

结果为"x.c.o bar.o"。

(3) $(strip string)：去掉前导和结尾空格，并将中间的多个空格压缩为单个空格。例如：

$(strip a　　b c)

结果为"a b c"。

(4) $(findstring find, in)：在字符串"in"中搜寻"find"，如果找到，则返回值是"find"，否则返回值为空。例如，

$(findstring a, a b c)

$(findstring a, b c)

将分别产生值"a"和"　"(空字符串)。

(5) $(filter pattern..., text)：返回在"text"中由空格隔开且匹配格式"pattern... "的字，去除不符合格式"pattern... "的字。例如，

$(filter %.c %.s, foo.c bar.c baz.s ugh.h)

结果为"foo.c bar.c baz.s"。

(6) $(filter-out pattern..., text)：返回在"text"中由空格隔开且不匹配格式"pattern... "的字，去除符合格式"pattern... "的字。它是函数 filter 的反函数。例如，

$(filter %.c %.s, foo.c bar.c baz.s ugh.h)

结果为"ugh.h"。

(7) $(sort list)：将"list"中的字按字母顺序排序，并去掉重复的字。输出由单个空格

隔开的字的列表。例如，

　　　　　$(sort foo bar lose)

返回值是"bar foo lose"。

2. 文件名函数

(1) $(dir names...)：抽取"names..."中每一个文件名的路径部分。文件名的路径部分包括从文件名的首字符到最后一个斜杠(含斜杠)之前的一切字符。例如，

　　　　　$(dir src/foo.c hacks)

结果为"src/ ./"。

(2) $(notdir names...)：抽取"names..."中每一个文件名中除路径部分外的一切字符(真正的文件名)。例如，

　　　　　$(notdir src/foo.c hacks)

结果为"foo.c hacks"。

(3) $(suffix names...)：抽取"names..."中每一个文件名的后缀。例如，

　　　　　$(suffix src/foo.c src-1.0/bar.c hacks)

结果为".c .c"。

(4) $(basename names...)：抽取"names..."中每一个文件名中除后缀外的一切字符。例如，

　　　　　$(basename src/foo.c src-1.0/bar hacks)

结果为"src/foo src-1.0/bar hacks"。

(5) $(addsuffix suffix,names...)：参数"names..."是一系列的文件名，文件名之间用空格隔开。suffix 是一个后缀名。将 suffix(后缀)的值附加在每一个独立文件名的后面，完成后将文件名串联起来，它们之间用单个空格隔开。例如，

　　　　　$(addsuffix .c,foo bar)

结果为"foo.c bar.c"。

(6) $(addprefix prefix,names...)：参数"names"是一系列的文件名，文件名之间用空格隔开。prefix 是一个前缀名。将 prefix(前缀)的值附加在每一个独立文件名的前面，完成后将文件名串联起来，它们之间用单个空格隔开。例如，

　　　　　$(addprefix src/,foo bar)

结果为"src/foo src/bar"。

(7) $(wildcard pattern)：参数"pattern"是一个文件名格式，包含通配符(通配符和 shell 中的用法一样)。函数 wildcard 的结果是一列和格式匹配的且真实存在的文件的名称，文件名之间用一个空格隔开。例如，若当前目录下有文件 1.c、2.c、1.h、2.h，则

　　　　　c_src := $(wildcard *.c)

结果为"1.c 2.c"。

3. 其他函数

(1) $(foreach var,list,text)：前两个参数"var"和"list"将首先扩展，注意最后一个参数"text"此时不扩展。接着，"list"扩展所得的每个字，都赋给"var"变量。然后"text"引用该变量进行扩展，因此"text"每次扩展都不相同。

函数的结果是由空格隔开的"text"在"list"中多次扩展后，得到的新"list"，就是说"text"多次扩展的字串联起来，字与字之间由空格隔开，如此就产生了函数 foreach 的返回值。

例如，将变量"files"的值设置为"dirs"中的所有目录下的所有文件的列表：

> dirs := a b c d
>
> files := $(foreach dir, $(dirs), $(wildcard $(dir)/*))

这里，"text"是"$(wildcard $(dir)/*)"，其扩展过程如下：

① 第一个赋给变量 dir 的值是"a"，扩展结果为"$(wildcard a/*)"；

② 第二个赋给变量 dir 的值是"b"，扩展结果为"$(wildcard b/*)"；

③ 第三个赋给变量 dir 的值是"c"，扩展结果为"$(wildcard c/*)"；

④ 如此继续扩展。

这个例子和下面的例子有共同的结果：

> files := $(wildcard a/* b/* c/* d/*)

(2) $(if condition, then-part[, else-part])：首先把第一个参数"condition"的前导空格、结尾空格去掉，然后扩展。如果扩展为非空字符串，则条件"condition"为"真"；如果扩展为空字符串，则条件"condition"为"假"。

如果条件"condition"为"真"，那么计算第二个参数"then-part"的值，并将该值作为整个函数 if 的值。

如果条件"condition"为"假"，并且第三个参数存在，则计算第三个参数"else-part"的值，并将该值作为整个函数 if 的值；如果第三个参数不存在，函数 if 将什么也不计算，返回空值。

注意：仅能计算"then-part"和"else-part"二者之一，不能同时计算，否则有可能产生副作用(例如函数 shell 的调用)。

(3) $(origin variable)：变量"variable"是一个查询变量的名称，不是对该变量的引用，所以不能采用"$"和圆括号的格式书写该变量。当然，如果需要使用非常量的文件名，可以在文件名中使用变量引用。

函数 origin 的结果是一个字符串，该字符串变量是这样定义的：

● undefined：如果变量"variable"从没有定义；

● default：变量"variable"是缺省定义；

● environment：变量"variable"作为环境变量定义，选项"-e"没有打开；

● environment override：变量"variable"作为环境变量定义，选项"-e"已打开；

● file：变量"variable"在 Makefile 中定义；

● command line：变量"variable"在命令行中定义；

● override：变量"variable"在 Makefile 中用 override 指令定义；

● automatic：变量"variable"是自动变量。

(4) $(shell command arguments)：函数 shell 是 make 与外部环境的通信工具。函数 shell 的执行结果和在控制台上执行"command arguments"的结果相似。不过如果"command arguments"的结果含有换行符(和回车符)，则在函数 shell 的返回结果中将把它们处理为单个空格；若返回结果最后是换行符(和回车符)，则被去掉。

例如：当前目录下有文件 1.c、2.c、1.h、2.h，则

```
c_src := $(shell ls *.c)
```

结果为 "1.c 2.c"。

本小节可以在阅读内核、Bootloader、应用程序的 Makefile 文件时，作为手册来查询。下面以 options 程序的 Makefile 作为例子进行演示说明。该 Makefile 文件的内容如下：

```
File: Makefile
01    src := $(shell ls *.c)
02    objs := $(patsubst %.c, %.o, $(src))
03
04    test: $(objs)
05        gcc -o $@ $^
06
07    %.o:%.c
08        gcc -c -o $@ $<
09
10    clean:
11        rm -f test *.o
```

上述 Makefile 文件中，$@、 $^、 $<称为自动变量。$@表示规则的目标文件名；$^表示所有依赖的名字，名字之间用空格隔开；$<表示第一个依赖的文件名。"%" 是通配符，它和一个字符串中任意个数的字符相匹配。

options 目录下所有的文件为 main.c、Makefile、sub.c 和 sub.h，下面逐行进行分析：

① 第 1 行 src 变量的值为 "main.c sub.c"。

② 第 2 行 objs 变量的值为 "main.o sub.o"，是 src 变量经过 patsubst 函数处理后得到的。

③ 第 4 行实际上就是

```
test : main.o sub.o
```

目标 test 的依赖有二：main.o 和 sub.o。开始时这两个文件还没有生成，在执行生成 test 的命令之前先将 main.o、sub.o 作为目标查找到合适的规则，以生成 main.o、sub.o。

④ 第 7、8 行就是用来生成 main.o、sub.o 的规则。对于 main.o，这个规则就是

```
main.o:main.c
gcc -c -o main.o main.c
```

对于 sub.o，这个规则就是

```
sub.o:sub.c
gcc -c -o sub.o sub.c
```

这样，test 的依赖 main.o 和 sub.o 就生成了。

⑤ 第 5 行的命令在生成 main.o、sub.o 后得以执行。

在 options 目录下第一次执行 make 命令可以看到如下信息：

```
gcc -c -o main.o main.c
gcc -c -o sub.o sub.c
gcc -o test main.o sub.o
```

然后修改 sub.c 文件，再次执行 make 命令，可以看到如下信息：

```
gcc -c -o sub.o sub.c
gcc -o test main.o sub.o
```

可见，只编译了更新过的 sub.c 文件，对 main.c 文件不用再次编译，这样可以节省编译时间。

4.5　思考和练习题

1. 什么是交叉编译？它的作用是什么？
2. 宿主机与目标板的连接方式有哪些？各自有何优缺点？
3. 简述建立交叉编译链的主要步骤。
4. 简述 Makefile 的用途。

第 5 章　Exynos 4412 的 GPIO

本章目标:

- 熟悉嵌入式开发的步骤;
- 通过 GPIO 的操作,了解软件如何控制硬件;
- 以点带面,掌握 GPIO 的使用配置方法;
- 学会制作简单的 Makefile 和使用 Makefile 编译源文件。

5.1　Exynos 4412 处理器总览

Exynos 4412 是三星公司推出的一款 RSIC 架构的性价比高、功耗低、性能优越的 32 位处理器。这款基于 Cortex-A9(ARMv7)的四核处理器特别适用于诸如手持电话和掌上电脑之类的应用场合。其芯片如图 5.1 所示。

Exynos 4412 的内存系统中有专用 DRAM 端口和静态存储器端口。其中的 DRAM 端口支持 DDR2、LPDDR2 和 DDR3,静态存储器端口支持 FlexOneNAND、NOR Flash 和 ROM 型的外部存储器。

图 5.1　ARM Exynos 4412 芯片

为降低系统总成本和提升整体性能,Exynos 4412 包括了许多硬件外设,如 TFT24 位真彩色 LCD 控制器、相机接口、MIPI DSI、CSI、管理电源的系统管理器、SATA 接口、PCI Express 接口(不适用 POP 选项)、内置 GPS、MIPI Slimbus、4 个 UART、24 通道的 DMA、5 路带 PWM 的定时器、通用 I/O、3 个 I^2S、S/PDIF、8 路 I^2C 总线、3 个 HS-SPI、传输速度高达 480 Mb/s 的主 USB 2.0 和从 USB 2.0、4 路 SD 主机和高速多媒体卡接口以及四个锁相环时钟发生器。图 5.2 中详细列出了 Exynos 4412 处理器的系统架构和片上硬件资源。

5.2　GPIO 接口

5.2.1　GPIO 总览

GPIO(General Purpose I/O Ports)意为通用输入/输出端口,通俗地说,就是一些引脚,可以通过它们输出高低电平或者通过它们读入引脚的状态(高电平或低电平)。

三星 Exynos 4412 共有 304 个 GPIO,分为 GPA0、GPA1、GPB、GPC0、GPC1 等共 37 组,可以通过设置寄存器来确定某个引脚用于输入、输出还是其他特殊功能,比如可以设置 GPC0、GPC1 作为一般的输入引脚、输出引脚,或者用于 AC97、SPDIF、I^{2}C、SPI 口。

GPIO 的操作是所有硬件操作的基础,由此扩展开来可以了解所有硬件的操作,这是底层开发人员必须掌握的。由于 Exynos 4412 引脚众多,在讲解这些 GPIO 时,本书以点带面,通过介绍具有代表性的 GPIO 的使用配置方法,希望读者仔细体会并总结规律性的知识,达到融会贯通的效果。

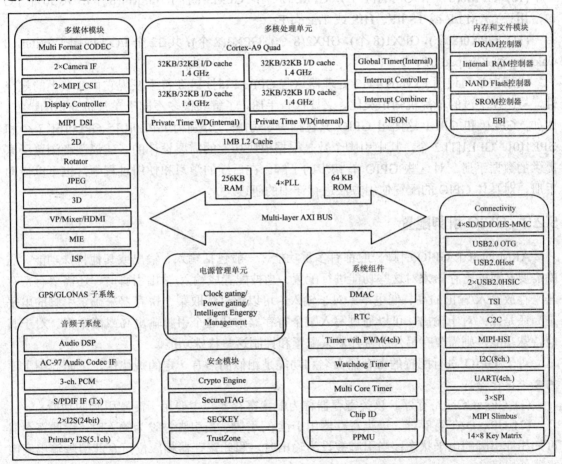

图 5.2　Exynos 4412 处理器的系统架构和片上硬件资源

Exynos 4412 包括 304 个多功能 I/O 和 164 个内存接口,分别被分成 37 组通用 I/O 口和 2 组内存接口。这 37 组通用 I/O 口包括:

(1) GPA0(8 个),GPA1(6 个):共 14 个 I/O 口,用于 3 × UART(带流控制)和 1 × UART(不带流控制),或 2 × I^{2}C;

(2) GPB:共 8 个 I/O 口,用于 2 × SPI 或 2 × I^{2}C 或 IEM;

(3) GPC0(5 个),GPC1(5 个):共 10 个 I/O 口,用于 2 × I^{2}S 或 2 × PCM 或 AC97、S/PDIF、

I^{2}C 或 SPI;

(4) GPD0(4 个), GPD1(4 个): 共 8 个 I/O 口, 用于 PWM、2 × I^{2}C 或 LCD I/F、MIPI;

(5) GPF0(8 个), GPF1(8 个), GPF2(8 个), GPF3(6 个): 共 30 个 I/O 口, 用于 LCD I/F;

(6) GPJ0(8 个), GPJ1(5 个): 共 13 个 I/O 口, 用于 CAM I/F;

(7) GPK0(7 个), GPK1(7 个), GPK2(7 个), GPK3(7 个): 共 28 个 I/O 口, 用于 4 × MMC (4-bit MMC)或 2 × MMC (8-bit MMC), 或 GPS debugging I/F;

(8) GPL0(7 个), GPL1(2 个): 共 9 个 I/O 口, 用于 GPS I/F;

(9) GPL2: 共 8 个 I/O 口, 用于 GPS debugging I/F 或 Key pad I/F;

(10) GPM0(8 个), GPM1(7 个), GPM2(5 个), GPM3(8 个), GPM4(8 个): 共 36 个 I/O 口, 用于 CAM I/F 或 TS I/F、HIS 或 Trace I/F;

(11) GPX0(8 个), GPX1(8 个), GPX2(8 个), GPX3(8 个): 共 32 个 I/O 口, 用于 External wake-up 或 Key pad I/F。

大家在学习使用 Exynos 4412 处理器这些 GPIO 口时, 既要善于发现它们命名上的规律性, 与已经学过的单片机知识类比, 又要核查手册, 了解其很多不同于单片机知识的地方。比如, GPL0 和 GPL1 这两组 GPIO 共包括 9 个引脚, 分别为 GPL0[0]~GPL0[6] 7 个和 GPL1[0]、GPL1[1] 2 个, 其中引脚个数是根据模块功能的需要设计的。建议读者浏览厂家提供的数据手册, 对这些 GPIO 有初步的了解。在后续的学习和使用过程中, 也可以借助手册, 对具体 GPIO 的配置使用方法进行详细的研读。

5.2.2　GPIO 引脚配置

ARM 的每个 GPIO 引脚一般都有多重功能, 一般包括输入、输出或其他特殊功能。这就需要必要的寄存器来对这些功能进行配置。当被配置成输入/输出引脚时, 还需要有寄存器来存放输入/输出的高、低电平。对于输入, 可以通过读取某个寄存器来确定引脚的电平是高还是低; 对于输出, 可以通过写入某个寄存器来让这个引脚输出高或低电平。对于其他特殊功能, 则需要有另外的寄存器来配置和控制这些特殊功能。

对于 GPIO 进行配置的寄存器命名和功能是相似的, 有一定的规律性。下面介绍主要的 3 类寄存器。

(1) GPxxCON 寄存器。该类寄存器称为配置寄存器, 主要用于配置引脚的功能。

(2) GPxxDAT 寄存器。该类寄存器用于读/写引脚。当引脚被设为输入时, 读此寄存器可知相应引脚的电平状态; 当引脚被设为输出时, 写此寄存器相应位可令此引脚输出高电平或低电平。

(3) GPxxPUD 寄存器。该类寄存器用于确定是否使用内部上拉/下拉电阻, 使用两个位来控制一个引脚: 其值为 0b00 时, 相应引脚无内部上拉/下拉电阻; 值为 0b01 时, 使用内部下拉电阻; 值为 0b11 时, 使用内部上拉电阻; 0b10 为保留值。

所谓上拉电阻、下拉电阻, 如图 5.3 所示。上拉电阻、下拉电阻的作用在于, 当 GPIO 引脚处于第三态(既不是输出高电平, 也不是输出低电平, 而是呈高阻态, 即相当于没接芯片)时, 它的电平状态由上拉电阻、下拉电阻确定。

其中, GPxx 代表上面提及的 37 个口组(Port group)。

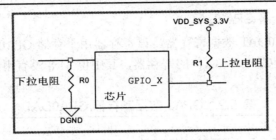

图 5.3　上拉电阻和下拉电阻示意图

5.2.3　GPIO 端口寄存器

GPIO 端口寄存器多达 476 个。如上所述,这些寄存器的命名和功能都有一定的规律性。比如,对于每一个 GPIO 口组,相关的寄存器一般包括配置寄存器 GPxxCON、数据寄存器 GPxxDAT、上/下拉电阻寄存器 GPxxPUD、引脚驱动能力配置寄存器 GPxxDRV、省电模式配置寄存器 GPxxCONPDN、低功耗模式下上/下拉电阻寄存器 GPxxPUDPDN。在本节中,我们仅以 GPA0 端口为例,给出 GPA0 口相关寄存器及配置方法,希望读者能触类旁通,以点带面,对其他口组也可以进行类似的配置。

另外,囿于篇幅,本书都没有列出寄存器的保留位域,在配置时,保持这些位域不变。

1. GPA0 配置寄存器 GPA0CON

如表 5.1 所示的 32 位 GPA0CON 寄存器中,GPA0 的 8 个引脚分别由 4 位控制,可以通过配置 4 个位实现不同的功能。比如,通过使 GPA0CON[3:0] = 0b0001,将 GPA0 的引脚 0 配置成输出功能。其他引脚和功能的配置方法类似,可参考表中"功能描述"列进行配置。

表 5.1　GPA0 配置寄存器 GPA0CON

名　称	位域	类型	功　能　描　述	复位值
GPA0CON[0]	[3:0]	RW	0x0 = Input；0x1 = Output；0x2 = UART_0_RXD； 0x3 - 0xE = 保留；0xF = EXT_INT1[0]	0x00
GPA0CON[1]	[7:4]	RW	0x0 = Input；0x1 = Output；0x2 = UART_0_TXD； 0x3 - 0xE = 保留；0xF = EXT_INT1[1]	0x00
GPA0CON[2]	[11:8]	RW	0x0 = Input；0x1 = Output；0x2 = UART_0_CTSn； 0x3 - 0xE = 保留；0xF = EXT_INT1[2]	0x00
GPA0CON[3]	[15:12]	RW	0x0 = Input；0x1 = Output；0x2 = UART_0_RTSn； 0x3 - 0xE = Reserved；0xF = EXT_INT1[3]	0x00
GPA0CON[4]	[19:16]	RW	0x0 = Input；0x1 = Output；0x2 = UART_1_RXD； 0x3 - 0xE = 保留；0xF = EXT_INT1[4]	0x00
GPA0CON[5]	[23:20]	RW	0x0 = Input；0x1 = Output；0x2 = UART_1_TXD； 0x3 - 0xE = 保留；0xF = EXT_INT1[5]	0x00
GPA0CON[6]	[27:24]	RW	0x0 = Input；0x1 = Output；0x2 = UART_1_CTSn； 0x3 = I2C_2_SDA；0x4 - 0xE = 保留；0xF = EXT_INT1[6]	0x00
GPA0CON[7]	[31:28]	RW	0x0 = Input；0x1 = Output；0x2 = UART_1_RTSn； 0x3 = I2C_2_SCL；0x4 - 0xE = 保留；0xF = EXT_INT1[7]	0x00

2. GPA0 数据寄存器 GPA0DAT

表 5.2 列出了 GPA0DAT 数据寄存器。该寄存器用于存储 GPA0 口组 8 个引脚的输入/输出电平。GPA0DAT 也是一个 32 位的寄存器，其中位 31:8 没有用到，是保留位域，表中没有列出。

表 5.2　GPA0 数据寄存器 GPA0DAT

名　称	位域	类型	功　能　描　述	复位值
GPA0DAT[7:0]	[7:0]	RWX	当配置成输入引脚时，相应的位是引脚的状态(高/低电平)；当配置成输出引脚时，引脚的状态(高/低电平)是相应位的值；当配置成其他功能时，读到的是不确定的值	0x00

3. GPA0 上/下拉电阻寄存器 GPA0PUD

该寄存器用于启用或禁止各个引脚内部的上/下拉电阻，由两位控制一个引脚的上/下拉电阻的启用/禁止，具体配置方法如表 5.3 中"功能描述"所示。

表 5.3　GPA0 上/下拉电阻寄存器 GPA0PUD

名　称	位域	类型	功　能　描　述	复位值
GPA0PUD[n]	[2n+1:2n] n = 0~7	RW	0x0 = 禁止启用上/下拉电阻；0x1 = 启用下拉电阻；0x2 = 保留；0x3 = 启用上拉电阻	0x5555

4. GPA0 引脚驱动能力配置寄存器 GPA0DRV

可以通过该寄存器配置 GPA0 中 8 个引脚的驱动能力。如表 5.4 所示，由两位配置一个引脚的驱动能力。驱动能力可以被提升至 1 倍、2 倍、3 倍或 4 倍。

表 5.4　GPA0 驱动寄存器 GPA0DRV

名　称	位域	类型	功　能　描　述	复位值
GPA0DRV[n]	[2n+1:2n]　n = 0~7	RW	0x0 = 1x；0x2 = 2x；0x1 = 3x；0x3 = 4x	0x000000

5. GPA0 的省电模式配置寄存器 GPA0CONPDN

该寄存器的配置方法如表 5.5 所示，可将 GPA0 的 8 个引脚配置成输出 0、输出 1、输入和前一电平四种状态。

表 5.5　GPA0 的省电模式配置寄存器 GPA0CONPDN

名　称	位域	类型	功　能　描　述	复位值
GPA0CONPDN[n]	[2n+1:2n] N = 0~7	RW	0x0 = Output 0；0x1 = Output 1；0x2 = Input；0x3 = 前一电平状态	0x0000

6. GPA0 的省电模式上/下拉电阻寄存器 GPA0PUDPDN

该寄存器用于配置省电模式下各个引脚的上/下拉电阻的启用和禁止，如表 5.6 所示。

表 5.6　GPA0 的省电模式上/下拉电阻寄存器 GPA0PUDPDN

名　称	位域	类型	功　能　描　述	复位值
GPA0PUDPDN[n]	[2n+1:2n] n = 0~7	RW	0x0 = 禁止启用上/下拉电阻；0x1 = 启用下拉电阻；0x2 = 保留；0x3 = 启用上拉电阻	0x00

5.3　GPIO 应用实例

从本节开始，我们将在开发板上进行编程，对片上资源的各个主要功能模块进行裸机开发，以便深入理解 Exynos 4412 的各个硬件模块的工作原理和过程。GPIO 的操作是所有硬件操作的基础，由此扩展开来可以了解所有硬件的操作。因此，在本章中，我们以几个GPIO 口的引脚为例，进行详细的介绍和分析，许多方法可以为后续硬件资源的配置和使用借鉴。另外，结合 GPIO 的使用和编程，详细介绍 makefile 的编写方法和采用 makefile 进行编译源文件、生成可执行文件的方法。

本书设计的开发平台和编译环境如下：

➢ 电路连接：各例程中用到的电路源自三星公司的评估板，并根据需要进行了修改。

➢ 代码编译环境：UltraEdit。

➢ 宿主机：VMWare 和 Fedora 9。

➢ 编译工具：arm-linux-gcc4.5.1。

同时，我们约定，本书程序都存放在 hardware 目录下的各级子目录中，生成的可执行文件名为相应目录名加上后缀 ".bin"，比如 leds 目录下可执行文件为 leds.bin。

5.3.1　电路连接

我们设计了如图 5.4 所示按键和 LED 灯连接电路。为清晰起见，在图中只简单画出了用到的元器件。图中，Exynos 4412 有 4 个用户 LED 灯，控制它们的 4 个引脚分别是GPM4_0～GPM4_3。由图中电路连接方式可知，当这 4 个 I/O 引脚为高电平时，LED 灯熄灭；当 I/O 引脚为低电平时 LED 灯点亮。设置的 4 个按键 K1、K2、K3、K4 分别连接 GPX1_2、GPX1_3、GPX1_4、GPX1_5。分析按键的电路连接可知，按键闭合(按下)时，相应的引脚为低电平；按键断开(放开)时，对应的引脚为高电平。

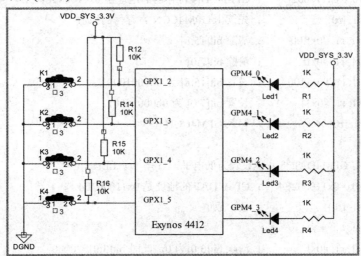

图 5.4　按键和 LED 电路图

我们要做的工作就是设置 GPM4_0～GPM4_3 为输出功能，且控制其输出电平高低即可。配置 GPX1_2～GPX1_5 为输入功能,并在相应的数据寄存器中得到相应位的电平状态。

下面,我们将根据上述的实验环境,分为 2 个实例来介绍通过 GPIO 寄存器驱动 LED、获取按键状态的编程方法。其中,实例 1 是采用汇编语言编写点亮 LED 灯的程序,目的在于对简单的汇编语言进行实践;实例 2 则是采用 C 语言编写按键控制 LED 灯的程序,实现更复杂的功能。

5.3.2　实例 1:汇编代码点亮 LED 灯

由图 5.4 所示的电路原理图可知,程序只需进行两步设置:

第一步:设置 GPM4_0～GPM4_3 相对应的配置寄存器 GPM4CON,使 GPM4_0 ~ GPM4_3 四个引脚为输出功能。

第二步:设置其对应的数据寄存器 GPM4DAT 对应的 4 个 bit 位为 0,使 GPM4_0 ~ GPM4_3 引脚为低电平,4 个 LED 灯全亮。等待一段时间后将第 0 位设置为 0,其余位设置为 1,这样只有第一个灯亮;等待一段时间后将第 1 位设置为 0,其余位设置为 1,这样只有第二个灯亮;等待一段时间后将第 2 位设置为 0,其余位设置为 1,这样只有第三个灯亮;等待一段时间后将第 3 位设置为 0,其余位设置为 1,这样只有第四个灯亮;等待一段时间后使 GPM4_0~GPM4_3 全为高电平,4 个 LED 灯全灭。这样就实现了跑马灯效果。

下面通过 ARM 的汇编语言编程实现,并采用注释的形式给出关键语句的详细解释。

1. 汇编文件 led.S 的程序代码

具体代码如下:

```
.text
.global _start
_start:
        /* 将 GPM4 配置称为输出 */
        ldr r0, =0x110002E0     ; GPM4CON 寄存器的地址是 0x110002E0
        ldr r1, [r0]           ; 先读出 GPM4CON 寄存器的原值
        bic r1, r1, #0xff00    ; 清除 bit[15:8]
        bic r1, r1, #0xff      ; 清除 bit[7:0]
        orr r1, r1, #0x1100    ; 设置 bit[15:8] 为 0b00010001
        orr r1, r1, #0x11      ; 设置 bit[7:0] 为 0b00010001
        str r1, [r0]           ; 写入 GPM4CON

        /* 将 GPM4DAT 低 4 位设置为低电平,点亮 4 个 LED 灯 */
        ldr r0, =0x110002E4    ; GPM4DAT 的地址是 0x110002E4
        ldr r1, [r0]           ; 读出原值
leds_loop:
        bic r1, r1, #0xf       ; 清除 bit[3:0]为 0, 此时 bit[3:0] = 0000
        str r1, [r0]           ; 写入 GPM4DAT, 4 个 LED 全亮
        ldr r2,=0xffffff       ; 设定延时时间,在 delay 子程序中使用
```

```
    bl delay                  ; 调用延时子程序 delay


    /* 将 GPM4DAT 位 0 设置为低电平，点亮 LED1 灯 */
    orr r1, r1, #0xe          ; 0b1110，设置 bit[0] 为 0，此时 bit[3:0] = 1110
    str r1, [r0]              ; 写入 GPM4DAT，LED1 亮
    ldr r2,=0xffffff
    bl delay


    /* 将 GPM4DAT 位 1 设置为低电平，点亮 LED2 灯 */
    bic r1, r1, #0x3          ; 清除 r1 的 bit[1:0] 位，此时 bit[3:0] = 1100
    orr r1, r1, #1            ; 设置 bit[0] 为 1，即只有 bit[1] 为 0，此时 bit[3:0] = 1101
    str r1, [r0]              ; 写入 GPM4DAT，LED2 亮
    ldr r2,=0xffffff
    bl delay


    /* 将 GPM4DAT 位 2 设置为低电平，点亮 LED3 灯 */
    bic r1, r1, #0x6          ; 清除 r1 的 bit[1] 和 bit[2] 位，此时 bit[3:0] = 1001
    orr r1, r1, #2            ; 设置 bit[1] 为 1，只有 bit[2] 为 0，此时 bit[3:0] = 1011
    str r1, [r0]              ; 写入 GPM4DAT，LED3 亮
    ldr r2,=0xffffff
    bl delay


    /* 将 GPM4DAT 位 3 设置为低电平，点亮 LED4 灯 */
    bic r1, r1, #0xc          ; 清除 r1 的 bit[3] 和 bit[2] 位，此时 bit[3:0] = 0011
    orr r1, r1, #4            ; 设置 bit[2] 为 1，只有 bit[3] = 0，此时 bit[3:0] = 0111
    str r1, [r0]              ; 写入 GPM4DAT，LED4 亮
    ldr r2,=0xffffff
    bl delay


    /* 将 GPM4DAT 低 4 位设置为高电平，熄灭 4 个 LED 灯 */
    orr r1, r1, #0xf          ; bit[3:0] = 1111
    str r1, [r0]              ; 写入 GPM4DAT，4 个 LED 全灭
    ldr r2,=0xffffff
    bl delay
    b leds_loop               ; 跳至 leds_loop，开始下一次循环
halt_loop:
    b halt_loop
delay:                        ; 跑马灯延时程序
    sub r2,r2,#1              ; sub 减法
```

```
cmp r2,#0x0          ; 将 r0 与 0 比较
bne delay            ; bne 是不相等跳转到 delay
mov pc,lr   ; lr 里存的是调用函数时的下一条指令，让 PC 指向 lr 就可返回函数调用处
```

需要注意的是：要修改一个寄存器的某些位时，最好先把原值读出并修改需要配置的位，再把值写回。寄存器里每位都有各自的作用，这样做可以避免影响到其他位。总的原则是，需要配置的位域修改成相应的功能，没有用到的位域保持原来的值。

2．Makefile 说明

下面给出 Makefile 的代码，并进行解释说明：

```
led.bin : led.S
    arm-linux-gcc -c -o led.o led.S
    arm-linux-ld -T led.lds -N led.o -o led.elf
    arm-linux-objcopy -O binary -S led.elf led.bin
    arm-linux-objdump -D -m arm    led.elf > led.dis

clean:
    rm -f *.dis *.bin *.elf *.o
```

Makefile 文件的第 1 行中，目标文件为 led.bin，依赖文件是 led.S。执行 make 时，首先比较 led.bin 和文件 led.S 的时间，如果 led.S 的时间比 led.bin 的时间新(led_on.bin 未生成时，此条件默认成立)，则执行第 2～5 行的命令，重新生成 led.bin 及其他文件。

也可以不用指令 make，而直接一条一条地执行第 2～5 行的指令，但是这样效率比较低。

第 2 行的指令是编译，将当前目录下存在的汇编文件 led.S 编译成 led.o 文件。

第 3 行是链接，将 .o 文件链接成 elf 文件，-T led.lds 中的 led.lds 为链接脚本，告诉连接器如何对程序进行链接以及链接地址等(下面会有介绍)。

第 4 行是把 ELF 格式的可执行文件 led.elf 转换成可在开发板上运行的二进制格式文件 led.bin。

第 5 行是得到它的反汇编文件，便于我们对程序的分析、查找错误等(目前未用到该文件)。

执行"make clean"时强制执行第 7 行的删除命令，将删除该目录下的 .dis、.bin、.elf、.o 文件。

3．链接脚本 led.lds 说明

链接脚本的代码如下：

```
SECTIONS {
    . = 0x02023400;
    .text               : { *(.text) }
    .rodata ALIGN(4) : {*(.rodata*)}
    .data ALIGN(4) : { *(.data*) }
    .bss ALIGN(4)   : { *(.bss)   *(COMMON) }

}
```

其中，第 2 行表示程序的链接地址从 0x02023400 开始，这表示程序运行之前应该位于内存地址 0x02023400 处。BL1 会把 BL2 复制到 0x02023400 地址处，再启动它(请参考 15.2.3 节)。

第 3～6 行表示从 0x02023400 开始，依次排放程序的代码段、只读数据段、数据段、BSS 段。

4．程序编译及烧写

(1) 编译。通过 FTP 或者其他工具将 led.S、Makefile、led.lds 三个文件上传到服务器上，输入 make 命令进行编译，将得到 led.bin 文件。

(2) 烧写。将 SD 卡插入电脑，并让 VMware 里的 Fedora 识别出来，然后执行如下命令：

```
sudo ./sd_fusing.sh /dev/sdb ../01.led/led.bin
```

SD 卡烧写成功后，将 SD 卡插到 tiny 4412 开发板上，并设置为 SD 卡启动，这时就会看到 LED 灯在交替闪烁。

说明：sd_fusing.sh 是一个 shell 脚本，利用这个脚本文件，可以一键烧写程序到 SD 卡中。

5.3.3 实例 2：C 语言按键控制 LED 灯

由于汇编语言可读性较差，如果要实现复杂的功能，最好采用 C 语言进行编程。在这一节我们用 C 语言来实现按键对 LED 灯的控制，按键检测采用轮询方式。一上电，4 个 LED 灯全亮，若某个按键被按下，则对应的 LED 熄灭(可同时按下多个键)。按键和 LED 灯的对应关系为：KEY1-LED1，KEY2-LED2，KEY3-LED3，KEY4-LED4。

在编写上位机程序时，C 语言程序执行的第一条指令并不在 main 函数中。生成一个 C 程序的可执行文件时，编译器通常会在我们的代码中加上几个被称为启动文件的代码——crtl.o、crti.o、crtend.o、crtn.o 等，它们都是标准库文件。这些代码设置 C 程序的堆栈等，然后调用 main 函数。它们依赖于操作系统，在裸板上无法执行，所以需要我们自己编写一个启动代码文件。该文件的代码用汇编语言编写，但比较简单，关键指令只有 2 条。我们自己编写的启动文件 start .S 的内容如下：

```
//start.S
.text
.global _start
_start:
; 调用 C 函数之前必须设置栈，栈用于保存运行环境，给局部变量分配空间，
; 参考 4412 的数据手册，把堆栈指针 SP 指向 BL2 上方 1K 处。
; 即:0x02020000 (iRAM 基地址) + 5K(iROM 代码用) + 8K(BL1 用) + 16K(BL2 用) + 1K(用作栈))
ldr sp, =0x02027800
bl main                ; 调用 main 函数
halt_loop:
    b halt_loop
```

现在，就可以用 C 语言编写按键控制 LED 灯的程序了。main 函数在 key_led.c 文件中，代码如下：

```c
// key_led.c
#define GPM4CON    (*(volatile unsigned int *)0x110002E0)   //LED 对应的 GPIO 的物理地址
#define GPM4DAT    (*(volatile unsigned int *)0x110002E4)
#define GPX1CON    (*(volatile unsigned int *)0x11000C60)   //按键对应的 GPIO 的物理地址
#define GPX1DAT    (*(volatile unsigned int *)0x11000C64)
//延时函数
void delay(unsigned long count)
{
    volatile unsigned long i = count;
    while (i--);
}
int main(void)

{

    unsigned char keyValue = 0;
    //配置 GPM4_0,GPM4_1,GPM4_2,GPM4_3 为输出引脚，对应 LED1/2/3/4
    GPM4CON    &= ~ ((0xf << 0) | (0xf << 4) | (0xf << 8) | (0xf << 12));
    GPM4CON |=    ((0x1 << 0 | (0x1 << 4) | (0x1 << 12));
    //设置 K1、K2、K3、K4 对应的 GPIO(GPX1_2、GPX1_3、GPX1_4、GPX1_5)为输入
    GPX1CON & = ~ ((0xf << 8) | (0xf << 12) | (0xf << 16) | (0xf << 20));
    while(1)

    {

    //读按键引脚状态

    keyValue = GPX1DAT;

    keyValue = (keyValue & (0xf << 2)) >> 2;

    if(keyValue != 0xf)                //说明有按键被按下，再详细判断是哪个按键被按下

    {

        delay(1000);                //按键消抖

        keyValue = GPX3DAT;

        keyValue = (keyValue & (0xf << 2)) >> 2;

        GPM4DAT = ~keyValue;        //设置按下的键对应的 LED 灯灭

    }

    else

    GPM4DAT = 0x00;

    }
```

```
        return 0;

    }
```

　　链接脚本 key_led.lds 的内容和 led.lds 完全相同，只需要修改文件名字；Makefile 的内容也大部分一样，需要修改里面对应的文件名字，并采用变量的形式指定多个文件。Makefile的具体代码如下：

```
//makefile
objs := start.o key_led.o
key_led.bin : $(objs)
    arm-linux-ld -T key.lds -N -o key_led.elf $^
    arm-linux-objcopy -O binary -S key_led.elf $@
    arm-linux-objdump -D -m arm    key_led.elf > key_led.dis


%.o:%.c
    arm-linux-gcc -Wall -m arm -c -O2 -o $@ $<
%.o:%.S
    arm-linux-gcc -Wall -m arm -c -O2 -o $@ $<
clean:
    rm -f   *.dis *.bin *.elf *.o
```

接下来的程序编译及烧写与 5.3.2 节完全一样。

5.4　思考和练习题

1. 使用汇编语言，编写按键检测程序。
2. 理解本节中的两个简单 Makefile 文件。
3. 将本节实例中的按键和 LED 电路连接互换，重新编写按键控制 LED 灯的 C 语言程序。

第 6 章　时钟管理单元

本章目标:

- 了解 Exynos 4412 的时钟体系结构和工作过程;
- 掌握通过设置 PLL 改变系统时钟的方法;
- 掌握各个模块时钟的配置方法。

6.1　Exynos 4412 时钟管理单元工作原理

时钟管理单元(Clock Management Unit, CMU)是 Cortex-A9 用来管理其内部各个时钟模块的核心单元。用 CMU_XXX 表示 "XXX 模块内的 CMU",如 CMU_CPU 表示面向 CPU 模块的时钟管理单元。Exynos 4412 的时钟管理单元通过 PLLs(Phase Locked Loops, 锁相环)产生 CPU、总线和外设所需的各种频率的时钟信号。同时,时钟管理单元也与电能管理单元关联,通过在低功耗模式下关闭时钟的方法,来降低整个系统的功耗。

6.1.1　Exynos 4412 的时钟体系

在嵌入式系统里,一块芯片(System on Chip, SoC)往往集成了多种功能,如 Exynos 4412 上面既有 CPU,还有音频/视频接口、LCD 接口、GPS 等模块。不同模块往往工作在不同的时钟频率下。让功能模块工作在过高的时钟频率下,并不能有效提高其性能,反而会增加功耗。所以,只有各功能模块工作在与之匹配的时钟频率下,才能既保证工作性能,又保证功耗最低。在一个 ARM 芯片上采用单时钟设计基本上是不可能实现上述目标的,所以,在 SoC 设计中,一般采取多时钟域设计。Exynos 4412 的时钟域就可划分为 5 部分,这 5 个区域分别管理不同的设备,为不同的设备提供不同的时钟频率,如图 6.1 所示。

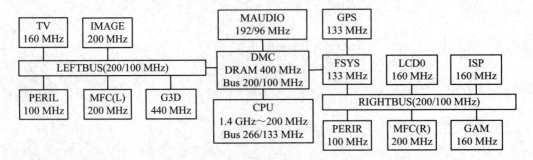

图 6.1　Exynos 4412 时钟体系框图

如图 6.1 所示，这 5 个时钟域分别为：

(1) CPU 时钟模块(CMU_CPU)：内含 Cortex-A9 MPCore 处理器、L2 cache 控制器、CoreSight(调试用)。CMU_CPU 用于给这些部件提供工作时的时钟。

(2) DMC 时钟模块(CMU_DMC)：内含 DRAM 内存控制器(DMC)、安全子系统(Security sub system)、通用中断控制器(Generic Interrupt Controller，GIC)。CMU_DMC 用于给这些部件产生时钟。

(3) LEFTBUS 时钟模块和 RIGHTBUS 时钟模块：它们是全局的数据总线，用于在 DRAM 和其他子模块之间传输数据时提供时钟。

(4) CMU_TOP(其他时钟模块)：在图 6.1 中，除上述时钟模块外的其他模块。CMU_TOP 用于给这些模块产生时钟。

虽然 Exynos 4412 内部各个模块有诸多不同工作频率要求，但是，其外部引脚接入的初始时钟源却只有 3 个，分别是：

(1) XRTCXTI 引脚：接 32.768 kHz 的晶振，用于向实时时钟(RTC)提供初始晶振。

(2) XXTI 引脚：接 12～50 MHz 的晶振，用于向系统提供时钟。不使用时，应该下拉。

(3) XUSBXTI 引脚：由引脚 X_{usb}XTI 引入，为 APLL、MPLL、VPLL、EPLL 和 USB-PHY 提供基础时钟。

由于 iROM 中的代码是基于 24 MHz 设计的，因此应选用 24 MHz 作为其输入晶振。

这 3 个外部引脚引入的晶振经过时钟管理单元产生 4 个 PLLs(APLL、MPLL、EPLL、VPLL)、USBPHY 和 HDMIPHY(PHY 意为物理层，一般指与外部信号接口的芯片)共 6 种中间频率的时钟，这些时钟信号经过预分频后为相应的模块提供时钟：

(1) APLL：用于 CPU 时钟模块；作为 MPLL 的补充，它也可以给 DMC 时钟模块、LEFTBUS 时钟模块、RIGHTBUS 时钟模块和 CMU_TOP 时钟模块提供时钟。

(2) MPLL：用于给 DMC 时钟模块、LEFTBUS 时钟模块、RIGHTBUS 时钟模块和 CMU_TOP 时钟模块提供时钟。

(3) EPLL：主要给音频模块提供时钟。

(4) VPLL：主要给视频系统提供 54 MHz 时钟，给 G3D(3D 图形加速器)提供时钟。

(5) USB PHY：给 USB 子系统提供 30 MHz 和 48 MHz 时钟。

(6) HDMI PHY：产生 54 MHz 时钟。

6.1.2 Exynos 4412 时钟管理单元工作过程

1. 倍频

从外部引脚接入的晶振(比如由 XXTI 引脚接入 24 MHz 的晶振)，晶振从起振到稳定到指定频率(24 MHz)需要一段时间，在这段时间内，晶振提供的振荡频率是波动起伏的。在频率提升的过程中，CPU 的频率也随之波动变化，其状态也是不稳定的。所以，此时用 PLL 将 CPU 频率锁定一段时间，直到频率输出稳定为止。

同时，从外部引脚接入的晶振频率是不足以满足 CPU 和其他模块频率需求的，需要将其抬升以后才能供这些模块使用。因此，在锁定频率后，还需要设置一个倍频因子，抬升从外部晶振输入的时钟频率。

2. 分频

倍频后接着就是分频了，通过设置分频相关寄存器中不同的位即可实现分频。比如，设置某位分频值为 4，那么，分频时，原来频率假设为 1000 MHz，则该频率就被分为 1000/(1 + 4) = 200 MHz。

在选用倍频、分频值时，针对 APLL、MPLL、EPLL 和 VPLL 有不同的推荐值，应该参考表 6.1～表 6.3，从推荐值中选择倍频、分频函数 P、M、S 相近的组合方式。表中，F_{IN} 为输入频率，Target F_{OUT} 为期望输出频率，F_{OUT} 为实际输出频率。具体计算方法见 6.2 节。

表 6.1　APLL 和 MPLL 的 P、M、S 推荐值

F_{IN}/MHz	Target F_{OUT}/MHz	P	M	S	F_{OUT}/MHz
24	200	3	100	2	200
24	300	4	200	2	300
24	400	3	100	1	400
24	500	3	125	1	500
24	600	4	200	1	600
24	700	3	175	0	700
24	800	3	100	0	800
24	900	4	150	0	900
24	1000	3	125	0	1000
24	1100	6	275	0	1100
24	1200	4	200	0	1200
24	1300	6	325	0	1300
24	1400	3	175	0	1400

表 6.2　EPLL 的 P、M、S 推荐值

F_{IN}/MHz	Target F_{OUT}/MHz	P	M	S	F_{OUT}/MHz
24	90	2	60	3	90
24	180	2	60	2	180
24	180.6	3	90	2	180.6
24	180.6336	3	90	2	180.6336
24	192	2	64	2	192
24	200	3	100	2	200
24	400	3	100	1	400
24	408	2	68	1	408
24	416	3	104	1	416

表 6.3 VPLL 的 P、M、S 推荐值

F_{IN}/MHz	Target F_{OUT}/MHz	P	M	S
24	100	3	100	3
24	160	3	160	3
24	266	3	133	2
24	350	3	175	2
24	440	3	110	1

3. Exynos 4412 配置时钟的方法

Exynos 4412 时钟管理单元对外部引脚接入的晶振经过多路选择、倍频和分频后，最终得到 CPU 及各个单元所需的时钟频率。在 Exynos 4412 的手册中，按上述 5 个模块给出了全部模块的时钟配置框图。这里仅以 ARMCLK 的频率配置过程为例，说明 CMU 时钟配置的过程。其余模块配置过程完全类似，可参考本例进行。

图 6.2 摘自 Exynos 4412 的 CMU_CPU 模块的时钟配置图。由图可见，ARMCLK 的时钟频率来自 APLL，而后者的时钟来源可以是 XXTI 引脚上接的晶振，也可以是 $X_{USB}XTI$ 引脚上接的晶振，通过配置多路复用开关 MUX 来选择具体的输入晶振，这个 MUX 的输入被称为 APLL 输出晶振 FIN_{PLL}。通过设置 APLL 相关的寄存器(根据表 6.1 选择 P、M、S 值)，APLL 可以把 FIN_{PLL} 提高到某个频率(假设为 1400 MHz)，输出引脚的晶振频率为 $FOUT_{APLL}$。CPU 可以直接工作于 1.4 GHz，但是其他模块不能工作于这么高的频率，所以需要进一步分频，把频率降下来。对于 ARMCLK 分支来说，还需经过 MUX_{APLL}(输出为 $MOUT_{APLL}$)、MUX_{CORE}(输出为 $MOUT_{CORE}$)两个多路复用选择开关以及 DIV_{CORE} 和 DIV_{CORE2} 两个分频器分频以后，最终才能得到 ARMCLK 所需的时钟频率。

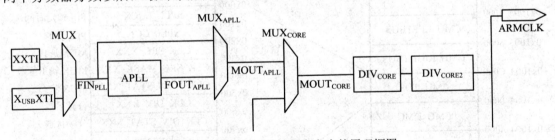

图 6.2 ARMCLK 时钟频率产生的原理框图

其中，设置 PLL 的流程如下：

(1) 设置 PLL 的 P、M、S 值，这是根据期望得到的频率用公式计算出来的，一般从推荐表中选择相近的组合。

(2) 设置 PLL 的其他控制参数。

(3) 使能 PLL。

(4) 设置锁定时间，PLL 等待一段时间，使得时钟稳定。

(5) 设置 MUX，选择 PLL 输入时钟。如果当前正使用该 PLL，那么先设置 MUX 改用其他时钟源或禁止使用此 PLL，设置完 PLL 后再设置 MUX 改回原来 PLL 所使用的时钟源。简单地说，就是先设置，再启动，后使用。

6.2　时钟管理单元控制寄存器

　　对于每一个模块的学习，在了解其基本原理(或工作过程)后，接下来就是对寄存器的操作。通过对寄存器的配置，可实现功能模块的相应功能。一般来说，针对各个模块的寄存器数目都比较多，可以先浏览一下这个模块的所有寄存器的简介，对各个寄存器的作用做到心中有数。这样，可以大体知道需要配置哪些寄存器，而不至于被一大堆寄存器给弄懵了。

　　Exynos 4412 中，与时钟管理单元相关的寄存器多达 163 个。按这些寄存器的映射地址可以分为 6 个部分，分别称为：CMU_LEFTBUS、CMU_RIGHTBUS、CMU_TOP、CMU_DMC、CMU_CPU 和 CMU_ISP。这 6 个部分各有 16 KB 地址空间容纳其相关的寄存器。这些寄存器在各自 16 KB 地址空间中的分布方式类似，按照其地址分布分类如表 6.4 所示。

表 6.4　按地址分布分类的时钟管理单元寄存器

寄存器偏移地址	功　　能	寄存器偏移地址	功　　能
0x000～0x1FF	PLL 的锁定时间和控制	0x700～0x8FF	保留
0x200～0x4FF	MUX 的选择、输出使能、状态	0x900～0x9FF	整个 IP 模块或某个功能的时钟使能
0x500～0x6FF	分频器设置、状态	0xA00～0xAFF	CLKOUT 相关设置和设置分频值

　　图 6.3 为 Exynos 4412 时钟控制器的地址映射。

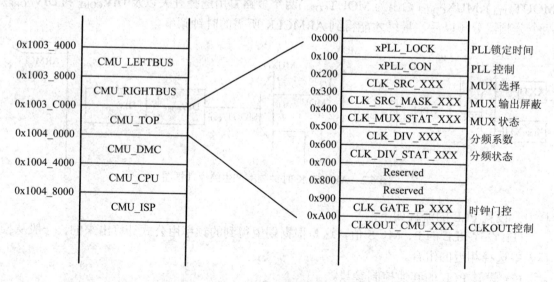

图 6.3　Exynos 4412 时钟控制器的地址映射

　　下面以 CMU_CPU 单元的设置为主线，介绍与其配置相关的寄存器的使用方法，具体步骤如下：

1. 初次选择时钟输入源

　　CPU、DMC、TOP、LEFTBUS、RIGHTBUS 五个时钟模块，都需要设置各自的时钟输入源和分频比。由于要设置的模块寄存器比较多，这里仅仅分析一下如何设置 CPU 模块的时钟源和分频比(MUX/DIV)，其他设置过程类似。

表 6.5 列出了 CMU_CPU 模块中，用于选择时钟源的 4 个多路开关的控制位。为了使用 24 MHz 的外部时钟进行倍频，查看表 6.5，需设置 MUX_APLL_SEL 为 0(选择 FIN_{PLL})，MUX_CORE_SEL 也需设置成 0，选择 $MOUT_{APLL}$。其他的两位也都设置为 0，分别将 MUX_MPLL_USER_SEL_C 选择 FIN_{PLL}、MUX_HPM_SEL 选择 $MOUT_{APLL}$。设置完成后需要等待一定时间，让其设置成功。等待的具体代码实现方式可以与寄存器 CLK_MUX_STAT_CPU 的值相比较，也可以加一个延时函数。

表 6.5　时钟源选择寄存器 CLK_SRC_CPU

名　　称	位域	类型	功 能 描 述	复位值
MUX_MPLL_USER_SEL_C	[24]	RW	控制 MUX_{MPLL}。$0 = FIN_{PLL}$，$1 = FOUT_{MPLL}$	0
MUX_HPM_SEL	[20]	RW	控制 MUX_{HPM}。$0 = MOUT_{APLL}$，$1 = SCLK_{MPLL}$	0
MUX_CORE_SEL	[16]	RW	控制 MUX_{CORE}。$0 = MOUT_{APLL}$，$1 = SCLK_{MPLL}$	0
MUX_APLL_SEL	[0]	RW	控制 MUX_{APLL}。$0 = FIN_{PLL}$，$1 = MOUT_{APLL}$	0

结合图 6.2 可知，该寄存器各位的作用：

① BIT[0]控制第 1 个多路复用开关 MUX_{APLL}，用于选择是使用 FIN_{PLL} 还是 APLL 的输出时钟 $MOUT_{APLL}$，以确定该级多路复用开关的输入频率源。

② BIT[16]控制第 2 个多路复用开关 MUX_{CORE}，通过设置 0 或 1，选择 $MOUT_{APLL}$ 或者 $SCLK_{MPLL}$，以确定该级多路复用开关的输入频率源。其中 $SCLK_{MPLL}$ 由 MUX_{MPLL} 控制。

③ BIT[20]控制第 3 个多路复用开关 MUX_{HPM}，用于选择 $MOUT_{APLL}$ 或者 $SCLK_{MPLL}$，以确定该级多路复用开关的输入频率源。

④ BIT[24]控制第 4 个多路开关 MUX_{MPLL}，用于选择 FIN_{PLL} 或者 $MOUT_{MPLL}$。该级多路开关的输出被称为 $SCLK_{MPLL}$。其中，$FOUT_{MPLL}$ 来自 MPLL 的输出。

下面需要接着设置 DMC、TOP、LEFTBUS、RIGHTBUS 等功能模块的时钟输入源和分频比，配置方法与上述方法类似，这里不做过多分析。

2. 设置 APLL/MPLL/EPLL/VPLL 锁相环的锁频时间

设置 APLL 的参数并使能它后，APLL 并不能立刻输出稳定的时钟，它需要经历一个锁定时间(Lock Time)。APLL 的最大锁定时间是(270 × PDIV)个周期。所以将 APLL_LOCK 寄存器相关位域设置为(270 × PDIV)就可以了，见表 6.6。PDIV 在后面的 APLL_CON0 寄存器中将进行说明。

表 6.6　APLL 锁定时间设置寄存器 APLL_LOCK 寄存器

名称	位域	类型	功 能 描 述	复位值
锁定时间	[15:0]	RW	用于指定 PLL 的锁定时间	0xFFF

3. 倍频

APLL/MPLL/EPLL/VPLL 的倍频值需根据需求参考表 6.1～6.3 中的推荐值进行设置。根据 M、P、S 的值，可以算出 APLL 的输出时钟。比如，当选取推荐值 M、P、S 的组合为 175、3、0 时，输出的频率为

$$FOUT = \frac{M \times FIN}{P \times 2^S} = \frac{175 \times 24}{3 \times 2^0} = 1400 \text{ MHz}$$

M、P、S 的值不能乱取，需要满足一些限制条件(请参考芯片手册)，建议采用表 6.1～表 6.3 中的推荐值。

APLL_CON0 寄存器用于控制 APLL 的使能和锁定，同时用于 APLL 分频值的配置。表 6.7 列出了该寄存器的控制位域。未列出位域为保留位。

表 6.7   APLL 控制寄存器 APLL_CON0

名称	位域	类型	功能 描 述	复位值
使能	[31]	RW	用于使能 APLL。0 = 禁止，1 = 使能	0
锁定状态	[29]	R	用于显示 PLL 的锁定状态。0 = 未锁定，1 = 已锁定(表示 PLL 输出已稳定)	0
FSEL	[27]	RW	监测频率选择引脚。0 = $F_{VCO\_OUT} = F_{REF}$，1 = $F_{VCO\_OUT} = F_{VCO}$	0
M	[25:16]	RWX	M 分频值	0xC8
P	[13:8]	RWX	P 分频值	0x6
S	[2:0]	RWX	S 分频值	0x1

4. 重新选择时钟源

下面进行分频。但是，在分频之前，必须重新选择时钟源。重新选择时钟源的寄存器配置方法和前面介绍的一样，只是这里需根据新选择的时钟源对相应的寄存器值进行设置，这一次我们需要选择倍频后的时钟。例如，CLK_SRC_CPU 寄存器，参考图 6.2 中的 APLL 时钟生成电路框图，由图可知，FIN_{PLL} 是没有倍频的频率，而我们要选的是倍频后的，所以应该选择 $FOUT_{APLL}$，所以寄存器 CLK_SRC_CPU 的第 0 位 MUX_APLL_SEL 应设置成 1。同理，我们将第 24 位 MUX_MPLL_USER_SEL_C 也设置成 1，选择倍频后的 MPLL。

设置完成后，同样读取相应的状态寄存器，和其对应的值进行比较，以确定是否完成设置。

选择完成时钟源后，就可以开始进行分频了。分频值需要根据表 6.8、表 6.9 列出的分频寄存器 CLK_DIV_CPU0、CLK_DIV_CPU1 的相应位进行配置。

表 6.8   CLK_DIV_CPU0 控制寄存器

名 称	位域	类型	功能 描 述	复位值
CORE2_RATIO	[30:28]	RW	ARMCLK = DOUTCORE/(CORE2_RATIO + 1)	0x0
APLL_RATIO	[26:24]	RW	SCLKAPLL = MOUTAPLL/(APLL_RATIO + 1)	0x0
PCLK_DBG_RATIO	[27]	RW	PCLK_DBG = ATCLK/(PCLK_DBG_RATIO + 1)	0x0
ATB_RATIO	[18:16]	RW	ATCLK = MOUTCORE/(ATB_RATIO + 1)	0x0
PERIPH_RATIO	[14:12]	RW	PERIPHCLK = DOUTCORE/(PERIPH_RATIO + 1)	0x0
COREM1_RATIO	[10:8]	RW	ACLK_COREM1 = ARMCLK/(COREM1_RATIO + 1)	0x0
COREM0_RATIO	[6:4]	RW	ACLK_COREM0 = ARMCLK/(COREM0_RATIO + 1)	0x0
CORE_RATIO	[2:0]	RW	DIVCORE_OUT = MOUTCORE/(CORE_RATIO + 1)	0x0

该寄存器其他位为保留位，表中未列出。

表 6.9 CLK_DIV_CPU1 控制寄存器

名称	位域	类型	功 能 描 述	复位值
CORES_RATIO	[10:8]	RW	ACLK_CORES = ARMCLK/(CORES_RATIO + 1)	0x0
HPM_RATIO	[6:4]	RW	SCLK_HPM = DOUTCOPY/(HPM_RATIO + 1)	0x0
COPY_RATIO	[2:0]	RW	DOUTCOPY = MOUTHPM/(COPY_RATIO + 1)	0x0

该寄存器其他位为保留位，表中未列出。

下面以 CPU 的工作频率 ARMCLK 配置为例，计算 ARMCLK 的频率：

$$ARMCLK = MUX_{CORE}\ 的输出\ /\ DIV_{CORE}\ /\ DIV_{CORE2}$$
$$= MOUT_{CORE}\ /\ (CORE\_RATIO + 1)\ /\ DIV_{CORE2}$$
$$= MOUT_{CORE}\ /\ (CORE\_RATIO + 1)\ /\ (CORE2\_RATIO + 1)$$

$MOUT_{CORE}$ 表示 MUX_{CORE} 的输出，在 MUX_{APLL} 和 MUX_{CORE} 都设置为 0 时，它等于 $M \times FIN\ /\ (P \times 2^S)$。

另外，还有几类比较重要的寄存器，如时钟源选择状态寄存器，该类寄存器针对 5 个功能模块都有一个对应的寄存器，用于读取各个模块所选择的时钟源。时钟分频设置寄存器还包括 CLK_DIV_CPU0、CLK_DIV_DMC0、CLK_DIV_TOP、CLK_DIV_LEFTBUS、CLK_DIV_RIGHTBUS 等，用于对各个时钟模块的分频系数进行配置。

6.3 应 用 实 例

下面通过 Exynos 4412 的一段时钟初始化程序，介绍时钟管理单元部分的设置方法。程序的编写思路按照 6.2 节的四个步骤进行。在代码中，我们采用注释的形式对代码进行解释说明，具体代码如下：

```
/* 通过寄存器的物理地址，关联时钟域设置所需的相关寄存器。首先是针对 5 个模块相关的寄
存器，分为两类：时钟源选择类寄存器和分频系数配置类寄存器。这些寄存器的命名是有规律的。
例如，CLK_SRC_CPU 中，CLK 表示时钟(clock)单元相关，SRC(source)表示选择时钟源，CPU 表
示针对 CPU 模块*/
// CMU_CPU 设置所需的相关寄存器
#define CLK_SRC_CPU        (*(volatile unsigned int *)0x10044200)
#define CLK_DIV_CPU0       (*(volatile unsigned int *)0x10044500)
#define CLK_DIV_CPU1       (*(volatile unsigned int *)0x10044504)
// CMU_DMC 设置所需的相关寄存器
#define CLK_SRC_DMC        (*(volatile unsigned int *)0x10040200)
#define CLK_DIV_DMC0       (*(volatile unsigned int *)0x10040500)
#define CLK_DIV_DMC1       (*(volatile unsigned int *)0x10040504)
// CMU_TOP 设置所需的相关寄存器
#define CLK_SRC_TOP0       (*(volatile unsigned int *)0x1003C210)
#define CLK_SRC_TOP1       (*(volatile unsigned int *)0x1003C214)
```

```
#define CLK_DIV_TOP          (*(volatile unsigned int *)0x1003C510)
// CMU_LEFTBUS 设置所需的相关寄存器
#define CLK_SRC_LEFTBUS      (*(volatile unsigned int *)0x10034200)
#define CLK_DIV_LEFTBUS      (*(volatile unsigned int *)0x10034500)
// CMU_RIGHTBUS 设置所需的相关寄存器
#define CLK_SRC_RIGHTBUS     (*(volatile unsigned int *)0x10038200)
#define CLK_DIV_RIGHTBUS     (*(volatile unsigned int *)0x10038500)


//4 个 PLL 各对应一个 locktime 寄存器，用于锁定使能和锁定时间设置
#define APLL_LOCK            (*(volatile unsigned int *)0x10044000)
#define MPLL_LOCK            (*(volatile unsigned int *)0x10044008)
#define EPLL_LOCK            (*(volatile unsigned int *)0x1003C010)
#define VPLL_LOCK            (*(volatile unsigned int *)0x1003C020)


//针对 4 个 PLL 的使能、倍频/分频等功能设置的寄存器
// APLL 设置所需的相关寄存器
#define APLL_CON1            (*(volatile unsigned int *)0x10044104)
#define APLL_CON0            (*(volatile unsigned int *)0x10044100)
// MPLL 设置所需的相关寄存器
#define MPLL_CON0            (*(volatile unsigned int *)0x10040108)
#define MPLL_CON1            (*(volatile unsigned int *)0x1004010c)
// EPLL 设置所需的相关寄存器
#define EPLL_CON2            (*(volatile unsigned int *)0x1003C118)
#define EPLL_CON1            (*(volatile unsigned int *)0x1003C114)
#define EPLL_CON0            (*(volatile unsigned int *)0x1003C110)
// VPLL 设置所需的相关寄存器
#define VPLL_CON0            (*(volatile unsigned int *)0x1003C120)
#define VPLL_CON1            (*(volatile unsigned int *)0x1003C124)
#define VPLL_CON2            (*(volatile unsigned int *)0x1003C128)


/* 延时操作函数。每次寄存器设置后，等待一段时间后设置生效*/
static void delay( )
{    volatile int i = 0x1000;
     while (i--);
}


/*   函数名:    system_clock_init
     功能:       初始化 4412 的系统时钟
     期望结果:  APLL=1400 MHz, MPLL=800 MHz, EPLL=96 MHz, VPLL=350 MHz
                ARMCLK=1500 MHz, DMC=400 MHz, ACLK200=160 MHz
                ACLK100=100 MHz, ACLK160=160 MHz, ACLK133=133 MHz
```

```
*/
void system_clock_init(void)
{
```

//初步选择时钟源，都将时钟源控制位选择为 0

/* 1. 设置 CMU_CPU 单元中所有 MUX 的时钟源，通过配置 CLK_SRC_CPU 寄存器即可实现*/

```
    /*MUX_APLL_SEL = 0x0;
      MUX_CORE_SEL= 0x0;
      MUX_HPM_SEL = 0x0;
      MUX_MPLL_USER_SEL_C = 0x0; 以上是 CMU_CPU 单元 4 个时钟源选择位*/
    CLK_SRC_CPU = ((0x0<<24)|(0x0<<20)|(0x0<<16)|(0x0<<0));    // CLK_SRC_CPU = 0;
    delay( );        //延时，使配置生效
```

　　/*在本实例中，对于寄存器的配置采用了两种写法，各有千秋。一是采用左移到相关控制位的方法，如 "CLK_SRC_CPU = ((0x0<<24)|(0x0<<20)|(0x0<<16)|(0x0<<0));"。该写法的优点是和寄存器相关控制位对应关系明确；缺点是将没有用到的位域也配置成了 0。在前面我们提到，没有用到的位域应该保持原来的值不变，但在此处对时钟寄存器的配置是可以的。因为，一般时钟控制单元的程序是在系统初始化阶段运行的，且之后再被改动的情况很少。同时，我们注意到这些寄存器保留的位域要求就是设置为 0。另外一种写法更简单，如下面程序中的 "CLK_DIV_DMC1 = 0x07071713;"，但是，这种写法不能清楚地显示具体位域的配置情况*/

/* 2. 配置 CMU_DMC 单元相关时钟源和分频系数*/

```
    //为 DMC 初次选择时钟源
    CLK_SRC_DMC = ((0x0<<28)|(0x0<<24)|(0x0<<20)|(0x0<<12)|(0x0<<8)|(0x0<<4));
    /* CLK_DIV_DMC0 分频系数配置如下：
    DMCP_RATIO = 0x1;
    DMCD_RATIO = 0x1;
    DMC_RATIO = 0x1;
    DPHY_RATIO = 0x1;
    ACP_PCLK_RATIO = 0x1;
    ACP_RATIO = 0x3;   */
    CLK_DIV_DMC0 = ((0x1<<20)| (0x1<<16)|(0x01<<12)|(0x1<<8)|(0x1<<4)|(0x3));
    CLK_DIV_DMC1 = 0x07071713;
    delay( );
```

/* 3. 配置 CMU_TOP 单元相关时钟源和分频系数*/

```
    /*为 CLK_SRC_TOP0 初次选择时钟源：
        MUX_ONENAND_1_SEL = 0x0;
        MUX_ONENAND_SEL = 0x0;   //选择时钟源 ACLK_133
        MUX_ACLK_133_SEL = 0x0;   //选择时钟源 SCLKMPLL
        MUX_ACLK_160_SEL = 0x0;
        MUX_ACLK_100_SEL = 0x0;
        MUX_ACLK_200_SEL = 0x0;
```

```
                MUX_VPLL_SEL = 0x1;
                MUX_EPLL_SEL = 0x1;    */
CLK_SRC_TOP0=((0x0<<28)|(0x0<<24)|(0x0<<20)|(0x0<<16)|(0x0<<12)|(0x1<<8)|(0x1<<4));
                CLK_SRC_TOP1 = 0x01111000;
                /*    CLK_DIV_TOP 分频系数配置如下:
                ACLK_400_MCUISP_RATIO = 0x1;
                ACLK_266_GPS_RATIO = 0x2;
                ONENAND_RATIO = 0x1;
                ACLK_133_RATIO = 0x5;
                ACLK_160_RATIO = 0x4;
                ACLK_100_RATIO = 0x7;
                ACLK_200_RATIO = 0x4; */
CLK_DIV_TOP = ((0x1<<24)|(0x2<<20)|(0x1<<16)|(0x5<<12)|(0x4<<8)|(0x7<<4)|(0x4));
                delay( );
        /* 4. 配置 CMU_LEFTBUS 单元相关时钟源和分频系数 */
                CLK_SRC_LEFTBUS = 0x10;
                delay( );
        /*      GPL_RATIO = 0x1;
                GDL_RATIO = 0x3;   */
                CLK_DIV_LEFTBUS = ((0x1 << 4) | (0x3));
        /* 5. 设置 CMU_RIGHTBUS 单元相关时钟源和分频系数 */
                CLK_SRC_RIGHTBUS = 0x10;
                delay( );
        /*      GPR_RATIO = 0x1;
                GDR_RATIO = 0x3;   */
        CLK_DIV_RIGHTBUS = ((0x1 << 4) | (0x3));


        /* 6. 设置各个锁相环(PLL)的 locktime */
                APLL_LOCK = (0x3 * 270);
                MPLL_LOCK = (0x3 * 270);
                EPLL_LOCK = (0x2 * 3000);
                VPLL_LOCK = (0x2 * 3000);


        /* 7. 设置 APLL = 1400 MHz,  (175 × 24)/(3 × 2⁰) = 1400 MHz */
                APLL_CON1 = 0x00803800;
                APLL_CON0 = (1<<31 |0x0<<27|0xAF<<16 | 0x3<<8 | 0x0);
        /* 8. 设置 MPLL = 800 MHz */
                MPLL_CON1 = 0x00803800;
                MPLL_CON0 = (1<<31 |0x0<<27|0x64<<16 | 0x3<<8 | 0x0);
        /* 9. 设置 EPLL = 96 MHz */
                EPLL_CON2 = 0x00000080;
```

```
                    EPLL_CON1 = 0x66010000;
                    EPLL_CON0 = (1<<31 |0x40<<16 | 0x2<<8 | 0x3);
              /* 10. 设置 VPLL = 350 MHz */
                    VPLL_CON2 = 0x00000080;
                    VPLL_CON1 = 0x66010000;
                    VPLL_CON0 = (1<<31 |0x48<<16 | 0x2<<8 | 0x3);
                    delay( );
              /*  设置锁定时间后，才能对 CMU_CPU 模块进行分频
                    CORE2_RATIO = 0x0;
                    APLL_RATIO =0x2;
                    PCLK_DBG_RATIO = 0x1;
                    ATB_RATIO = 0x6;
                    PERIPH_RATIO = 0x7;
                    COREM1_RATIO = 0x7;
                    COREM0_RATIO = 0x3;
                    CORE_RATIO = 0x0; */
     CLK_DIV_CPU0= ((0x0<<28)|(0x2<<24)|(0x1<<20)|(0x6<<16)|(0x7<<12)|(0x7<<8)|(0x3<<4)|(0x0));
              /*  CORES_RATIO = 0x5;
                    HPM_RATIO = 0x0;
                    COPY_RATIO = 0x6; */
                    CLK_DIV_CPU1 = ((0x5 << 8) |(0x0 << 4) | (0x6));
              /*11. 重新选择时钟源*/
                    CLK_SRC_CPU = 0x01000001;
                    CLK_SRC_DMC = 0x00011000;
                    CLK_SRC_TOP0 = 0x00000110;
                    CLK_SRC_TOP1 = 0x01111000;
                    delay( );
        }
```

上述时钟初始化代码中：上电之后 iROM 设置了 APLL，CPU 工作于 APLL 提供的时钟。当要改变 APLL 时，要先使得 CPU 工作于另一个时钟源(即晶振)。设置完 APLL 后，再让 CPU 重新工作于 APLL 提供的时钟(即上面代码中的重新选择时钟源)。

6.4　思考和练习题

1. Exynos 4412 有几种外部输入时钟？分别是什么？各自的服务对象是什么？
2. Exynos 4412 的 5 个模块分别是什么？
3. 以 PCLK 时钟频率(即 ACLK_100)的配置为主线，参考 Exynos 4412 的手册画出其产生过程，并通过编程将其配置成 100 MHz 的时钟频率输出。

第 7 章　Exynos 4412 中断系统

本章目标:

- 了解 ARM Cortex-A9 的多核中断体系结构;
- 掌握 Exynos 4412 中断服务程序的编写方法。

7.1　Exynos 4412 的中断系统概述

Exynos 4412 采用了通用中断控制器(Generic Interrupt Controller，GIC PL390)对其中断系统进行控制和管理。Exynos 4412 共支持 160 个中断，其中包括 16 个软件生成的中断、16 个 CPU 核的私有外设中断、128 个 CPU 核共享的外设中断。其中，软件生成的中断通过写一个专用寄存器(ICDSGIR)生成，通常被用于内部处理器之间的通信。由于 Exynos 4412 包含 4 个核(CPU0~CPU3)，那些由某一处理器私有外设生成的中断被称为私有外设中断。而那些由多个处理器的外设生成并可以被这多个处理器响应的中断称为共享外设中断。这些中断都具有 256 级的优先级水平。

7.1.1　Exynos 4412 中断系统相关术语

1. 中断状态

每个中断可以被认为处于以下 4 个状态之一:

(1) 未激活(Inactive)，中断尚未激活或未挂起;

(2) 挂起(Pending)，中断已经由硬件或者软件产生，正等待目标 CPU 响应;

(3) 激活(Active)，CPU 已经应答(Acknowledge)来自 GIC 的中断，该中断正在被 CPU 处理但尚未完成;

(4) 激活并挂起(Active&Pending)，CPU 正在处理该中断，此时 GIC 又收到来自该中断源的更高优先级的中断。

2. 中断类型

在 ARM Cortex-A9 架构(如 Exynos 4412)中，中断可以被分为三种类型:软件生成的中断、私有外设中断、共享外设中断。其中，后两种合称为外设中断(Peripheral Interrupt，PI)。外设中断是边缘触发或者是电平敏感的。

(1) 软件生成的中断(Software Generated Interrupts，SGIs[15:0]，中断 ID[15:0])，是通过向软件生成中断寄存器(Software Generated Interrupt Register，ICDSGIR)写入 SGI 中断号生

成的。SGI 一般被用作核间中断(Inter-Processor Interrupt, IPI)，用于核间通信。

一个 SGI 可以传递给多个 CPU，ICDSGIR 中的 CPUTargetList 位域就是用来指定目标处理器的。SGI 可以来自不同的处理器但使用同一中断 ID，因此，任意目标 CPU 可以接收来自不同 CPU 的使用同一个中断号的 SGI。两个 SGI 只要有如下一项不同就是不同的：中断 ID、源处理器、目标处理器。当产生了 SGI 后，目标处理器读 GIC 的 ICCIAR_CPUn，返回中断 ID 和源处理器。中断 ID 和源处理器 ID 才能唯一地标示目标处理器。ICCIAR_CPUn 中的 CPUID 被用来标示向哪个 CPU 发出中断请求。通过读 ICCIAR_CPUn 寄存器或者向 ICDICPR 寄存器相应的比特位写 1，可以清除中断。所有的 SGI 都是边沿触发。

(2) 私有外设中断(Private Peripheral Interrupts, PPI[15:0]，中断 ID[31:16])，由一个单独的处理器私有的外设生成。

(3) 共享外设中断(Shared Peripheral Interrupts, SPI[127:0]，中断 ID[159:32])，由一个可以被中断控制器路由到多个处理器的外设生成。Exynos 4412 包含 128 个共享外设中断。

SPI 产生后，中断分配器将中断 ID 和中断优先级存到相应的寄存器中。根据中断优先级，由高到低地送到 CPU 接口，CPU 从 ICCIAR_CPUn 寄存器中读取 CPUID(在 ICCICR_CPU 寄存器中设置 CPU 使能、ICCPMR_CPU 寄存器中设置 CPU 接口优先级)和中断 ID(通过在 GPIO 接口中查得中断源，随即查得其中断 ID，再在 ICDISER_CPU 中设置使能，在 ICDIPR_CPU 中设置该中断优先级)。读取一次后，ICCIAR_CPUn 寄存器中断状态由挂起变为激活，说明 CPU 正在响应该中断。响应结束后，CPU 读取 ICCEOR_CPU 寄存器，中断状态由激活变为未激活，说明响应结束。

3. 中断处理模型

在多核处理器架构中，有两种处理中断的模型，分别是：

(1) 1-N 模型，只有一个 CPU 处理该中断。系统需要通过一种机制决定哪个 CPU 处理该中断。

(2) N-N 模型，所有的 CPU 都收到该中断。当一个处理器应答该中断时，只是当前 CPU 上的该中断挂起状态被清除，其他 CPU 上的中断挂起状态仍然保持。

GIC 支持外设中断(PI，硬件中断)和 SGI 中断，在 MP(Multi-Processors，多核)系统中的处理方式不同。SGI 使用 N-N 模型，当中断被某一个处理器应答后，不会对其他 CPU 接口产生影响。外设中断则使用 1-N 模型，此时当中断被某一个处理器应答后，其他目标处理器上中断挂起队列中将清除该中断。

4. 伪中断(Spurious Interrupt)

可能存在 GIC 通知一个处理器，这个中断不再需要的情况。在这种情况下，处理器应答该中断时，GIC 返回一个特殊的中断号，我们称之为伪中断。可能发生这种情况的原因如下：在处理器应答该中断之前，软件改变了该中断的优先级、软件禁用该中断或者改变了目标处理器。1-N 中断也是产生伪中断的一种情况。

5. 中断分组(Interrupt Banking)

在多处理器系统中，对于 PPI 和 SGI 类型的中断，GIC 将多个中断使用同一个中断号。这样的中断称为 banked interrupt(被分组的中断)。该类中断通过中断号和相关联的 CPU 接口可以唯一标示。

在第 2 章中，我们也提到过类似的概念。Register Banking 是指在同一个地址实现的多个寄存器，即多个寄存器拥有相同的地址。在 ARM 结构中最常见的寄存器分组是 R8～R12，在不同模式下，使用不同的物理寄存器。与此类似，在多处理器系统中，也为被分组的中断的相关寄存器在每个处理器上提供一个独立的地址。

7.1.2　通用中断控制器架构

GIC 架构定义了一个通用中断控制器，它由单核或多核系统中管理中断的硬件资源集组成。GIC 提供内存映射寄存器，用于管理中断源及其行为，并且在多核系统中路由中断到单独的处理器。它使得软件能够屏蔽、使能和禁止来自独立源的中断，优先响应硬件上单源的中断，生成软件中断。它也为信任区安全扩展(Trust Zone Extension)提供支持。GIC 接受系统级声明的中断，并且可以将这些中断声明传递到它们所连接的每个处理器上，从而引发一个 IRQ 或 FIQ 异常。GIC 工作原理如图 7.1 所示。

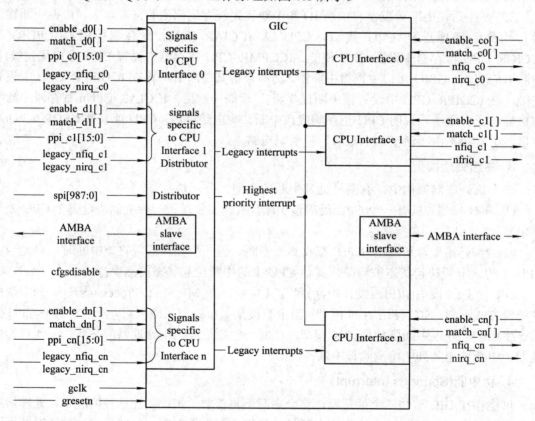

图 7.1　GIC 工作原理

由图 7.1 可见，一个 GIC 包括两个主要的功能模块，分别是位于左侧的分配器(Distributor)和位于右侧的 CPU 接口(CPU Interface)。分配器用来收集所有的中断信息，主要包括 PPI 和 SPI 两种类型的中断及相关信息。其中，在 n(n 为内核个数，在 Exynos 4412 中 n = 0～3)组面向 CPU 接口的私有中断中，又可以分为两类中断来源：PPIs(ppi_cn)及可继承的 nfiq_cn(legacy_nfiq_cn) 和 nirq_cn(legacy_nirq_cn)。而每组的 16 个私有中断(ppi_cn[15:0])和 988 个共享中断(spi[987:0])由分配器统一进行配置，完成优先级设置、路由、全局使能或禁止单个中断等配置，最终向 CPU 接口提供最高优先级的中断。而可继承的 nfiq_cn 和 nirq_cn 可以无需经过分配器，而直接被转达到相应的 CPU 接口。CPU 接口是每个处理器处理中断的私有通道，接受来自分配器配置好的最高优先级的中断或可继承的 nfiq_cn 和 nirq_cn 异常中断。在图 7.1 中，AMBA 从接口(AMBA slave interface)是分配器和 CPU 接口读/写数据和地址的总线，gclk 和 gresetn 则分别为 GIC 提供时钟信号和复位信号，cfgsdisable 则用于 31 个可锁定的共享中断(SPIs[62:32])的锁定等配置。

下面对分配器和 CPU 接口的功能与编程方法进一步说明。

1. 分配器

分配器主要完成中断优先级处理设置和分配中断到相应的 CPU 接口。分配器管理所有的中断源，决定每个中断的优先级，并为每个 CPU 接口选择出最高优先级的中断。一个分配器可以支持 8 个 CPU 接口。具体地说，分配器提供如下编程接口：

(1) 使能挂起中断是否传递到 CPU 接口，是中断总开关，通过设置 ICDDCR 实现；

(2) 使能和禁用任意中断，通过设置 ICDISERn/ICDICERn 实现；

(3) 设定任意中断优先级，通过设置 ICDIPRn 实现；

(4) 设置任意中断的目标处理器，通过设置 ICDIPTRn 实现；

(5) 设置中断为电平或边沿触发，通过设置 ICDICFRn 实现；

(6) 传递任意 SGI 到一个或者多个目标处理器，通过设置 ICDSGIR 实现；

(7) 查看任意中断的状态，通过读取 ICDISERn/ICDICERn 实现；

(8) 提供软件方式设置或清除任意外设中断(PI)的挂起状态，通过设置 ICDISPRn/ICDICPRn 实现。

2. CPU 接口

CPU 接口主要完成中断优先级屏蔽(priority masking)和抢占处理(preemption handling)。每个 CPU 接口为连接到 GIC 上的一个处理器提供接口。具体地说，每个 CPU 接口提供如下编程接口：

(1) 使能通知处理器中断请求，通过设置 ICCICR_CPUn 实现；

(2) 应答中断，通过设置 ICCIAR_CPUn 实现；

(3) 指示中断处理完成，通过设置 ICCEOIR_CPUn 实现；

(4) 设置处理器的中断优先级屏蔽，通过设置 ICCPMR_CPUn 实现；

(5) 定义处理器中断抢占策略；

(6) 为处理器决定最高优先级的挂起中断，通过设置 ICCHPIR_CPUn 实现。

CPU 接口根据中断优先级屏蔽和中断抢占策略决定将最高优先级的挂起中断请求发给处理器。

7.1.3　GIC 中断分组表

所有的中断源都可以使用唯一的 ID 号来确认。GIC 为不同类型的中断指定不同范围的 ID 值。每个 CPU 接口可以处理多达 1020 个中断。中断 ID1020～ID1023 为特殊用途保留，包括发布假的中断信号等。GIC 将 ID0～ID1019 分为以下几组：

(1) 16 个 SGI 中断号(ID0～ID15)，一般被用来作为核间中断(Inter-Processor Interrupt, IPI)；

(2) 16 个 PPI 中断号被分配为 ID16～ID31;

(3) SPI 的中断号被分配为 ID32～ID1019, Exynos 4412 仅使用了前 128 个(ID32～ID159)。

由此可见,在 Exynos 4412 支持的 160 个中断中,16 个软件生成的中断号为 ID0～ID15、16 个私有外设中断的中断号为 ID16～ID31、128 个共享外设中断的中断号为 ID32～ID159。表 7.1 列出了 128 个 SPI 中断的分组情况。由表可见, 很多中断源是共享一个中断号的。

表 7.1　SPI 中断分组

SPI 序号	中断 ID	中断组号	说　明	SPI 序号	中断 ID	中断组号	说　明
127～109	159～141	无	每个中断 ID 对应一个 SPI	11	43	IntG11	组内 4 种中断源
108	140	IntG17	组内 8 种中断源	10	42	IntG10	组内 8 种中断源
107	139	IntG16	组内 8 种中断源	9	41	IntG9	组内 8 种中断源
106～49	138～81	无	每个中断 ID 对应一个 SPI	8	40	IntG8	组内 8 种中断源
48	80	IntG18	组内 8 种中断源	7	39	IntG7	组内 8 种中断源
47～43	79～75	无	每个中断 ID 对应一个 SPI	6	38	IntG6	组内 8 种中断源
42	74	IntG19	组内 8 种中断源	5	37	IntG5	组内 8 种中断源
41～16	73～48	无	每个中断 ID 对应一个 SPI	4	36	IntG4	组内 8 种中断源
15	47	IntG15	组内 8 种中断源	3	35	IntG3	组内 7 种中断源
14	46	IntG14	组内 7 种中断源	2	34	IntG2	组内 7 种中断源
13	45	IntG13	组内 6 种中断源	1	33	IntG1	组内 4 种中断源
12	44	IntG12	组内 8 种中断源	0	32	IntG0	组内 4 种中断源

7.2　Exynos 4412 中断机制分析

Exynos 4412 的中断处理主要涉及如下问题:

(1) GIC 如何识别中断,包括:① 软件如何通过编程 GIC 来配置和控制中断;② GIC 处理每个 CPU 接口中断的状态机;③ CPU 在异常模式下如何与 GIC 交互。

(2) 优先化(prioritization),包括:① 配置和控制每个中断的优先级;② 挂起中断的执行顺序;③ 配置中断是否对目标 CPU 可见;④ 中断优先级屏蔽;⑤ 优先级分组;⑥ 抢占当前激活状态的中断。

7.2.1　GIC 的中断识别

GIC 识别中断的过程如下:

(1) 读寄存器 ICDICTR 的值。其中 ICDICTR 的位域 ITLinesNumber 指示了 GIC 支持的最大 SPI 数目。GIC 支持的中断总数为 32 × (ITLinesNumber+1)。

(2) GIC 根据寄存器 ICDISER 中的值来使能和区分中断源。其中, SGI 的中断 ID15～

ID0 对应于 ICDISER0 的位[15:0]; PPI 的中断 ID31~ID16 对应于 ICDISER0 的位[31:16]。从 ICDISER1 起, 每个 ICDISERn(n = 1~3)的 32 位用来设置使能 SPI 的中断 ID。写 1 到相应的位, 则使能该中断送达 CPU 接口; 读相应的位, 可以获知该中断是否使能。

(3) 写 0 到 ICDDCR 的某位, 则禁止将相应的中断传递给 CPU 接口。

(4) 对于每一个 ICDISER, 写 0xFFFFFFFF 到 ICDISER, 然后读其中的各位, 为 1 的位标示相应的中断 ID。

(5) 类似的, 也可以通过读取 ICDICER 来获取相应的中断信息。写 0xFFFFFFFF 到 ICDICER, 禁用所有中断。然后读 ICDICER, 相应位为 1, 表示中断被使能了。写 1 到 ICDICER, 则相应的位重新被使能。

7.2.2　GIC 的中断控制

1. 中断使能

对于一个外设中断(PI), 可以通过如下方法使能和清除中断:

(1) 写 1 到 ICDISER 寄存器的相应位使能一个中断;

(2) 写 1 到 ICDICER 的相应位禁用一个中断。

通过写上述两个寄存器, 可以控制中断是否被分配器转送到 CPU 接口, 但是并不能阻止中断改变状态。设置和清除中断的挂起状态, 需通过如下方式:

(1) 对于外设中断, 可以通过如下方式控制:

① 写 1 到 ICDISPR 寄存器相应位, 即可将相应中断设置为挂起状态;

② 写 1 到 ICDICPRn 寄存器相应位, 即可清除相应中断的挂起状态。

当中断为电平触发的中断, 且硬件中断已经发出中断申请时, 写 ICDICPRn 相应位, 对该中断的挂起状态不会产生任何影响; 如果处理器对 ICDISPR 的相应位写 1, 则不管当前硬件的中断信号是否已经发出, 都不会影响该中断的变化。

(2) 对于 SGI, GIC 忽略对 ICDISPR 和 ICDICPRn 的写操作。

2. 找到激活或挂起状态的中断

通过读 ICDISPR 或者 ICDICPR 寄存器中的相应位, 处理器可以找到挂起的中断; 通过读 ICDABRn 寄存器相应位, 可以获得激活状态的中断。当中断为挂起或者激活状态时, ICDISPR 或 ICDICPR 的相应位为 1; 如果中断处于激活并且挂起状态, 那么这两个寄存器的相应位都为 1。对于 SGI, 相应的 ICDISPR 和 ICDICPR 寄存器的位为 1。

7.2.3　中断优先级

1. 抢占

在一个激活中断被处理完之前, CPU 接口支持更高优先级的中断送达并占用目标处理器, 但需满足如下两个条件:

(1) 该中断的优先级高于当前 CPU 接口被屏蔽中断的优先级;

(2) 该中断的组优先级高于正在当前 CPU 接口处理的中断优先级。

抢占(Preemption)发生在处理器应答这个新的中断并开始执行新中断的相应服务程序

中。原来的中断就被抢占，这种情况类似于中断嵌套。

2. 优先级屏蔽

寄存器 ICCPMR 中定义了目标处理器的优先级阈值。GIC 仅上报那些优先级高于这个阈值的挂起中断。初始值为 0，会屏蔽所有的中断，因此初始化程序里面需要重新设置该值。

3. 优先级分组

为了增强系统控制中断的能力，GIC 支持优先级分组，将中断优先级寄存器入口分为两个子区域：组优先级区域和组内子优先级区域。中断异常的抢占仅仅是由组的优先级决定的，也就是由所谓的上层区域决定。例如，当处理器正在运行中断异常 1 的处理程序时，另外一个具有相同的组优先级的中断异常 2 产生了，那么中断异常 2 将不会抢占中断异常 1，因为它们属于优先级相同的组。

如果组优先级相同的两个中断异常同时被挂起，那么它们的处理顺序是由子优先级决定的，并且它们之间不能发生嵌套(即抢占)，只能等一个执行完毕后才能执行另一个。

如果组优先级和子优先级都相同，那么中断异常将按照中断向量表中中断号的顺序从小到大依次被处理。

据此，总结得出：

(1) 组优先级高的(数值越小，反而优先级越高)才能抢占组优先级低的中断异常；

(2) 组优先级相同的中断异常之间不能相互抢占；

(3) 组内优先级由子优先级决定。

因此，这里讲的组优先级即上文中提到的抢占式优先级，而子优先级即分组后组内中断异常的优先级。

优先级分组的具体实现是通过寄存器 ICCBPR(Binary Point Register)实现的，即将 ICCBPR 寄存器的 32 位分为两个域：组优先级(group priority)和组内优先级(subpriority)。当决定抢占的时候，组优先级相同的中断被视为优先级相同，不考虑组内优先级，那就意味着在每个优先级组内只能有一个中断可以被激活。所以，组优先级又被称为抢占级别(preemption level)。

GIC 使用组优先级决定挂起中断是否有足够的优先级抢占当前激活中断，原则如下：

(1) 如果发生抢占，则该挂起中断的组优先级一定比当前激活中断的组优先级高，也就是说，挂起中断的组优先级域的值小于激活中断的组优先级域的值。

(2) 如果当前 CPU 接口上没有激活中断，则最高优先级的挂起中断将被传递给处理器，而不考虑组优先级。

7.2.4　通用中断处理

分配器负责维护 CPU 接口上四种类型的中断(未激活中断、挂起中断、激活中断、激活并且挂起中断)。当一个处理器获取到一个中断异常时，分配器读取中断应答寄存器(Interrupt Acknowledge Register, ICCIAR)来应答中断。这个读取返回一个中断 ID，该 ID 被用于选择正确的中断处理程序。当 GIC 识别这个读取后，将终端的状态从挂起切换到激活或激活并挂起状态。如果当前没有中断挂起，一个为假中断的预定义 ID 被返回。

如果一个中断被激活,中断控制器就将 IRQ 输入报告给当前处理器。这意味着中断复位例程现在可以重新使能中断。这使得较高优先级中断的到来可以抢占当前中断的处理。

当中断服务例程完成中断处理后,硬件通过写 GIC 中的中断结束寄存器(End of Interrupt Register, ICCEOIR)来发消息,标识中断已经响应。直到这一过程完成,属于正在响应的中断(并且任何较低优先级的中断)的新信号都不会被检测到。

GIC 中断处理的具体流程(图 7.2)如下:

(1) 当 GIC 识别出一个中断请求,GIC 决定该中断是否被使能,若没有被使能,则对 GIC 没有影响。

(2) 对于每个被使能的挂起中断,由分配器决定目标处理器分配给一个或者多个处理器。

(3) 对于每个处理器,分配器依据每个中断优先级信息决定最高优先级的挂起中断,并将该中断传递给目标 CPU 接口。

(4) CPU 接口将收到的中断的优先级与处理器中执行的中断优先级进行比较。这种比较需要综合考虑优先级屏蔽寄存器的设置、当前的抢占策略设置和当前处理器中激活中断的优先级。综合比较后,如果该中断确实具有最高的优先级,GIC 将向处理器发送该中断的中断异常请求。

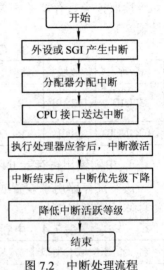

图 7.2　中断处理流程

(5) 当处理器收到异常中断请求后,读取其 CPU 接口中的 ICCIAR 寄存器来应答该中断。通过读取 ICCIAR,处理器获取到该中断的 ID(对于 SGI,还有源处理器的 ID)。中断 ID 将被用来查找正确的中断处理函数。GIC 读取并识别出新晋升的中断 ID 后,将改变该中断的状态:如果该中断已经为激活状态,其挂起状态仍维持,此时,该中断状态将从挂起状态转化为挂起并且激活状态;否则,其中断状态将从挂起变为激活。

(6) 当处理器完成中断处理后,通过写 ICCEOIR 通知 GIC 处理已经完成。GIC 将为相应的 CPU 接口改变该中断的状态:从激活变为未激活,或者从激活并且挂起变为挂起状态。

7.3　中断控制相关寄存器

Exynos 4412 中断系统的配置寄存器有 26 类,分别完成 160 个中断(16 个 SGI、16 个 PPI、128 个 SPI)的相关配置和控制。有的类中只包括一个寄存器(如 ICDSGIR),有的类中寄存器多达 40 个(比如 ICDIPRn, n = 0~39)。囿于篇幅,本节只对一些重要的寄存器进行说明,与前面章节类似,相关寄存器中保留位域也未列出。

7.3.1　分配器、CPU 接口配置寄存器

1. CPU 接口控制寄存器 ICCICR_CPUn

通过该类寄存器配置 CPU 接口到其连接处理器的中断总开关。对四核的 Exynos 4412 来说,这类寄存器共 4 个,分别是 ICCICR_CPUn(n = 0~3),用于使能/禁止 4 个处理器(CPU0~CPU3)。其具体功能见表 7.2。

表 7.2　CPU 接口控制寄存器 ICCICR_CPUn(n = 0～3)

名称	位域	类型	功 能 描 述	复位值
中断使能	[0]	RW	0 = 禁止；1 = 使能	0x0

2. CPU 接口应答寄存器 ICCIAR_CPUn

读取该类寄存器的相关位域，可以获知应答中断的处理器 ID 和中断 ID。其具体功能见表 7.3。

表 7.3　CPU 接口应答寄存器 ICCIAR_CPUn(n = 0～3)

名称	位域	类型	功 能 描 述	复位值
CPUID	[12:10]	R	对于 SGI，该位域标示应答中断的处理器。返回值标示应答中断的 CPU 接口	0x0
ACKINTID	[9:0]	R	标示中断 ID	0x3FF

3. 中断输出寄存器 INTERRUPT_OUT_CPUn

该类寄存器用于设置或标示第 n 个 CPU 接口上输出异常中断 nIRQ 和 nFIQ 的状态。其具体功能见表 7.4。

表 7.4　中断输出寄存器 INTERRUPT_OUT_CPUn(n = 0～3)

名 称	位域	类型	功 能 描 述	复位值
set_nfiq_c	[1]	RW	读操作，标示第 n 个 CPU 接口输出 nfiq_c 的状态； 写操作，设置第 n 个 CPU 接口输出 nfiq_c 的状态； 0 = nfiq_c\<n\>为低电平；1 = nfiq_c\<n\>为高电平。其中，c 表示 CPU，n = 0～3	0x0
set_nirq_c	[0]	RW	读操作，标示第 n 个 CPU 接口输出 nirq_c 的状态； 写操作，设置第 n 个 CPU 接口输出 nirq_c 的状态； 0 = nirq_c\<n\>为低电平；1 = nirq_c\<n\>为高电平。其中，c 表示 CPU，n = 0～3	0x0

4. 处理器目标寄存器 ICDIPTR_CPU

该类寄存器共有 40 个，用于 160 个中断的目标处理器标示或设置。ICDIPTR0_CPU0～ICDIPTR3_CPU0 用于 16 个软件产生中断 SGI[15:0]的目标处理器标示或设置；ICDIPTR4_CPU0～ICDIPTR7_CPU0 用于 16 个 PPI[15:0]的目标处理器标示或设置；ICDIPTR8～ICDIPTR39 用于 128 个(SPI[0:127])中断的目标处理器标示或设置。其具体功能见表 7.5。

表 7.5　处理器目标寄存器 ICDIPTR_CPU

名称	位域	类型	功 能 描 述	复位值
优先级	[31:24]	RW	用于目标处理器标示或设置。对应关系如下： 0bxxxxxxx1 — CPU 接口 0；　0bxxxxxx1x — CPU 接口 1 0bxxxxx1xx — CPU 接口 2；　0bxxxx1xxx — CPU 接口 3 0bxxx1xxxx — CPU 接口 4；　0bxx1xxxxx — CPU 接口 5 0bx1xxxxxx — CPU 接口 6；　0b1xxxxxxx — CPU 接口 7	0x0
优先级	[23:16]	RW		0x0
优先级	[15:8]	RW		0x0
优先级	[7:0]	RW		0x0

5. 中断触发方式标示或设置寄存器 ICDICFR_CPU

该类寄存器共有 10 个，用于 160 个中断的触发方式标示或设置。ICDICFR0_CPU0 用于 16 个 SGI[15:0]中断的触发方式标示或设置；ICDICFR1_CPU1 用于 16 个 PPI[15:0]中断触发方式标示或设置；ICDICFR2～ICDICFR9 用于 128 个 SPI[0:127]中断的触发方式标示或设置。对于 SGI 和 PPI，相应的位是只读的；对于 SPI，相应位可读写，用于触发方式配置。其具体功能见表 7.6。

表 7.6　中断触发方式标示或设置寄存器 ICDICFR_CPU

名称	位域	类型	功 能 描 述	复位值
位	[2F + 1:2F]，F = 0～15	R	高位[2F+1]：0 = 电平触发；1 = 边缘触发。 低位[2F]保留	0x01

6. 分配器控制寄存器 ICDDCR

该类寄存器是 GIC 监测外设中断并转送挂起中断到 CPU 接口的总开关。其具体功能见表 7.7。

表 7.7　分配器控制寄存器 ICDDCR

名称	位域	类型	功 能 描 述	复位值
中断使能	[0]	RW	监测外设中断并转送挂起中断到 CPU 接口的总开关。 0 = 禁止；1 = 使能	0x0

7.3.2　中断配置寄存器

1. 中断使能寄存器 ICDISER_CPUn

通过向中断使能寄存器 ICDISER_CPUn 相应位上写 1，能够使能相应的中断转达到 CPU 接口。对于处理器 0 来说，ICDISER0_CPU0、ICDISER1_CPU0、ICDISER2_CPU0、ICDISER3_CPU0、ICDISER4_CPU0 分别对应标示/控制中断 SGI[15:0]和 PPI[15:0]、SPI[31:0]、SPI[63:32]、SPI[95:64]、SPI[127:96]。同理，有类似的另外三组寄存器，分别用于处理器 1、2、3 的中断标示/控制。其具体功能见表 7.8。

表 7.8　中断使能寄存器 ICDISER_CPUn(n=0～3)

名称	位域	类型	功 能 描 述	复位值
中断使能	[31:0]	RW	针对 SPI 和 PPI： 读操作(0 = 标示相应的中断被禁止；1 = 标示相应中断被使能) 写操作(0 = 没有效果；1 = 使能相应中断)	0x0

2. 中断清除寄存器 ICDICER_CPUn

通过向该类寄存器的相应位上写 1，能够禁止相应的中断转达到 CPU 接口。ICDICER0_CPU0、ICDICER1_CPU0、ICDICER2_CPU0、ICDICER3_CPU0、ICDISCER4_CPU0 的位域分别对应着标示/清除中断 SGI[15:0]和 PPI[15:0]、SPI[31:0]、SPI[63:32]、SPI[95:64]、SPI[127:96]。同理，有类似的另外三组寄存器，分别用于处理器 1、2、3 的中断标示和清除。其具体功能见表 7.9。

表 7.9　　中断清除寄存器 ICDICER_CPUn(n=0～3)

名称	位域	类型	功能描述	复位值
中断使能	[31:0]	RW	针对 SPI 和 PPI： 读操作(0 = 标示相应的中断被禁止；1 = 标示相应中断被使能) 写操作(0 = 没有效果；1 = 清除相应中断)	0x0

3. 中断挂起状态使能类寄存器 ICDISPR_CPUn

通过向该类寄存器的相应位上写 1，能够使能相应的中断挂起。ICDISPR0_CPU0、ICDISPR1_CPU0、ICDISPR2_CPU0、ICDISPR3_CPU0、ICDISPR4_CPU0 分别对应 SGI[15:0] 和 PPI[15:0]、SPI[31:0]、SPI[63:32]、SPI[95:64]、SPI[127:96]。同理，有类似的另外三组寄存器，分别用于处理器 1、2、3 的中断挂起使能控制/标示。其具体功能见表 7.10。

表 7.10　　中断挂起状态使能类寄存器 ICDISPR_CPUn(n=0～3)

名称	位域	类型	功能描述	复位值
中断使能	[31:0]	RW	读操作：0 = 标示相应的中断没有在任何处理器上挂起。 　　　　1 = 对于 SGI 和 PPI，标示相应中断在当前处理器被挂起；对于 SPI，标示相应中断至少在一个处理器上被挂起。 写操作：对于 SGI，无效。对于 SPI 和 PPI，0 = 无效；1 = 从之前的未激活状态变成挂起状态，或者从激活状态变成激活并挂起状态	0x0

4. 中断挂起状态清除寄存器 ICDICPR_CPUn

通过向该类寄存器的相应位上写 1，能够清除相应的中断挂起标志。ICDICPR0_CPU0、ICDICPR1_CPU0、ICDICPR2_CPU0、ICDICPR3_CPU0、ICDICPR4_CPU0 分别对应 SGI[15:0] 和 PPI[15:0]、SPI[31:0]、SPI[63:32]、SPI[95:64]、SPI[127:96]。同理，有类似的另外三组寄存器，分别用于处理器 1、2、3 的中断挂起状态清除。其具体功能见表 7.11。

表 7.11　　中断挂起状态清除寄存器 ICDICPR_CPUn(n=0～3)

名称	位域	类型	功能描述	复位值
中断清除	[31:0]	RW	读操作：0 = 标示相应的中断没有在任何处理器上挂起。 　　　　1 = 对 SGI 和 PPI，标示相应中断在当前处理器被挂起；对 SPI，标示相应中断至少在一个处理器上被挂起 写操作：对于 SGI，无效。对于 SPI 和 PPI，0 = 无效；1 = 从之前的挂起状态变成未激活状态，或者从激活并挂起状态变成激活状态	0x0

5. 中断激活寄存器 ICDABR_CPUn

中断系统的激活包括激活和激活并挂起两种状态。通过读操作可以查阅相应位对应的中断是否处于激活状态；通过向相应位上写 1，可以将相应位的中断改变成激活状态。ICDABR0_CPU0、ICDABR1_CPU0、ICDABR2_CPU0、ICDABR3_CPU0、ICDABR4_CPU0 分别对应 SGI[15:0]和 PPI[15:0]、SPI[31:0]、SPI[63:32]、SPI[95:64]、SPI[127:96]中断的激活状态的设置和标示。同理，有类似的另外三组寄存器，分别用于处理器 1、2、3 的中断激活的设置和标示。其具体功能见表 7.12。

表 7.12　中断激活寄存器 ICDABR_CPUn

名称	位域	类型	功能描述	复位值
中断清除	[31:0]	RW	0 = 相应位对应的中断没有激活；1 = 相应位对应的中断处于(或被设置为)激活状态	0x0

6. 中断结束寄存器 ICCEOIR_CPUn

通过读取该类寄存器的相关位域，可以获知应答中断的处理器 ID 和中断 ID。

表 7.13　中断结束寄存器 ICCEOIR_CPUn(n = 0~3)

名称	位域	类型	功能描述	复位值
CPUID	[12:10]	W	SGI 中断完成后，该位域被写入与相应应答寄存器一致的 CPUID	-
EOIINTID	[9:0]	W	该位域被写入与相应应答寄存器一致的中断 ID	-

7.3.3　中断优先级配置类寄存器

1. CPU 接口优先级过滤寄存器 ICCPMR_CPUn

该类寄存器用于设置 CPU 接口中断优先级过滤器的阈值。只有低于该寄存器中设定值的中断才能转送至处理器，数值越小，优先级越高。其具体功能见表 7.14。

表 7.14　CPU 接口优先级过滤寄存器 ICCPMR_CPUn(n = 0~3)

名称	位域	类型	功能描述	复位值
优先级	[2:0]	RW	CPU 接口的中断优先级过滤器，取值 0x00 ~ 0xFF(0~255)	0x0

2. CPU 接口优先级子组位数寄存器 ICCBPR_CPUn

该类寄存器用于确定优先级子组的位数。其具体功能见表 7.15。

表 7.15　CPU 接口优先级子组位数寄存器 ICCBPR_CPUn(n = 0~3)

名称	位域	类型	功能描述	复位值
优先级	[2:0]	RW	子组的位数，取值 0~7	0x0

3. CPU 接口激活中断优先级指示寄存器 ICCRPR_CPUn

该类寄存器用于指示 CPU 接口上处于激活状态的最高优先级中断的优先级值，数值越小，优先级越高。其具体功能见表 7.16。

表 7.16　CPU 接口激活中断优先级指示寄存器 ICCRPR_CPUn(n = 0~3)

名称	位域	类型	功能描述	复位值
优先级	[7:0]	R	指示 CPU 接口上处于激活状态的最高优先级中断的优先级值	0xFF

4. 最高挂起中断寄存器 ICCHPIR_CPUn

通过读取该类寄存器的相关位域，可以获知应答中断的处理器 ID 和中断 ID。其具体功能见表 7.17。

表 7.17　最高挂起中断寄存器 ICCHPIR_CPUn(n = 0~3)

名称	位域	类型	功能描述	复位值
CPUID	[12:10]	R	该位域指示最高优先级挂起中断对应的处理器 ID(CPUID)(仅对 SGI)	0x0
PENDINTID	[9:0]	R	指示挂起中断的最高优先级(仅对 SGI)	0x3FF

5. 优先级设置寄存器 ICDIPR_CPU

针对每一个处理器,各有40个该类寄存器,用于160个中断的优先级设置。ICDIPR0_CPU0~ICDIPR3_CPU0 用于 CPU0 的 16 个 SGI[15:0] 中断优先级的设置;ICDIPR4_CPU0~ICDIPR7_CPU0 用于 CPU0 的 16 个 PPI[15:0] 中断优先级的设置;ICDIPR8~ICDIPR39 用于 CPU0 的 128 个 SPI[0:127]中断优先级的设置。其具体功能见表 7.18。

表 7.18　优先级设置寄存器 ICDIPR_CPU

名称	位域	类型	功能描述	复位值
优先级	[31:24]	RW	设置对应中断的优先级, 取值 0x00~0xFF, 值越小, 优先级越高	0x0
优先级	[23:16]	RW		0x0
优先级	[15:8]	RW		0x0
优先级	[7:0]	RW		0x0

7.3.4　中断状态查询寄存器

1. PPI 状态寄存器 PPI_STATUS_CPU

该类寄存器提供了每个处理器各自的 16 个 PPI 的状态(高或低电平)。其具体功能见表 7.19。

表 7.19　PPI 状态寄存器 PPI_STATUS_CPUn(n = 0~3)

名称	位域	类型	功能描述	复位值
PPI 状态	[15:0]	R	Bit[x] = 0, PPI_CPUn[x] 为低; Bit[x] = 1, PPI_CPUn x 为高。n = 0~3, 为处理器 ID	0x0

2. SPI 状态寄存器 SPI_STATUSn

该类寄存器标示了分配器上 128 个 SPI 的状态(高或低电平)。其具体功能见表 7.20。

表 7.20　SPI 状态寄存器 SPI_STATUSn(n = 0~3)

名称	位域	类型	功能描述	复位值
SPI 状态	[31:0]	R	Bit[x] = 0, SPI[x]为低; Bit[x] = 1, SPI[x]为高	0x0

7.3.5　软件中断产生寄存器

软件中断产生寄存器 ICDSGIR 用于软件中断的配置,详见表 7.21。

表 7.21　软件中断产生寄存器 ICDSGIR

名称	位域	类型	功　能　描　述	复位值
TargetListFilter	[25:24]	W	00＝发送中断到 CPUTargetList 指定的 CPU 接口；01＝发送中断到除请求中断的 CPU 接口外的其余 CPU 接口；10＝发送中断仅到请求中断的 CPU 接口；11＝保留	—
CPUTargetList	[23:16]	W	当 TargetList Filter＝00 时，该位域确定分配器发送中断到达的 CPU 接口。CPUTargetList[7:0]中的每一位对应一个 CPU 接口。如 CPUTargetList[0]对应于 CPU 接口 0。设置该位为 1，则将中断发送至相应的 CPU 接口	—
SATT	[15]	W	0＝当 SGI 被配置成安全模式时，发送由 SGIINTID 域指定 SGI 到指定的 CPU 接口；1＝当 SGI 被配置成非安全模式时，发送由 SGIINTID 域指定 SGI 到指定的 CPU 接口	—
SGIINTID	[3:0]	W	指定软件中断的 ID 值(0～15)。如 0b0011 指定软件中断的 ID 为 3	—

7.4　中断处理程序实例

通过前三节的介绍，我们了解了 Exynos 4412 中断工作机制和相关寄存器的配置方法。本节通过一个简单的实例说明 Exynos 4412 中断的具体应用方法。

本实例设置 K1 和 K2 两个按键以及 Led1 和 Led2 两个灯。本电路图类似于第 5 章中给出的实例，只是在第 5 章采用的是轮询的方式对按键进行检测，而在本节，我们将利用中断实现：K1 按键控制 Led1 亮灭，K2 按键控制 Led2 亮灭。

7.4.1　电路连接

本电路的原理图如图 7.3 所示。K1、K2 按键分别连接 Exynos 4412 的 GPX1_0 和 GPX1_1 引脚，Led1 和 Led2 分别连接 Exynos 4412 的 GPM4_7、GPM4_8 引脚。对于 Led1 灯来说，读取 GPX1_1 状态：高电平时(K2 断开，常态)，Led1 灯灭；低电平时(K2 闭合，按下)，Led1 灯亮。Led2 灯的亮灭操作与 Led1 灯的设置方式完全一致。

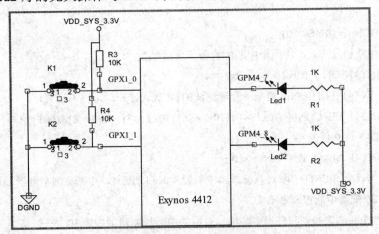

图 7.3　外部中断实例电路原理图

7.4.2　中断编程

根据 Exynos 4412 中断系统运行机制，该中断编程主要涉及如下方面：

(1) 使用分配器控制寄存器使能分配器。

(2) 使用使能设置寄存器和优先级寄存器，使能并设置 SPI 的优先级。

(3) 使用 CPU 接口控制寄存器使能 CPU 接口。

(4) 设置优先级屏蔽寄存器(复位值为 0，阻止所有中断被递交)。

(5) 使用使能设置寄存器和优先级寄存器，使能并设置私有外设中断和软件生成中断。这些操作是在分配器优先级寄存器中被执行的。这些寄存器是分组的，为每个处理器提供一份独立的拷贝。

(6) 确保中断在向量表中的入口有效且存在。

(7) 清除 CPSR 中的 I 位。

下面以 K1、K2 为例，通过设置相应的信号作为按键按下中断事件，触发中断处理(Led1、Led2 亮灭)。中断部分的具体编程思路如下：

```
#include "regs.h"    //该头文件中包含了GPIO配置寄存器、中断系统相关寄存器的定义
//step 1: 嵌入汇编语句，清除CPSR的I位，允许IRQ
_asm__ _volatile_(
        "mrs r0, cpsr\n"
        "bic r0, r0, #0x80\n"
        "msr cpsr, r0\n"
        ::: "r0"   );
//step 2: 配置 GPIO
//配置 GPM4_7、GPM4_8 为输出引脚，对应 Led1 和 Led2
GPM4CON   &= ~ ((0xf <<24) | (0xf << 28) );
GPM4CON |= ( (0x1<< 24) | (0x1 << 28) );
GPX1PUD &= ~(0xf << 0);           //禁止上下拉
//将 GPX1_0、GPX1_1 引脚配置成 WAKEUP_INT1[0] (EXT_INT41[0])、WAKEUP_INT1[1] (EXT_INT41[1])
GPX1CON | = (0xff << 0);
//设置中断触发方式，将两个中断配置为下降沿触发
EXT_INT41CON |= ((0x2<<0) | ( 0x2<<4));
//EXT_INT41_FLTCON0 使能和配置滤波消抖(默认打开，可以不设置)
EXT_INT41_FLTCON0|=((0x1<<0) | (0x1<<6) | (0x1<<7) | (0x1<<8) | (0x1<<14) | (0x1<<15));
//开中断，写 0 使能
EXT_INT41_MASK &= ~(0x3 << 0);
//EXT_INT41_PEND 中断状态位，当中断发生时自动置 1，中断完成后要手动清零(写 1 清零)
//step 3: 配置中断控制器 GIC
/* 通过中断源表找到和外设中断标示对应的中断控制器的中断 ID。
    EXT_INT41[0]和 EXT_INT41[1]分别对应着 EINT[8]、EINT[9]，
```

中断 ID 分别为 56(SPI[24])、57(SPI[25])。*/

ICDISER1 |= ((0x1 << 24) | (0x1 << 25));　//设置 ICDISER，CPU0 使能 SPI[24]、SPI[25]

ICCICR_CPU0 |= 0x1;　　　　　//使能 CPU0 中断，以便中断能从 CPU 接口转达到相应处理器

ICCPMR_CPU0 |= 0xff;　　　　　//设置 CPU0 中断屏蔽优先级为 255(最低，所有中断都能响应)

ICDDCR = 1;　　　　　//使能 GIC 监测外设中断，并将挂起中断转达到 CPU 接口

/*SPI[24]、SPI[25] 配置给 CPU0 处理器。由 ICDIPTR14 寄存器配置 SPI[27:24]，选择 CPU0 为目标处理器*/

ICDIPTR14 |= ((0x01<<0)|(0x01<<8));

// step 4：中断处理函数

/*(1) 通过读取 ICCIAR _CPU0 寄存器获得当前正在处理的中断 ID 和发出请求的 CPU 接口；

(2) 分支处理中断，根据中断 ID，点亮相应的 Led 灯。*/

```
if((ICCIAR _CPU0&0x3ff == 56) && (((ICCIAR _CPU0&(0x7<<10))>>10) == 0x1))
{
    GPM4DATA &= ~0x40;
    delay( );
}
if((ICCIAR _CPU0&0x3ff == 57) && (((ICCIAR _CPU0&(0x7<<10))>>10) == 0x1))
{
    GPM4DATA &= ~0x80;
    delay( );
}
```

/*(3) 清中断源(置 1)，分别从以下三级进行清零。*/

EXT_INT41_PEND |= 0x3;　　　　　//外设一级 EXT_INT41_PEND

ICDICPR1 _CPU0 |= ((0x1<<24) | (0x1<<25));　　//GIC 一级 ICDICPR1(SPI[31:0])

ICCEOIR_CPU0 |= ((0x3ff<<0) | (0x1<<10));　　//CPU 一级 ICCEOIR_CPU0

7.5　思考和练习题

1. Exynos 4412 中断源有哪几种?
2. 简述 Exynos 4412 中断机制。
3. 列出 Exynos 4412 中断中外部中断的个数和中断 ID。
4. 解释为何多个中断源可以共用一个中断 ID。

第 8 章 DMA 控制器

本章目标：

- 了解 PL330 的工作原理；
- 掌握 DMAC 寄存器的配置方法；
- 掌握 DMAC 编程方法。

8.1 DMAC 简介

当需要在系统内存与高速外设或者内存的不同区域之间进行批量数据的快速传送时，采用查询或中断的方式并不能满足要求。虽然中断方式较之查询方式来说，可以提高 CPU 的利用率和保证对外设响应的实时性，但对于高速外设，中断方式还是不能满足数据传输速度的要求。因为，中断方式下，每次中断均需保存断点和现场；中断返回时，还要恢复断点和现场。同时，进入中断和从中断返回均需要清除 CPU 指令队列。这些原因，使得中断方式难以满足高速外设对传输速度的要求。

DMA(Direct Memory Access，存储器直接访问)正是为解决这一问题提出来的，无需占用 CPU，在 DMA 控制器的控制下，可以高速地完成外设和存储器之间数据的交换。CPU 除了在数据传输开始和结束时做一些处理外，在传输过程中，CPU 可以进行其他工作。这样，在大部分时间里，CPU 和 DMA 都处于并行操作状态。采用 DMA 方式，在一段时间内，由 DMA 控制器取代 CPU，获得总线控制权，从而实现内存与外设或者内存不同区域间的大量数据的快速传递。所以，整个计算机系统的效率大大提高了。

DMAC(Direct Memory Access Controller)是一个自适应、先进的微控制器总线体系的控制器，它由 ARM 公司设计并基于 PrimeCell 技术标准。DMAC 提供了一个 AXI 接口用来执行 DMA 传输，以及两个 APB 接口用来控制这个操作。DMAC 在安全模式下用一个 APB 接口执行 TrustZone 技术，其他操作则在非安全模式下执行。DMAC 包括一个小型的指令集，用来提供一些灵活便捷的操作，为了缩小内存要求，DMAC 采用了变长指令。图 8.1 是 DMAC 外部接口框图。

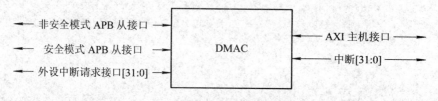

图 8.1 DMAC 外部接口框图

Exynos 4412 的 DMA 模块又分为两个子模块，DMA_mem 和 DMA_peri，分别用于内存之间和内存与外设之间的数据传输。其中，DMA_mem 包括一个 PL330 模块，而 DMA_peri 包括两个 PL330 模块(分别为 DMA0 和 DMA1)。每个 PL330 模块有 32 个中断源，但是每一次只能发送一个中断请求到中断控制器，如图 8.2 所示。

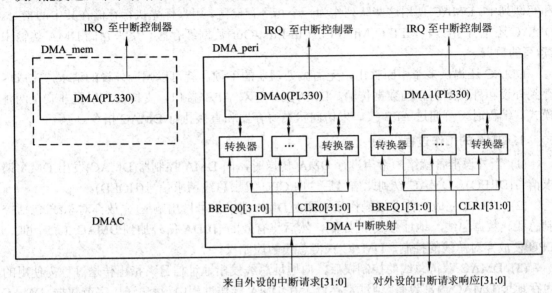

图 8.2　DMAC 原理框图

Exynos 4412 的 DMA 控制器有 8 个通道，位于系统总线和外设总线之间。每个 DMA 通道都能没有约束地实现系统总线或者外设总线之间的数据传输，即每个通道都能处理下列 4 种情况的批量数据传输：

(1) 源器件和目的器件都在系统总线上。

(2) 源器件在系统总线上，目的器件在外设总线上。

(3) 源器件在外设总线上，目的器件在系统总线上。

(4) 源器件和目的器件都在外设总线上。

DMA 的主要优点是可以不通过 CPU 的中断来实现数据的传输，而 DMA 的运行则需要通过软件或者通过外围设备的中断和请求来初始化。

8.2　DMAC 工作原理

DMAC 内部包括了指令处理模块，使得 DMAC 本身能够处理代码以控制 DMA 传送。这些指令代码存储在系统存储器中，DMAC 通过 AXI 接口获取这些代码。DMAC 还可以将一些临时的指令暂存在内部的高速缓存区(Cache)中，其存储宽度和深度是可以通过寄存器配置的。

当然，DMAC 的 8 个通道都是可配置的，且每个都支持单个并发线程的操作。除此之外，还有一个管理线程、专门用来初始化 DMA 通道的线程。它用来确保每个线程都在正常工作，它使用了 round-robin 规则来处理和选择执行下一个活动期的 DMA 通道。

DMAC 使用了变长指令集，范围为 1～6 字节，并为每个通道提供了单独的 PC 寄存器。当一个线程需要执行一条指令时，先从 Cache 中搜索，如果匹配上则立刻供给数据。另外，如果线程停止的话，DMAC 将使用 AXI 接口来执行一次 Cache 线程填充。

当一个 DMA 通道线程执行一次 load/store 指令后，DMAC 将添加指令到有关的读队列和写队列中。DMAC 使用这些队列作为一个指令存储区，用来优先执行存储在其中的指令。DMAC 还包含了一个 MFIFO(Multi First-In-First-Out)数据缓存区，用来存储 DMA 传输中读/写的数据。

DMAC 还提供多个中断输出，无需微处理器的干预，就可以响应外设的请求，完成内存到外设和外设到内存的数据传输。DMAC 具有双 APB 接口，支持安全以及非安全两种模式。编程时，可通过 APB 接口来访问状态寄存器和直接执行 DMAC 指令。

1. DMA 的工作过程

(1) 当外设准备就绪，希望进行 DMA 传送时，向 DMA 控制器(DMAC)发出 DMA 请求信号(DREQ)。DMAC 收到此信号后，向 CPU 发出总线请求信号(HOLD)。

(2) CPU 在完成当前总线操作后立即对 DMA 请求信号做出响应(先放弃对总线(包括控制总线、数据总线、地址总线)的控制，然后将有效的 HLDA 信号加到 DMAC 上)。此时，CPU 便放弃对总线的控制，DMAC 获得总线的控制权。

(3) DMAC 获得总线的控制权后，向地址总线发出地址信号，指出传送过程需使用的内存地址(DMAC 内部设有"地址寄存器"，在 DMA 操作过程中，每传送一字节数据，DMAC 自动修改地址寄存器的值，以指向下一个内存地址)。同时，向外设发出 DMA 应答信号(DACK)，实现该外设与内存之间的 DMA 传送。

(4) 在 DMA 传送期间，DMAC 发出内存和外设的读/写信号。

(5) 为了决定数据块传输的字节数，在 DMAC 内部必须有一个"字节计数器"。在开始时，由软件设置数据块的长度，在 DMA 传送过程中，每传送一个字节，字节计数器减 1，减为 0 时，该次 DMA 传输结束。

(6) DMA 过程结束时，DMAC 向 CPU 发出结束信号(撤消 HOLD 请求)，将总线控制权交还 CPU。

2. DMA 传送的方式

DMA 传送的方式分为三种：I/O 接口到存储器、存储器到 I/O 接口、存储器到存储器。

(1) I/O 接口到存储器方式。当想要由 I/O 接口到存储器进行数据传送时，来自 I/O 接口的数据利用 DMAC 送出控制信号，将数据输送到数据总线 D0～D7 上，同时 DMAC 送出存储器单元地址及控制信号，将存于 D0～D7 上的数据写入选中的存储单元中。这样就完成了 I/O 接口到存储器的一个字节的传送。同时 DMAC 修改"地址寄存器"和"字节计数器"的内容。

(2) 存储器到 I/O 接口方式。与上面情况类似，在进行传送时，DMAC 送出存储器地址和控制信号，将选中的存储器单元的内容读入数据总线的 D0～D7，然后 DMAC 送出控制信号，将数据写到指定的端口中，DMAC 再修改"地址寄存器"和"字节计数器"的内容。

(3) 存储器到存储器方式。这种方式的 DMA 数据传送是用"数据块"方式传送(连续进行多个字节的传输，只有当"字节计数器"减为 0，才完成一次 DMA 传送)。首先，送出存储器源的地址和控制信号，将选中内存单元的数据暂存，然后修改"地址寄存器"和"字节计数器"的值，接着，送出存储器目标的地址和控制信号，将暂存的数据通过数据总线写入存储器的目标区域中，最后修改"地址寄存器"和"字节计数器"的内容，当"字节计数器"的值减少到零时便结束一次 DMA 传送。

8.3　PL330 指令集

不同于 ARM11 以及以前系列的芯片，Exynos 4412 使用了基于 PrimeCell 技术标准的 PL330(DMA 控制器核心)DMAC。从编程方式上看，DMAC 提供了灵活的指令集，使得有更多的组合方式用来操作 DMA；从硬件上看，它实现了硬件上的多线程管理，一次编写代码即可让它正常地完成所需的工作。由于 Exynos 4412 的 DMAC 是基于 PL330 的，所以它的 DMA 开发是有一定困难的。

下面对 PL330 的主要指令进行介绍。

1. DMAMOV

该指令是一条数据转移指令，它可以将一个 32 位的立即数移动到源地址寄存器、目标地址寄存器、通道控制寄存器 3 种类型的寄存器中。

(1) 源地址寄存器。该寄存器提供了 DMA 通道的数据源的地址。DMAC 从该地址取得数据，每个通道都有自己的数据源地址寄存器，因此需要单独配置。表 8.1 是每个通道的源地址寄存器列表。

表 8.1　通道源地址寄存器

寄存器地址映射

通道 n(n = 0～7)	0	1	2	3	4	5	6	7
寄存器名	SA_0	SA_1	SA_2	SA_3	SA_4	SA_5	SA_6	SA_7
地址偏移	0x400	0x420	0x440	0x460	0x480	0x4A0	0x4C0	0x4E0

注：SA_n 表示 DMA 通道 n 的源地址(Source Address)。

(2) 目标地址寄存器。该寄存器提供了 DMA 的目标数据存放地址，和数据源地址寄存器是相互对应的。表 8.2 是每个通道的目标地址寄存器列表。

表 8.2　通道目标地址寄存器

寄存器地址映射

通道 n(n = 0～7)	0	1	2	3	4	5	6	7
寄存器名	DA_0	DA_1	DA_2	DA_3	DA_4	DA_5	DA_6	DA_7
地址偏移	0x404	0x424	0x444	0x464	0x484	0x4A4	0x4C4	0x4E4

注：DA_n 表示 DMA 通道 n 的目标地址(Destination Address)。

(3) 通道控制寄存器。该寄存器可以控制 DMA 在 AXI 中的传输，并且该寄存器记录了一些关于目标与源寄存器的基本配置，如表 8.3 所示。图 8.3 是该寄存器的位分配顺序。

表 8.3　通道控制寄存器

寄存器地址映射

通道 n(n = 0~7)	0	1	2	3	4	5	6	7
寄存器名	CC_0	CC_1	CC_2	CC_3	CC_4	CC_5	CC_6	CC_7
地址偏移	0x408	0x428	0x448	0x468	0x488	0x4A8	0x4C8	0x4E8

注：CC_n 表示 DMA 通道 n 的控制寄存器(Channel Control Registers)。

其指令格式为

DMAMOV <目的寄存器>, <32 位立即数>

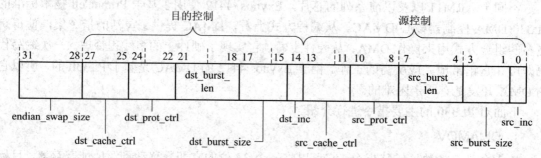

图 8.3　通道控制寄存器的位分配顺序

2. DMALD

该指令是一条 DMAC 装载指令，它可以从源数据地址中读取数据序列到 MFIFO 中，如果 src_inc 位被设置，则 DMAC 会自动增加源地址的值。

其指令格式为

DMALD[S|B]

图 8.4 为 DMALD[S|B]指令的译码图。

其中：

7	6	5	4	3	2	1	0
0	0	0	0	0	1	bs	x

图 8.4　DMALD[S|B]指令的译码图

[S]——如果 S 位被指定，则 bs 位被置 0，且 x 转换为 0。Request_flag 将被下列情况所影响：

Request_flag = Single，DMAC 将执行 DMA 装载；

Request_flag = Burst，DMAC 将执行空指令 DMANOP。

[B]——如果 B 位被指定，则 bs 位被置 0，且 x 转换为 1，Request_flag 将被下列情况所影响：

Request_flag = Single，DMAC 将执行空指令 DMANOP；

Request_flag = Burst，DMAC 将执行 DMA 装载。

注意：如果不指定 S、B 位的话，则 DMAC 默认执行 DMA 装载。

3. DMAST

该指令与 DMALD 相互对应，是一条 DMA 存储指令，是将 MFIFO 中的数据转移到目的地址中。目的地址是由目的地址寄存器所指定的，如果 dst_inc 被置位，则 DMAC 会自动增加目的地址的值。

其指令格式为

DMAST[S|B]

图 8.5 为 DMAST[S|B]指令编码。

7	6	5	4	3	2	1	0
0	0	0	0	1	0	bs	x

图 8.5　DMAST[S|B] 指令的译码图

其中：

[S]——如果 S 位被指定，则 bs 位被置 0，且 x 转换为 1。Request_flag 将被下列情况所影响：

Request_flag = Single，DMAC 执行单个 DMA 存储；

Request_flag = Burst，DMAC 执行空指令。

[B]——如果 B 位被指定，则 bs 被设置为 1，且 x 转换为 1，Request_flag 将被下列情况所影响：

Request_flag = Single，DMAC 执行空指令；

Request_flag = Burst，DMAC 将执行 DMA 存储。

4. DMARMB

该指令是读内存栅栏指令，图 8.6 是 DMARMB 指令的译码图。

7	6	5	4	3	2	1	0
0	0	0	1	0	0	1	0

图 8.6　DMARMB 指令的译码图

其指令格式为

DMARMB

该指令可以使得当前所有读处理全部被强制取消。

5. DMAWMB

该指令是写内存栅栏指令，图 8.7 是 DMAWMB 指令的译码图。

7	6	5	4	3	2	1	0
0	0	0	1	0	0	1	1

图 8.7　DMAWMB 指令的译码图

其指令格式为

DMAWMB

该指令可以使得当前所有写处理全部被强制取消。

6. DMALP

其指令格式为

DMALP <loop_iterations>

<loop_iterations> 是一个 8 位数，表示循环次数。

图 8.8 是 DMALP 指令的译码图。

15		8	7	6	5	4	3	2	1	0
循环次数			0	0	1	0	0	0	lc	0

图 8.8　DMALP 指令的译码图

其中：

lc 设置为 0 时，DMAC 每写一次值，loop_iterations 减 1，直到循环计数为 0 结束。

lc 设置为 1 时，DMAC 每写一次值，loop_iterations 减 1，直到循环计数为 1 结束。

循环操作时，将一个指定的 8 bit 数字填入循环计数寄存器，该指令用来指定某个指令段的开始位置，需要 DMALPEND 指定该指令段的结束位置，一旦指定，DMAC 会循环执行介于 DMALP 与 DMALPEND 之间的指令，直到循环次数为 0 结束。

7. DMALPEND

该指令每次执行一遍以后查看循环计数寄存器的值，如果是 0，DMAC 则执行 DMANOP 指令；如果不为 0，DMAC 则更新一次循环计数器的值，并跳转到循环指令段的第一条指令执行。

其指令格式为

DMALPEND[S|B]

图 8.9 是 DMALPEND 指令的译码图。

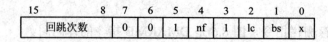

15		8	7	6	5	4	3	2	1	0
回跳次数			0	0	1	nf	1	lc	bs	x

图 8.9　DMALPEND 指令的译码图

其中：

[S]——如果 S 位被指定，则 bs 位被置 0，且 x 转换为 1。Request_flag 将被下列情况所影响：

Request_flag = Single，DMAC 执行循环；

Request_flag = Burst，DMAC 执行空指令。

[B]——如果 B 位被指定，则 bs 被设置为 1，且 x 转换为 1，Request_flag 将被下列情况所影响：

Request_flag = Single，DMAC 执行空指令；

Request_flag = Burst，DMAC 将执行循环。

8. DMASEV

使用该指令可以产生一个事件信号，可以有以下两种模式：

(1) 产生一个事件<event_num>。

(2) 产生一个中断信号，irq<event_num>。

其指令格式为

DMASEV　<event_num>

其中：<event_num>为 5 位立即数。

9. DMAEND

该指令用来通知 DMAC 结束一次操作集合，换句话说就是，告诉 DMAC 某个线程停止一切动作，使其为停止状态，这时 DMAC 会刷新 MFIFO，并且清空所有相关的 Cache。

其指令格式为

DMAEND

8.4　其他相关寄存器

1. DBGINST0

该寄存器可控制调试指令、通道、DMAC 线程信息。图 8.10 是 DBGINST0 寄存器的详细解释。

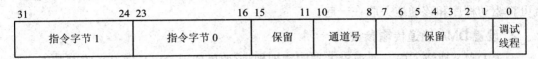

31　　　　　24	23　　　　　16	15　　11	10　　8	7　　　　1	0
指令字节 1	指令字节 0	保留	通道号	保留	调试线程

图 8.10　DBGINST0 位控制

其中，[10:8]用来确定通道号。对应关系为：

b000 = DMA 通道 0；b001 = DMA 通道 1；b010 = DMA 通道 2；b011 = DMA 通道 3；
b100 = DMA 通道 4；b101 = DMA 通道 5；b110 = DMA 通道 6；b111 = DMA 通道 7。
位 0[0]为调试线程。0 = DMA 管理通道；1 = DMA 通道。

2. DBGINST1

该寄存器控制内存中设置的指令段首地址，也就是 DMAC 第一次取指令的地址。

图 8.11 是 DBGINST1 寄存器的解释。

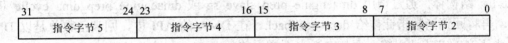

31　　24	23　　16	15　　8	7　　0
指令字节 5	指令字节 4	指令字节 3	指令字节 2

图 8.11　DBGINST1 位控制

3. DBGCMD

该寄存器控制调试命令的执行，通过配置它，可以控制 DMAC 执行一些指定的工作。DBGCMD 寄存器的详细解释如图 8.12 所示。

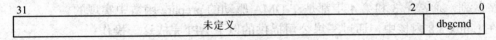

31　　　　　　　　　　2	1　　0
未定义	dbgcmd

图 8.12　DBGCMD 位控制

其中，[1:0] = b00，则执行 DBGINST[1:0] 包含的指令。[1:0] = b01、b10、b11 保留。

8.5　DMA 编程实例

8.5.1　DMA 驱动程序编写步骤

在 Linux 系统上，编写一个 DMA 驱动程序需要完成以下 5 个步骤。

1. 申请 DMA 通道

在申请 DMA 通道之前至少需要确定外设 ID(filter_param)和通道类型(mask)。外设 ID

可以通过数据手册或者 PL330 获得,通道类型一般设置为 DMA_SLAVE 或 DMA_CYCLIC。如果外设 ID 为空, 则 dma_request_channel( )函数将返回满足 mask 的第一个 DMA 通道。当外设 ID 有指向时, dma_request_channel( )函数将在满足 mask 的空闲通道中寻找, 直到找到和外设 ID 相符的通道。

在 Linux 3.8 的内核中, 通过三星公司提供的以下 API 完成这一操作:

```
sdd->dma->ch = sdd->ops->request(dma->dmach, &req);
```

完成这一步之后, 我们将获取一个 DMA 通道 sdd->rx_data.ch, 使用 sdd->rx_data.ch 就可将驱动程序和该通道关联在一起。

2. 设置 DMA 通道传输参数

设置 DMA 通道方向、通道设备端的物理地址(如果使用 DMA 向 SPI 收发数据, 则为 SPI 数据寄存器的物理地址)、通道字节宽度等信息。

在 Linux 3.8 内核中, 通过三星公司提供的以下 API 完成这一操作:

```
sdd->ops->config(dma->ch, &config);
```

这一步可申请到管道配置方向、管道宽度以及外设的物理地址, 根据方向的不同, 这里的外设物理地址有可能是源地址(DMA_DEV_TO_MEM), 也有可能是目的地址(DMA_MEM_TO_DEV)。

3. 获取 desc 添加回调函数

在驱动函数中, 将发送数据个数、通道方向、数据缓存的总线地址等参数赋值给 scatterlist 结构体, 通过调用 dmaengine_prep_slave_sg 或 dmaengine_prep_dma_cyclic 获取 desc, 再将回调函数指针传给 desc->callback。在 DMA 的 API 中, 回调函数总是以 DMA 任务上下文的方式调用的, 而与中断上下文无关。

在 Linux 3.8 内核中, 通过三星公司提供的以下 API 完成这一操作:

```
sdd->ops->prepare(dma->ch, &sdd->rx_info);
```

4. 递交配置好的通道

调用 dmaengine_submit((struct dma_async_tx_descriptor *)desc), 将 desc 提交到 DMA 驱动等待队列, 通常第 3 和第 4 步都是在 DMA 驱动的 prepare 函数中实现的。

在 Linux 3.8 内核中, 通过三星公司提供的以下 API 完成这一操作:

```
sdd->ops->prepare(dma->ch, &sdd->rx_info);
```

5. 开启通道, 等待回调函数

调用 dma_async_issue_pending( )函数激活挂起的等待队列, 如果此时通道空闲, 则开始传输队列中的数据, 传输结束后调用回调函数。

在 Linux 3.8 内核中, 通过三星公司提供的以下 API 完成这一操作:

```
sdd->ops->trigger(dma->ch);
```

8.5.2　DMA 驱动实例

下面通过一个具体的程序, 说明 Exynos 4412 的 DMAC 的编程方法和工作过程。在程序开始时, 向内存中的源地址和目的地址分别写入字符 'a' 和 'b'。DMA 控制器将源地址中的 32B 的 'a' 拷贝到目的地址，并将其打印出来。此时，目的地址开始存放大小为 32B 的数据 'a'。

// 1. 相关宏的定义

```
#define MAX 100
#define Inp(addr)    (*(volatile unsigned int *)(addr))
#define Outp(addr,data)    (*(volatile unsigned int *)(addr) = (data))
char *sour = (char *)0x30000;
char *dest = (char *)0x31000;
```

// 2. 设置 SAR、CCR、DAR 寄存器

```
//main 函数开始
volatile char instr_seq[MAX];
int size = 0,x;
volatile int i = 0;
int loopstart, loopnum = 2;
unsigned int source,destination, start,temp;
source = (unsigned int)sour;
destination = (unsigned int)dest;
start = (unsigned int)instr_seq;
for(i=0; i<30; i++) sour[i] = 'a';
sour[30] = '\n'; sour[31] = 0;
for(i=0;i<32; i++) dest[i] = 'b';
dest [30] = '\n'; dest [31] = 0;
uart0_init( );
//while(1)
//dma_init( );
/* 配置存储器到存储器的通道*/
/* DMAMOV 指令对源地址进行赋值*/
instr_seq[size+0] = (char)(0xbc);
instr_seq[size+1] = (char)(0x0);
instr_seq[size+2] = (char)((source>>0) & 0xff);
instr_seq[size+3] = (char)((source>>8) & 0xff);
instr_seq[size+4] = (char)((source>>16) & 0xff);
instr_seq[size+5] = (char)((source>>24) & 0xff);
size = 6;
/* DMAMOV 指令对目的地址进行赋值*/
instr_seq[size+0] = (char)(0xbc);
instr_seq[size+1] = (char)(0x2);
instr_seq[size+2] = (char)((destination>>0) & 0xff);
instr_seq[size+3] = (char)((destination >>8) & 0xff);
```

```c
instr_seq[size+4] = (char)((destination >>16) & 0xff);
instr_seq[size+5] = (char)((destination >>24) & 0xff);
size += 6;
/* DMAMOV CCR burst 大小为 8 字节，burst_len 长度为 2 */
instr_seq[size+0] = (char)(0xbc);
instr_seq[size+1] = (char)(0x1);
instr_seq[size+2] = (char)(0x17);
instr_seq[size+4] = (char)(0xc0);
instr_seq[size+3] = (char)(0x5);
instr_seq[size+5] = (char)(0x0);
size += 6;
```

// 3. 设置指令段的起始地址及执行第一次数据装载并输出 FIFO
```c
/* DMALP 控制循环指令*/
instr_seq[size+0] = (char)(0x20);
instr_seq[size+1] = (char)(loopnum-1);  //循环次数减 1
size += 2;
loopstart = size;
/* DMALP 从源数据地址中读取数据序列到 MFIFO 中*/
instr_seq[size+0] = (char)(0x04);
#if 0
  size +=1;
/*DMARMB 读内存屏蔽指令*/
instr_seq[size+0] = (char)(0x12);
#endif
size +=1;
/* DMAST 把 FIFO 的数据写到目的数据寄存器中*/
instr_seq[size+0] = (char)(0x08);
#if 0
  size +=1;
/* DMAWMB 写内存屏蔽指令*/
instr_seq[size+0] = (char)(0x13);
#endif
size += 1;
```

// 4. 产生中断，并延迟一段时间
```c
/*DMALPEND 循环指令的结束部分*/
instr_seq[size+0] = (char)(0x38);
instr_seq[size+1] = (char)(size - loopstart);    //记录循环的位置
size += 2;
/* DMALP 延时指令，用来延迟一段时间*/
```

```
instr_seq[size+0] = (char)(0x20);

instr_seq[size+1] = (char)(255);

size += 2;

loopstart = size;

/* DMANOP 空操作指令*/

instr_seq[size+0] = (char)(0x18);

size += 1;

/* DMANOP 空操作指令*/

instr_seq[size+0] = (char)(0x18);

size += 1;

/* DMALPEND 循环指令的结束部分*/

instr_seq[size+0] = (char)(0x38);

instr_seq[size+1] = (char)(size - loopstart);        //记录循环的位置

size += 2;

/* DMASEV 产生一个中断源*/

instr_seq[size+0] = (char)(0x34);

instr_seq[size+1] = (char)(1<<3);                    //中断源的中断号

size += 2;

// 5. 结束 DMAC 控制

/*DMAEND DMA 完成操作后的结束信号*/

instr_seq[size+0] = (char)(0x0);

// 6. 开始 DMAC 控制，设置相应的中断处理，并测试结果

/*使能 irq*/

VIC0VECTADDR.VIC0VECTADDR18 = (unsigned int) int_dma;

VIC0INTERRUPT.VIC0INTENABLE |= 1<<18;

Outp(0xFA200000+0x20, 0x2);                          //使能 dma 中断

/* DMAGO*/

do{x = Inp(0xFA200D00)}                              //检查 DBGSTATUS

while((x&0x1) == 0x1);

//DBGINST0 选择通道 1，执行 DMA 的 go 命令；0xa0 和 0 是 go 命令的第一、第二字节

Outp(0xFA200D00+0x8,(1<<24)|(0xa0<<16)|(1<<8)|(0<<0));

//DBGINST 装载的是 go 命令的剩余 4 个字节，会把这个地址写到 CPC1 中

Outp(0xFA200D00+0xc,start);

Outp(0xFA200D00+0x4,0);                              //DBGCMD 执行 DBGINST0、DBGINST1 中的命令

while(1);

// main 函数结束

// 7. 中断服务函数

void do_irq( )

{
```

```
        printf("in do_irq\n\r");
        ((void (*)(void) VIC0ADDRESS)( );
    }
    void int_dma( )
    {
        volatile i;
        VIC0ADDRESS = 0;
        Outp(0xFA200000+0x2c,0x2);                    //清除 dma 中断
        printf("DMA Ending! \n\r");
        printf("sour = %s",sour);
        printf("dest = %s",dest);
    }
```

8.6　思考和练习题

1. 简述使用 PL330 作为 DMA 控制器的优势。
2. 编写一个外设到外设的 DMA 传输模型。

第 9 章　PWM 定时器和 WatchDog 定时器

本章目标:

- 了解 PWM 定时器的工作原理;
- 掌握 PWM 定时器的使用方法;
- 了解 WatchDog 定时器的工作原理;
- 掌握 WatchDog 定时器的使用方法。

9.1　PWM 定时器

9.1.1　PWM 定时器概述

在 Exynos 4412 处理器中,共有 5 个 32 位的具有脉冲宽度调制(Pulse Width Modulation, PWM)功能的定时器,这些定时器都可产生内部中断信号给 ARM 子系统。另外,定时器 0、1、2、3 具有脉冲宽度调制功能,并可驱动其对应的 I/O 口。其中,定时器 0 有可选的死区 (dead-zone)产生功能,用以支持大电流设备;定时器 4 是内置的,没有外部引脚。

Exynos 4412 处理器的 PWM 定时器有如下特点:

- 5 个 32 位定时器;
- 2 个 8 位的预分频器对 PLCK 进行第一次分频,5 个时钟分频器和多路复用器进行第二次分频;
- 可编程选择 PWM 通道;
- 4 个独立的 PWM 通道,可编程进行占空比和极性控制;
- 提供静态配置方式,在 PWM 没有启动时使用;
- 提供动态配置方式,在 PWM 运行期间使用;
- 支持自动重载模式和触发脉冲模式;
- 两个 PWM 输出具有死区发生器;

PWM 定时器有两种工作模式,分别是自动重载模式和触发脉冲模式。前者能产生连续的 PWM 波形,后者只产生一个 PWM 波形。

9.1.2　PWM 定时器工作原理

图 9.1 给出了 Exynos 4412 PWM 定时器的工作原理。

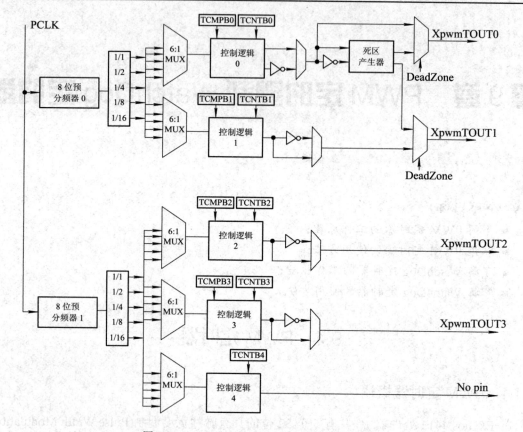

图 9.1 Exynos 4412 PWM 定时器的工作原理

5 个定时器都采用 APB-PCLK 作为时钟源。通过预分频器进行第一级分频，其中定时器 0 和 1 共用一个可编程 8 位的预分频器 0，定时器 2、3、4 共用另外一个预分频器 1。之后，通过定时器各自的时钟分频器进行第二级分频，时钟分频器有 5 种分频输出(1/1，1/2，1/4，1/8，1/16)。然后，通过 TCNTBn 和 TCMPBn 进行计数和电平翻转，具体工作过程如下：

(1) 当时钟被使能后，定时器计数缓冲寄存器(TCNTBn)把计数初始值下载到递减计数器(TCNTn)中，定时器比较缓冲寄存器(TCMPBn)把其初始值下载到比较寄存器(TCMPn)中。

(2) 递减计数器从 TCNTBn 得到初值以后，按其时钟频率进行递减计数。当其值达到 0 时，产生定时器中断请求并通知 CPU 该次计时完成。此时，相应的 TCNTBn 会把其中的初值自动重载到递减计数器中以继续下次操作。但是，如果定时器停止了(比如在定时器运行时清除了定时器控制寄存器 TCONn 中定时器的使能位)，则 TCNTBn 的值就不会被重载到递减计数器中。

(3) TCMPBn 的值用于脉冲宽度调制。当定时器的递减计数器的值和比较寄存器的值相等时，PWM 输出将改变输出电平的状态。因此比较寄存器决定了 PWM 输出的占空比。

这种基于 TCNTBn 和 TCMPBn 的双缓冲结构使得 PWM 参数可以在其每一个周期内得到更新，被更新的参数将在产生下一个 PWM 波形时生效。下面通过一个简单的例子说明 PWM(自动重载)的工作过程，如图 9.2 所示。

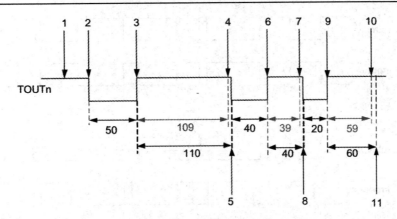

图 9.2　PWM 定时器工作示例

(1) 使能自动重载(auto-reload)功能；初始化 TCNTBn(50 + 109)和 TCMPBn(109)。

(2) TCMPBn 的值 109 装载到 TCMPn 中；TCNTBn 的值 159 装载到 TCNTn 中并开始递减计数，从图 9.2 中的 2 点开始输出低电平。

(3) 当 TCNTn 中的值减到与 TCMPn 中的值相同时(109)，输出的电平翻转(由低变高)。

(4) 当 TCNTn 中的值减到 0 时，产生一个中断请求。此周期 PWM 的占空比为 11/16。

(5) 在中断服务程序中(在第一个周期内)，TCNTBn 和 TCMPBn 被重新装载初始值 79(40 + 39)和 39 并下载到相应的寄存器 TCNTn 和 TCMPn 中。从图 9.2 中的 5 处开始下一个 PWM 周期。

(6) 当 TCNTn 中的值减到与 TCMPn 中的值相同时(39)，输出的电平由低变高。

(7) 当 TCNTn 中的值减到 0 时，产生一个中断请求。该 PWM 的占空比为 1/2。

(8) 在中断服务程序中(在第二个周期内)，TCNTBn 和 TCMPBn 被重新装载初始值 79(20 + 59)和 59 并下载到相应的寄存器 TCNTn 和 TCMPn 中。从图 9.2 中的 8 处开始第三个 PWM 周期。

(9) 当 TCNTn 中的值减到与 TCMPn 中的值相同时(59)，输出的电平由低变高。

(10) 当 TCNTn 中的值减到 0 时，产生一个中断请求。该 PWM 的占空比为 3/4。

(11) 从图 9.2 中的 11 处，自动重载 TCNTBn 和 TCMPBn 初始值 79(20 + 59)和 59 到 TCNTn 和 TCMPn 中，并开始下一个 PWM 周期(占空比仍为 3/4)。

9.1.3　PWM 定时器的死区功能

图 9.1 中，XpwmTOUT0 和 XpwmTOUT1 可用于电源设备的 PWM 控制。Exynos 4412 具有死区产生器，能够产生如图 9.3 所示的波形。这个功能允许在一个设备关闭和另外一个设备开启之间插入一个时间间隔。这个时间间隔能够有效防止两个设备的同时启/停。由图 9.1 和图 9.3 可知，TOUT0 是定时器 0 的 PWM 输出，而 nTOUT0 则是 TOUT0 的反转信号。如果死区功能被使能，那么这两个信号最终会输出如图 9.3 所示的波形 TOUT0_DZ 和 nTOUT0_DZ。

使能死区功能后，nTOUT_0_DZ 在 TOUT1 引脚上输出。那么，在死区间隔内，TOUT0_DZ 和 nTOUT0_DZ 就不会同时反转，从而就有效避免了同时启/停产生的大电流对电机的冲击。

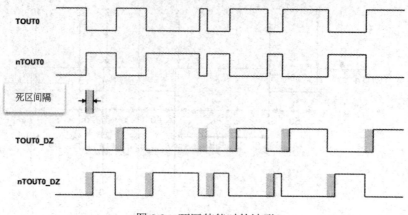

图 9.3　死区使能时的波形

9.2　PWM 定时器控制寄存器

Exynos 4412 为 PWM 定时器提供了 18 个寄存器进行控制和管理。PWM 的物理地址基地址为 0x139D_0000。囿于篇幅，本书按照图 9.1 所示的原理图控制顺序，仅对其中几个关键的寄存器进行介绍，相关寄存器保留位域也没有列出。

1. 定时器配置寄存器 0(TCFG0)

该寄存器用于配置两个 8 位预分配器的值和死区长度，如表 9.1 所示。

表 9.1　定时器配置寄存器 0(TCFG0)

名　称	位域	类型	功　能　描　述	复位值
死区长度	[23:16]	RW	决定死区长度,时间单位与定时器 0 设置相同,死区长度 n = 0～254,计算时用 n + 1	0x00
预分频器 1	[15:8]	RW	定义定时器 2、3、4 预分频值，预分频值 = 1～255	0x01
预分频器 0	[7:0]	RW	定义定时器 0、1 预分频值，预分频值 = 1～255	0x01

2. 定时器配置寄存器 1(TCFG1)

该寄存器用于配置 PWM 定时器多路开关 MUX 的输入，即选择分频器的值，如表 9.2 所示。

表 9.2　定时器配置寄存器 1(TCFG1)

名　称	位域	类型	功　能　描　述	复位值
保留	[31:20]	—	保留	0x000
定时器 4 分频值	[19:16]	RW	0x0 = 1/1, 0x1 = 1/2, 0x2 = 1/4, 0x3 = 1/8, 0x4 = 1/16	0x0
定时器 3 分频值	[15:12]	RW	0x0 = 1/1, 0x1 = 1/2, 0x2 = 1/4, 0x3 = 1/8, 0x4 = 1/16	0x0
定时器 2 分频值	[11:8]	RW	0x0 = 1/1, 0x1 = 1/2, 0x2 = 1/4, 0x3 = 1/8, 0x4 = 1/16	0x0
定时器 1 分频值	[7:4]	RW	0x0 = 1/1, 0x1 = 1/2, 0x2 = 1/4, 0x3 = 1/8, 0x4 = 1/16	0x0
定时器 0 分频值	[3:0]	RW	0x0 = 1/1, 0x1 = 1/2, 0x2 = 1/4, 0x3 = 1/8, 0x4 = 1/16	0x0

定时器的输入时钟频率按以下公式计算：

定时器的输入时钟频率 = PCLK/({预分频值 + 1})/{分频值}

其中，预分频值的取值范围为 1～255，按照表 9.1，在寄存器 TCFG0 中设置两个预分频器的值(预分频器 0 和预分频器 1)；各个定时器的分频值则按表 9.2 列出的寄存器 TCFG1 中各对应位域进行设置，各定时器的分频值可取为 1、2、4、8、16。

另外，死区长度的取值范围为 0～254，按表 9.1 在寄存器 TCFG0 中设置。注意，如果死区长度为 n，则计算时使用 n+1，且死区时间单位与定时器 0 相同。

3. 定时器控制寄存器(TCON)

该寄存器用于自动重载、定时器自动更新、定时器启/停、输出翻转、死区启/停等功能的控制，如表 9.3 所示。

表 9.3　定时器控制寄存器(TCON)

名　称	位域	类型	功 能 描 述	复位值
定时器 4 自动重载开/关	[22]	RW	0 = 自动重载关；1 = 自动重载开	0x0
定时器 4 手动更新开/关	[21]	RW	0 = 无操作；1 = 手动更新 TCNTB4	0x0
定时器 4 启动开/关	[20]	RW	0 = 停止；1 = 启动	0x0
定时器 3 自动重载开/关	[19]	RW	0 = 自动重载关；1 = 自动重载开	0x0
定时器 3 输出翻转器开/关	[18]	RW	0 = 翻转器关；1 = TOUT_3 翻转器开	0x0
定时器 3 手动更新开/关	[17]	RW	0 = 无操作；1 = 手动更新 TCNTB3	0x0
定时器 3 启动开/关	[16]	RW	0 = 停止；1 = 启动	0x0
定时器 2 自动重载开/关	[15]	RW	0 = 自动重载关；1 = 自动重载开	0x0
定时器 2 输出翻转器开/关	[14]	RW	0 = 翻转器关；1 = TOUT_2 翻转器开	0x0
定时器 2 手动更新开/关	[13]	RW	0 = 无操作；1 = 手动更新 TCNTB2	0x0
定时器 2 启动开/关	[12]	RW	0 = 停止；1 = 启动	0x0
定时器 1 自动重载开/关	[11]	RW	0 = 自动重载关；1 = 自动重载开	0x0
定时器 1 输出翻转器开/关	[10]	RW	0 = 翻转器关；1 = TOUT_1 翻转器开	0x0
定时器 1 手动更新开/关	[9]	RW	0 = 无操作；1 = 手动更新 TCNTB1	0x0
定时器 1 启动开/关	[8]	RW	0 = 停止；1 = 启动	0x0
死区使能	[4]		0 = 不使能；1 = 使能	0x0
定时器 0 自动重载开/关	[3]	RW	0 = 自动重载关；1 = 自动重载开	0x0
定时器 0 输出翻转器开/关	[2]	RW	0 = 翻转器关；1 = TOUT_0 翻转器开	0x0
定时器 0 手动更新开/关	[1]	RW	0 = 无操作；1 = 手动更新 TCNTB0	0x0
定时器 0 启动开/关	[0]	RW	0 = 停止；1 = 启动	0x0

4. 定时器计数缓冲寄存器(TCNTBn，n = 0～4)

与 5 个定时器相对应，分别有 5 个定时器计数缓冲寄存器(TCNTBn，n = 0～4)。该类寄存器用来预装 PWM 定时器的计数初值，如表 9.4 所示。

表 9.4　定时器计数缓冲寄存器(TCNTBn，n = 0~4)

名　　称	位域	类型	功　能　描　述	复位值
定时器 n 计数缓冲寄存器	[31:0]	RW	预装定时器 n(n = 0~4)计数初值	0x00000000

5. 定时器比较缓冲寄存器(TCMPBn，n = 0~3)

与前 4 个定时器相对应，分别有 4 个定时器比较缓冲寄存器(TCMPBn，n = 0~3)。该类寄存器用来更改 PWM 波形的电平状态，从而更改 PWM 的占空比，如表 9.5 所示。

表 9.5　定时器比较缓冲寄存器(TCMPBn，n = 0~3)

名　　称	位域	类型	功　能　描　述	复位值
定时器比较缓冲寄存器	[31:0]	RW	预装定时器 n(n = 0~3)比较器的初值	0x00000000

9.3　PWM 定时器应用实例

本实例以产生定时器 0 的中断为例，介绍定时器 0 的配置过程。

```c
/* 1. 相关寄存器的定义，关联各自的物理地址 */
#include "int.h"
#include "stdio.h"
#define        PWMTIMER_BASE  (0x 139D0000)
#define        TCFG0              ( *((volatile unsigned long *)(PWMTIMER_BASE+0x00)) )
#define        TCFG1              ( *((volatile unsigned long *)(PWMTIMER_BASE+0x04)) )
#define        TCON               ( *((volatile unsigned long *)(PWMTIMER_BASE+0x08)) )
#define        TCNTB0             ( *((volatile unsigned long *)(PWMTIMER_BASE+0x0C)) )
#define        TCMPB0             ( *((volatile unsigned long *)(PWMTIMER_BASE+0x10)) )
#define        TCNTO0             ( *((volatile unsigned long *)(PWMTIMER_BASE+0x14)) )
#define        TINT_CSTAT         ( *((volatile unsigned long *)(PWMTIMER_BASE+0x44)) )
#define ulong unsigned long
void pwm_stop(void);
void timer_request(void);
void irq_handler(void);
void timer_init(ulong utimer,ulong uprescaler,ulong udivider,ulong utcntb,ulong utcmpb);
void irs_timer( );
int counter = 0;                    //用于记录中断发生的次数
/* 2. 定义各个功能函数  */
void pwm_stop(void)                 //停止 timer0
{
    TCON &= ~0x1;
```

```
}
void irs_timer( )                    // timer0 中断的中断处理函数
{
    TINT_CSTAT |= (0x1<<5);              //清 timer0 的中断状态寄存器
    printf("Timer0IntCounter = %d \r\n",counter++);      //打印中断发生次数
    intc_clearvectaddr( );            //清除 vic 相关的中断
}
void timer_init(ulong utimer, ulong uprescaler, ulong udivider, ulong utcntb, ulong utcmpb)
{
/*其中参数说明：
utimer,         定时器 0～4，取值 0～4；
uprescaler,     预分频因子；
udivider,       分频值；
utcntb,         定时器计数缓冲寄存器；
utcmpb          定时器比较缓冲寄存器*/
ulong temp0;
//定时器的输入时钟 = PCLK / ( {预分频因子 + 1} ) / {分频值} = PCLK/(65+1)/16=62500Hz
    //配置预分频系数为 66
    temp0 = TCFG0;
    temp0 = (temp0 & (~(0xff))) | ((uprescaler-1)<<0);
    TCFG0 = temp0;
    //配置分频值
    temp0 = TCFG1;
    temp0 = (temp0 & (~(0xf<<4*utimer))) |(udivider<<4*utimer);
    TCFG1 = temp0;
    //设置 PWM 占空比
    TCNTB0 = utcntb;
    TCMPB0 = utcmpb;
    TCON |= 1<<1;                //手动更新 TCNTB0 和 TCMPB0
    TCON &= ~(1<<1);             //清手动更新位
    TCON |= (1<<0)|(1<<3);       //自动加载模式和启动 timer0
    //使能 timer0 中断
    temp0 = TINT_CSTAT;
    temp0 = (temp0 & (~(1<<utimer)))|(1<<(utimer));  //先清除 timer0 中断，然后使能该中断
    TINT_CSTAT = temp0;
}
void timer_request(void)
{
    printf("\r\n###########Timer test###########\r\n");
```

```
pwm_stop( );                                    //禁止 timer0
counter = 0;
intc_setvectaddr(NUM_TIMER0,irs_timer);        //设置 timer0 的中断处理函数，未列出函数原型
intc_enable(NUM_TIMER0);                        //使能 timer0 中断，未列出函数原型
//设置 timer0 的参数：定时器 0，预分配值(65+1)，分频值 4(0b0100)，tcntb=62500，tcmpb=0
timer_init(0,66,4,62500,0);
}
```

9.4　WatchDog 定时器

9.4.1　看门狗原理

看门狗(WatchDog)原理上就是一个定时器。定时器对时钟脉冲进行计数，当定时器溢出时，产生复位信号，使得整个系统复位。在正常的程序或嵌入式系统中，需要定期对看门狗进行复位，使其重新计数，这样定时器不会溢出而导致复位系统，从而保证系统的正常运行。当某种原因(例如干扰)引起程序跑飞或者进入死循环时，程序就不能定期地复位看门狗，使计数溢出并产生复位信号，导致系统复位。

假设系统程序完整运行一周期的时间是 T1，看门狗的定时周期为 T2，那么 T2 应该大于 T1，即在程序运行一周期内就修改定时器的计数值，只要程序正常运行，定时器就不会溢出。若因为程序"跑飞"或者进入死循环，那么系统不能在 T1 时刻修改时间的计数值，一直计数，直到 T2 时刻溢出，引发系统复位，使系统重新运行，从而起到监控作用。

从上面的解释中可以看出，看门狗的作用就是防止系统因意外而"跑飞"；而在可能导致整个系统瘫痪时，保证系统能够在无人监守的情况下仍然能够复位，正常运行。

9.4.2　Exynos 4412 看门狗控制

Exynos 4412 处理器的看门狗就是当系统被故障干扰时，使微处理器复位，也可以作为一个常规 16 位内部定时器使用，并且可以产生中断。作为看门狗定时器使用，计时期满时，它可以产生 128 个 PCLK 时钟周期的复位信号。

Exynos 4412 处理器的看门狗模块如图 9.4 所示，包括一个预分频因子、一个四分频的分频器和一个 16 位的计数器。输入时钟为 PCLK，它经过两级分频(预分频和分频)，将分频后的时钟作为该定时器的输入时钟。当计数器计满后可以产生中断或者复位信号。

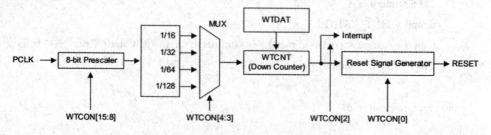

图 9.4　Exynos 4412 处理器的看门狗模块

看门狗定时器计数值的计算公式如下：

(1) 输入到计数器的时钟周期为

$$t\_WatchDog = 1/(\ PCLK\ /\ (预分频值 + 1)\ /\ 分频值)$$

其中，预分频器(Prescaler，取值范围为 0～254)及分频因子(Division factor，取值为 16、32、64、128)的值由用户在 WTCON(看门狗时钟控制寄存器)中设置。

(2) 看门狗的定时周期为

$$T = 计数值(WTCNT 初值 - WTCNT 当前值) * t\_WatchDog$$

其中，WTCNT 为看门狗计数寄存器，用来设置计数多少个时钟周期，乘以时钟周期则是定时的总时间。

一旦看门狗定时器被允许，看门狗定时器数据寄存器(WTDAT)的值就不能被自动转载到看门狗计数器(WTCNT)中。因此，看门狗启动前要将一个初始值写入到看门狗计数器(WTCNT)中。

9.5　WatchDog 定时器控制寄存器

1. 看门狗时钟控制寄存器(WTCON)

该寄存器用于配置用户是否启用看门狗定时器、预分频值、4 个分频比的选择、是否允许中断产生、是否允许复位操作等，如表 9.6 所示。

表 9.6　看门狗时钟控制寄存器(WTCON)

名称	位域	类型	功 能 描 述	复位值
预分频	[15:8]	RW	设置预分频值($0\sim2^8-1$)	0x0
WDT timer	[5]	RW	0 = 禁止；1 = 使能	0x0
分频器	[4:3]	RW	00 = 16；01 = 32；10 = 64；11 = 128	0x0
中断使能	[2]	RW	0 = 禁止；1 = 使能	0x0
复位使能	[0]	RW	0 = 禁止；1 = 使能	0x0

2. 看门狗数据寄存器(WTDAT)

WTDAT 用于指定定时时间。在初始化看门狗操作后，看门狗寄存器的值不能被自动装载到看门狗计数器(WTCNT)中。然而，如果初始值为 0x8000，则可以自动装载 WTDAT 的值到 WTCNT 中，如表 9.7 所示。

表 9.7　看门狗数据寄存器(WTDAT)

名　　称	位域	类型	功 能 描 述	复位值
计数重载值	[15:0]	RW	看门狗重载数值	0x8000

3. 看门狗计数寄存器(WTCNT)

WTCNT 用于设定看门狗定时器工作时计数器的当前计数值。初始化看门狗操作后，看门狗数据寄存器的值不能被自动装载到看门狗计数寄存器中，所以看门狗被允许之前应该初始化看门狗计数寄存器的值，如表 9.8 所示。

表 9.8　看门狗计数寄存器(WTCNT)

名　称	位域	类型	功 能 描 述	复位值
计数值	[15:0]	RW	看门狗当前计数寄存器	0x8000

9.6　WatchDog 定时器程序实例

1. 看门狗程序设计思路

由于看门狗是对系统的复位或者中断的操作，所以不需要外围的硬件电路。要实现看门狗的功能，只需要对看门狗的寄存器组进行操作，即对看门狗控制寄存器(WTCON)、看门狗数据寄存器(WTDAT)、看门狗计数寄存器(WTCNT)进行操作。

其一般流程如下：

(1) 设置看门狗中断操作，包括全局中断和看门狗中断的使能以及看门狗中断向量的定义。如果只是进行复位操作，这一步可以不用设置。

(2) 对看门狗控制寄存器进行设置，包括设置预分频因子、分频器的分频值、中断使能和复位使能等。

(3) 对看门狗数据寄存器(WTDAT)和看门狗计数寄存器(WTCNT)进行设置。

(4) 启动看门狗定时器。

2. 看门狗程序设计

具体程序设计如下：

```
#include "int.h"
#include "stdio.h"
#define WDT_BASE        (0x10060000)
#define WTCON           ( *((volatile unsigned long *)(WDT_BASE+0x00)) )
#define WTDAT           ( *((volatile unsigned long *)(WDT_BASE+0x04)) )
#define WTCNT           ( *((volatile unsigned long *)(WDT_BASE+0x08)) )
#define WTCLRINT        ( *((volatile unsigned long *)(WDT_BASE+0x0C)) )
#define ulong unsigned long
void isr_wtd(void);
void wtd_operate(ulong uenreset, ulong uenint, ulong uselectclk, ulong uenwtd, ulong uprescaler,
ulong uwtdat, ulong uwtcnt);

void wtd_test(void)
{
    printf("\r\n\r\n###########WatchDog test###########\r\n");
    //设置看门狗中断的中断处理函数
    intc_setvectaddr(NUM_WDT,isr_wtd);
    intc_enable(NUM_WDT);                       //使能看门狗中断
    wtd_operate(0,1,0,1,100,100000000,100000000);   //测试看门狗的定时功能
```

```
}
//看门狗中断处理函数
void isr_wtd( )
{
        static int wtdcounter=0;                              //记录中断发生次数
        printf("%d\r\n",++wtdcounter);
        WTCLRINT = 1;                                        //看门狗相关中断清除
        intc_clearvectaddr();                                //VIC 相关中断清除
        if(wtdcounter==5)
        {
                //看门狗 reset
                printf("waiting system reset\r\n");
                wtd_operate(1,1,0,1,100,100000000,100000000);
        }
}
void wtd_operate(ulong uenreset, ulong uenint, ulong uselectclk, ulong uenwtd, ulong uprescaler,
ulong uwtdat, ulong uwtcnt)
{
        WTDAT = uwtdat;
        WTCNT = uwtcnt;
        /*uenreset: 是否使能 reset
         *uenint: 是否使能中断
         *uselectclk: 分频系数
         *uenwtd:是否启动定时器
         *uprescaler:预分频系数
         */
        WTCON = (uenreset<<0)|(uenint<<2)|(uselectclk<<3)|(uenwtd<<5)|((uprescaler)<<8);
}
```

9.7　思考和练习题

1．PWM 波形的特点是什么？
2．在控制系统中，看门狗的作用是什么？
3．编程实现占空比为 2∶1、波形周期为 9 ms 的 PWM 波形。
4．编程实现：1 s 内不对看门狗实现喂狗操作，看门狗就会自动复位。

第 10 章　NAND Flash 控制器

本章目标：
- 了解 NAND Flash 芯片的接口技术；
- 掌握 Exynos 4412 访问 NAND Flash 的方法。

10.1　NAND Flash 功能介绍

　　NAND Flash 在嵌入式系统中的地位与 PC 上的硬盘类似，用于保存系统运行所必需的操作系统、应用程序、用户数据、运行过程中产生的各类数据。与内存掉电后数据丢失不同，NAND Flash 中的数据在掉电后能永久保存。

10.1.1　Flash 存储技术简介

　　Flash 存储器又称闪存，是一种可在线多次擦除的非易失性存储器，即掉电后数据不会丢失。Flash 存储器还具有体积小、功耗低、抗振性强等优点，是嵌入式系统的首选存储设备。Flash 存储器主要分为 NOR 型 Flash 和 NAND 型 Flash 两种。

　　NOR Flash 支持 XIP，即代码可以直接在 NOR Flash 上执行，无需复制到内存中。这是由于 NOR Flash 的接口与 RAM 完全相同，可以随机访问任意地址的数据。在 NOR Flash 上进行读操作的效率非常高，但是擦除和写操作的效率很低。另外，NOR Flash 的容量一般比较小。NAND Flash 进行擦除和写操作的效率则很高，而且容量更大。

　　Flash 存储器由擦除单元(也称为块)组成。当要写某个块时，需要确保这个块已经被擦除。NOR Flash 块的大小为 64～128 KB；NAND Flash 块的大小为 8～64 KB。擦写一个 NOR Flash 块需要 4 s，而擦写一个 NAND Flash 仅需 2 ms。由于 NOR Flash 块太大，不仅增加了擦写时间，对于给定的写操作，NOR Flash 也需要更多的擦除操作。特别是小文件，比如一个文件只有 1 KB，但为了保存它需要擦除大小为 64～128 KB 的 NOR Flash 块。

　　NOR Flash 的接口与 RAM 完全相同，可以随意访问任意地址的数据。而 NAND Flash 的接口仅仅包含几个 I/O 引脚，需要串行访问，一般以字节为单位进行读/写，这使得 NOR Flash 适合于运行程序，而 NAND Flash 更适合于保存数据。一般而言，用 NOR Flash 存储程序，而用 NAND Flash 存储数据。基于 NAND Flash 的设备通常也要搭配 NOR Flash 以存储程序。

　　容量相同的情况下，NAND Flash 的体积更小，对于空间有严格要求的系统，NAND Flash 可以节省更多空间。市场上 NOR Flash 的容量通常为 1～4 MB，NAND Flash 的容量通常比这大很多，如三星 K9HCG08U1E 的容量为 2 GB(16 Gb)。容量的差别也使得 NOR

Flash 多用于存储程序，NAND Flash 多用于存储数据。

嵌入式 Linux 对 NOR Flash 和 NAND Flash 的软件支持都很成熟。在 NOR Flash 上常用 jffs2 文件系统，而在 NAND Flash 上常用 yaffs 文件系统。在更底层，由 MTD 自动程序实现对它们的读、写、擦除操作，同时也实现了 EDC/ECC 校验。

综合上述 NOR Flash 与 NAND Flash 存储器各自的特点和优势，现在一般希望用 NAND Flash 启动和引导系统，而在 DRAM 上执行主程序。Exynos 4412 在设计上也恰好满足这一要求，它的启动代码可以在外部 NAND Flash 上执行。为了支持 NAND Flash 的引导系统，Exynos 4412 设计了一个内部 iROM。当系统启动时，处理器首先执行 iROM 中的代码。这段代码将 NAND Flash 存储器中的 BL1 代码自动载入到 iROM 中，然后处理器跳到 iROM 的首地址并执行引导代码。

10.1.2　芯片介绍

目前市场上常见的 8 位 NAND Flash 芯片有三星公司的 K9GAG08U0E、K9LBG08U0E、K9HCG08U1E 等。由于不同型号的芯片的结构和容量不同，它们在寻址方式上有一定差异，所以程序代码并不通用。

K9GAG08U0E 是三星公司生产的采用 NAND 技术的大容量、高可靠性 Flash 存储器。该器件存储容量为 16 Gb。除此以外，还有 884 Mb 的空闲存储区。该芯片采用 TSOP48 封装，工作电压为 2.7～3.6 V。8 位 I/O 口采用地址、数据和命令复用的方法，既可以减少引脚数，还可以使接口电路简洁。K9GAG08U0E 芯片的外形图及引脚分布如图 10.1 所示，它的引脚功能描述如表 10.1 所列。

(a) 芯片外形图

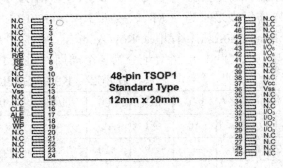

(b) 引脚分布

图 10.1　K9GAG08U0E 芯片

表 10.1　K9GAG08U0E 的引脚功能

名称	功能描述	名称	功能描述
$I/O_0 \sim I/O_7$	数据输入/输出	$\overline{WP}$	写保护
CLE	命令锁存使能	$R/\overline{B}$	装备好/忙碌
ALE	地址锁存使能	V_{CC}	电源(2.7～3.6 V)
$\overline{CE}$	片选	V_{SS}	地
$\overline{RE}$	读使能	N.C	空引脚
$\overline{WE}$	写使能		

NAND Flash 的数据以位的方式保存在存储单元中。一个单元中只能存储一位(bit)。这些单元以 8 个或者 16 个为单位，连接成行，形成所谓的字节(×8)/字(×16)，称之为 NAND Flash 的位宽。这些行组成页(page)，页再组织形成块(block)，如图 10.2 所示。即使是新的芯片，也是允许有坏块的，但是，第一个块(地址 00H)必须是好的块。K9GAG08U0E 物理结构的相关数据如下：

1 页 = 8K 字节 + 436 字节(空闲区域)

1 块 = (8K + 436)字节 × 128 页 = (1M + 54.5K)字节

总容量 = 2076 块 × 128 页 × (8K + 436)字节 = (16 608M + 883.9M)比特

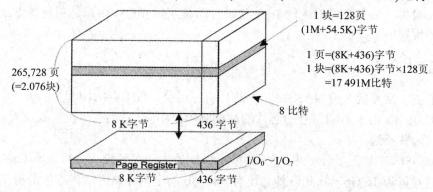

图 10.2　K9GAG08U0E 结构图

NAND Flash 以页为单位读/写数据，而以块为单位擦除数据。由芯片手册可知，这款 NAND Flash 的页大小为 8 KB，块大小 1 MB。也就是说，读/写操作每次最小为 8 KB，擦除操作每次最小为 1 MB。按照 K9GAG08U0E 的组织方式可以分为两类地址：列地址(Column Address)和行地址(Row Address，包括页地址和块地址)。

K9GAG08U0E 的寻址分为 5 个周期，如表 10.2 所示。

表 10.2　K9GAG08U0E 操作周期

操作周期	I/O_0	I/O_1	I/O_2	I/O_3	I/O_4	I/O_5	I/O_6	I/O_7	
1st Cycle	A0	A1	A2	A3	A4	A5	A6	A7	列地址
2nd Cycle	A8	A9	A10	A11	A12	A13	L*	L*	
3rd Cycle	A14	A15	A16	A17	A18	A19	A20	A21	行地址
4th Cycle	A22	A23	A24	A25	A26	A27	A28	A29	
5th Cycle	A30	A31	A32	A33*	L*	L*	L*	L*	

表 10.2 中，A0～A13 组成列地址，行地址包括页地址(A14～A20)和块地址(A21～A32)。A33 是针对 K9LBG08U0E 和 K9HCG08U1E 的芯片地址。标有 L*的位必须设置成低电平。

1. NAND Flash 存储过程分析

下面根据图 10.1 及其引脚图，分析 NAND Flash 的数据存储过程。

(1) NAND Flash 原理图上只有 8 根数据线 Data0～Data7，是典型的串口通信。因为只有 8 根线，所以地址线、数据线、命令线是复用的。另外的两个引脚 CLE 和 ALE 则用于区分当前传入的是命令还是地址。这样，NAND Flash 控制器就根据传入的内容进行对应的动作。

(2) 由于 NAND Flash K9GAG08U0E 的页大小是 8 KB，所以需要 13 位地址来进行寻址，称为列地址。由于 K9GAG08U0E 包括 2076×128 页，因此行地址应该有 19 位，原理图上只有数据位 Data0～Data7，所以需要发出多次地址信号，由表 10.2 所示的地址时序可知，A0～A33 共要发送 5 次，每次发送 8 bit。

(3) NAND Flash 不能像内存一样直接读/写，要先发命令，再发地址，然后读/写数据。如表 10.3 所示，要用 Read 命令读取数据，需要 2 个周期，第一个周期发 0x00，第二个周期发 0x30。在这个过程中，发送一个命令后，芯片并不能立刻收到并做出反应，所以需要一个维持时间，这样才能保证所发送的数据的有效性。

(4) CLE 为高电平时，Data0～Data7 发出的是命令；ALE 为高电平时，Data0～Data7 发出的是地址；CLE/ALE 都为低电平时，Data0～Data7 发出的是数据。信号 nWE 控制着写操作，nRE 控制着读操作。

表 10.3　K9GAG08U0E 命令集

功　　能	1st 指令	2nd 指令	功　　能	1st 指令	2nd 指令
Read(读)	00h	30h	Random Data Input	85h	
Read for Copy Back	00h	35h	Random Data Output	05h	E0h
Cache Cache Read	31h		Read ID	90h	
Read Start for Last Page Cache Read	3Fh		Read Status	70h	
Page Program(页写)	80h	10h	Chip Status1	F1h	
Cache Program	80h	15h	Chip Status2	F2h	
Copy-Back Program	85h	10h	Reset	FFh	
Block Erase(块擦除)	60h	D0h			

下面以一个实际的读操作来介绍 NAND Flash 的时序问题。图 10.3 为芯片手册给出的 K9GAG08U0E 读操作时序图。

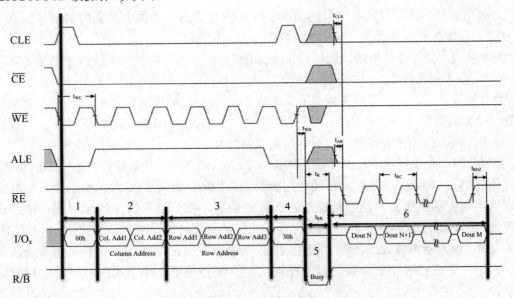

图 10.3　K9GAG08U0E 读操作时序图

最左侧标出的贯穿 7 个信号的黑色竖线所处的时刻，是在发送读操作的第一个周期的命令字 0x00 之前的那一刻。在这一时刻，其所穿过的 7 个不同引脚的电平值共同决定了读操作的开始。下面让我们逐一分析最左侧长竖线穿过的各行信号：

(1) 第一行是命令锁存使能 CLE。此时将 CLE 置 1，说明将要通过 I/O 复用端口(Data0～Data7)发送进入 NAND Flash 的是命令字，而不是地址或者其他类型的数据。只有将 CLE 置 1，使其有效，才能通知内部硬件逻辑接下来将收到的是命令，内部硬件逻辑才会将收到的命令放到命令寄存器中，也才能实现后面正确的操作。否则，不将 CLE 置 1 使其有效，硬件将会无所适从，不知道传入的到底是数据还是命令。

(2) 第二行是 $\overline{CE}$，此刻 $\overline{CE}$ 为低电平。是为了先选中 NAND Flash，使其有效，然后才能向其中发送数据。

(3) 第三行是写使能 $\overline{WE}$。因为接下来是往 NAND Flash 里写命令，所以要设为低电平，使 $\overline{WE}$ 有效。

(4) 第四行是地址锁存使能 ALE，而 ALE 是高电平有效，故此时输出低电平是为了使其无效。因为此刻立即发送的是命令，而不是地址，故使 CLE 有效，ALE 无效。如果在其他某些场合，比如接下来要发送地址的时候，就要使其有效，而使 CLE 无效。

(5) 第五行是读使能 $\overline{RE}$，此时是高电平，无效。可以看到，直到后面第 6 阶段才变成低电平，这时才有效，因为这时候要发出读取命令，去读取数据。

(6) 第六行是我们要重点介绍的复用的输入/输出 I/O 端口。此刻，还没有输入数据。接下来，在不同的阶段会输入或输出不同的数据/地址。

(7) 第七行是就绪或忙信号 R/$\overline{B}$。高电平表示 R(Ready，就绪)。到了后面的第 5 阶段，硬件内部在第 4 阶段接受了外界的读取命令后，把该页的数据一点点地送到页寄存器中，这段时间系统在忙着干活，属于忙的阶段，所以，R/$\overline{B}$ 才变成低电平，表示忙(Busy)状态。

上面介绍了起始时刻各个信号的值。下面我们来分析时序图上其余时刻信号的意义。图 10.3 中在 I/O$_x$ 线上标出的 1～6 阶段的具体含义如下：

第 1 阶段，操作准备阶段，此处是读(Read)操作，所以，先发一个读命令的第 1 阶段指令 0x00，以告知硬件接下来的操作是读。

第 2 阶段，发送两个周期的列地址，也就是页内地址(列地址)，表示要从一个页的什么位置开始读取数据。

第 3 阶段，传入三个行地址，对应的也就是行号。

第 4 阶段，发读操作的第二个周期的指令 0x30。接下来，就是硬件内部自己的事情了。

第 5 阶段，NAND Flash 内部硬件逻辑负责按照输入指令的要求，根据传入的地址，找到哪个块中的哪个页，然后把整个这一页的数据，都一点点地搬运到页缓存中。而在此期间，我们所能做的就是读取状态寄存器，看对应位的值，也就是 R/nB 位是 1 还是 0。如果是 0，就表示系统是 Busy，即仍在"忙"(读取数据)；如果是 1，就说明系统活干完了，即不忙了，已经把整个页的数据都搬运到页缓存里了，接下来就可以读取想要的数据了。

第 6 阶段，读取系统的劳动成果。先在 NAND Flash 控制器的数据寄存器中写入要读取的字节(Byte)/字(word)数，然后在 NAND Flash 控制器的 FIFO 中，一点点读取想要的数据。

至此，整个 NAND Flash 的读操作就完成了。对于其他操作，可以比照上面的分析，根据手册的时序图分析具体的操作过程。

2. 地址传送

NAND Flash 有一个"位反转"的特性，就是在读一页的时候有一位或某几位可能出现原来是 1，读完了以后变成 0。Linux 系统中，一般叫做 OOB(Out Of Band)。这个区域的产生是出于 NAND Flash 的硬件特性的原因。所以为了保证数据的正确性，必须有对应的检测和纠错机制，此机制被叫做 EDC(Error Detection Code)/ECC(Error Code Correction 或者 Error Checking and Correcting)，所以设计了多余的区域，用于放置数据的校验值。这也就是为什么每一页 8 KB 旁边都有 436 B 的区域，这个 436 B 就是 OOB 区域。这个区域的存在对数据地址的访问不会产生影响，下面举例分析。

例如，要访问的地址是 10000，则 10000/8096 = 1.2，故地址在第 2 页(页码从 0 开始编号)。又因为 10000−1 × 8096 = 1904，所以在第 2 页的第 1904 个地址。因此，1、2 指令周期发送的是 0x770(1904)，第 1 指令周期发送的是 0x04，第 2 指令周期发送的是 0x19，而第 3 指令周期发送的是 0x1，第 4 指令周期发送的是 0x0，第 5 指令周期发送的是 0x0。

这里，我们再用一个例子说明 NAND Flash 的擦写过程。NAND Flash 每页共(8096+436)字节。如果只是想读取某页内的部分字节的数据(比如只是想读取第 2 页内起始地址 1094 到地址 2015 的数据)，那么内部硬件会读取整个页的数据。而且读出来之后，内部数据指针会定位到刚才起始地址 1094 的位置。由此可见，这种方式确实会影响读操作的效率，好在读取整页的相对时间并不长。

本节对 NAND Flash 常用的存储原理、引脚功能、时序功能和地址传送进行了简单的介绍，这对于后面章节分析 U-Boot 源码中的 NAND Flash 的初始化代码和移植内核的代码非常有用。

接下来，将给出 K9GAG08U0E 读、写、擦除这三种主要操作的工作流程，其他操作可以查阅芯片手册，参考给出的例程编写。

10.1.3　芯片的主要操作

对 NAND Flash 的操作主要包括读操作、擦除操作、写操作、坏块识别、坏块标示等。本小节将介绍写操作、读操作、擦除操作这三种主要操作的具体实现过程。

1. 写操作(Page Program)

K9GAG08U0E 写操作的操作对象是一个页面。其流程图如图 10.4 所示。写操作的过程如下：

(1) 发送第一个编程命令"0x80"。

(2) 依次发送第 1～5 个周期地址。

(3) 向 K9GAG08U0E 发送第一页数据。

(4) 发送第二个编程指令"0x10"。

(5) 发送状态查询命令字"0x70"。

(6) 读取 K9GAG08U0E 的数据总线，判断 I/O$_6$的值或 R/$\overline{B}$ 的值，直到 I/O$_6$ = 1 或 R/$\overline{B}$ = 1。

(7) 判断 I/O_0 是否为 0，如果是 0，表示编程成功；如果为 1，表示编程失败。

2. 读操作(Read)

K9GAG08U0E 读操作的操作对象是一个页面，一般从页面起始地址开始读至本页面结束地址。其流程图如图 10.5 所示。读操作的过程如下：

(1) 发送第一个读操作命令"0x00"。

(2) 依次发送第 1～5 个周期的地址。

(3) 发送第二个读操作指令"0x30"。

(4) 从数据总线读取数据。

(5) ECC 产生器进行校验。

(6) 根据 ECC 校验结果判断页面读操作是否完成。

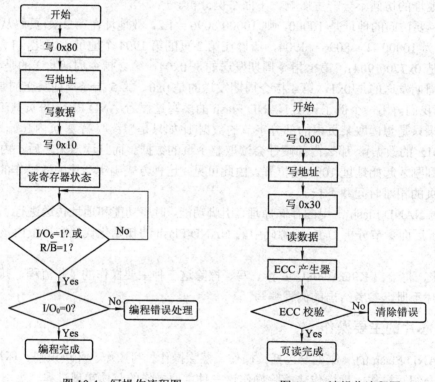

图 10.4　写操作流程图　　　　　　图 10.5　读操作流程图

3. 擦除操作(Block Erase)

K9GAG08U0E 擦除操作是以块为单位进行的。其流程图如图 10.6 所示。擦除操作的过程如下：

(1) 发送第一个擦除命令"0x60"。

(2) 依次发送第 1～5 个周期的地址。

(3) 发送第二个擦除指令"0xD0"。

(4) 发送状态查询命令字"0x70"。

(5) 读取 K9GAG08U0E 的数据总线，判断 I/O_6 的值或 $R/\overline{B}$ 的值，直到 $I/O_6 = 1$ 或 $R/\overline{B} = 1$。

(6) 判断 I/O_0 是否为 0，如果是 0，则表示编程成功；如果为 1，则表示编程失败。

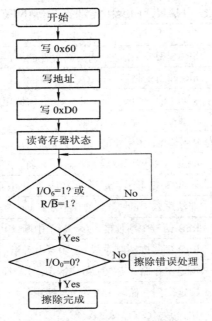

图 10.6　擦除操作流程图

10.2　NAND Flash 相关控制寄存器

由于篇幅限制，下面仅对 Exynos 4412 处理器的 NAND Flash 控制器中的 NFCONF、NFCONT、NFCMCMD、NFADDR、NFDATA、NFSTAT 等几个比较重要的寄存器进行介绍。

1. NAND Flash 配置寄存器(NFCONF)

该寄存器用于配置 NAND Flash 控制器读、写、擦除等主要操作参数，如表 10.4 所示。

表 10.4　NAND Flash 配置寄存器(NFCONF)

名称	位域	类型	功　能　描　述	复位值
消息长度	[25]	RW	0 = 512 Byte；1 = 24 Byte	0
ECC 类型	[24:23]	RW	00 = 1 bit ECC；10 = 4 bit ECC；01 = 11 = 禁止 1 bit 和 4 bit ECC	00
TACLS	[15:12]	RW	CLE 和 ALE 持续时间设置(0~15)，持续时间 = HCLK × TACLS	0x1
TWRPH0	[11:8]	RW	TWRPH0 持续时间设置(0~15)，持续时间 = HCLK × (TWRPH0 + 1)	0x0
TWRPH1	[7:4]	RW	TWRPH1 持续时间设置(0~15)，持续时间 = HCLK × (TWRPH1 + 1)	0x0
页大小	[3:2]	RW	NAND Flash 页大小。00 = 2048 Byte；01 = 512 Byte；10 = 4096 Byte；11 = 2048 Byte	
地址周期	[1]	RW	指定存取周期的个数。当页大小为 512 Byte 时，0 = 3 地址周期，1 = 4 地址周期；当页大小为 2 KB 和 4 KB 时，0 = 4 地址周期，1 = 5 地址周期	0x01

2. NAND Flash 控制寄存器(NFCONT)

该寄存器用于配置 NAND Flash 的各种控制参数，如表 10.5 所示。

表 10.5　　NAND Flash 控制寄存器(NFCONT)

名　　称	位域	类型	功　能　描　述	复位值
Reg_nCE3	[23]	RW	nRCS[3]控制信号。0 = 芯片使能；1 = 芯片禁止	1
Reg_nCE2	[22]	RW	nRCS[2]控制信号。0 = 芯片使能；1 = 芯片禁止	1
MLCEccDirection	[18]	RW	4 bit ECC 解码编码。0 = 解码(读操作)；1 = 编码(写操作)	0
LockTight 使能	[17]	RW	软件锁配置。0 = 禁止；1 = 使能	0
LOCK 使能	[16]	RW	0 = 禁止；1 = 使能	1
EnbMLCEncInt	[13]	RW	4 bit ECC 解码完成中断。0 = 禁止中断；1 = 使能中断	0
EnbMLCDecInt	[12]	RW	4 bit ECC 编码完成中断。0 = 禁止中断；1 = 使能中断	0
EnbIllegalAccINT	[10]	RW	非法进入中断。0 = 禁止中断；1 = 使能中断	0
EnbRnBINT	[9]	RW	RnB 信号中断使能。0 = 禁止中断；1 = 使能中断	0
RnB_TransMode	[8]	RW	RnB 信号中断触发模式。0 = 上升沿；1 = 下降沿	0
MECCLock	[7]	RW	锁定主存储区 ECC。0 = 解锁；1 = 锁定	0
SECCLock	[6]	RW	锁定空闲存储区 ECC。0 = 解锁；1 = 锁定	0
InitMECC	[5]	WO	1 = 初始化主存储区 ECC	0
InitSECC	[4]	WO	1 = 初始化空闲存储区 ECC	0
Reg_nCE1	[2]	RW	nRCS[1]控制信号	1
Reg_nCE0	[1]	RW	0 = 芯片使能；1 = 芯片禁止	1
模式	[0]	RW	0 = 禁止 NAND Flash 控制器；1 = 使能 NAND Flash 控制器	1

3. NAND Flash 命令寄存器(NFCMMD)

该寄存器用于存储 NAND Flash 的命令值，如表 10.6 所示。

表 10.6　　NAND Flash 命令寄存器(NFCMMD)

名称	位域	类型	功　能　描　述	复位值
命令寄存器	[7:0]	RW	存储命令值	0x00

4. NAND Flash 命令寄存器(NFADDR)

该寄存器用于存储 NAND Flash 的地址值，如表 10.7 所示。

表 10.7　　NAND Flash 地址寄存器(NFADDR)

名称	位域	类型	功　能　描　述	复位值
地址寄存器	[7:0]	RW	存储地址值	0x00

5. NAND Flash 命令寄存器(NFDATA)

该寄存器用于存储 NAND Flash 读/写的数据，如表 10.8 所示。

表 10.8　　NAND Flash 数据寄存器(NFDATA)

名称	位域	类型	功　能　描　述	复位值
NAND Flash 数据	[31:0]	RW	NAND Flash 读/写的数据	0x00000000

6. NAND Flash 控制寄存器(NFSTAT)

该寄存器用于查询 NAND Flash 的各种状态值，如表 10.9 所示。

表 10.9　NAND Flash 控制寄存器(NFSTAT)

名　称	位域	类型	功　能　描　述	复位值
Flash_RnB_GRP	[31:28]	RW	RnB[3:0]输入值。0 = NAND Flash 忙；1 = NAND Flash 空闲	0xF
RnB_TransDetect_GRP	[27:24]	RW	RnB[3:0]高低电平转换检测。0 = 禁止；1 = 使能	—
Flash_nCE[3:0]	[11:8]	RO	nCE[3:0]引脚的状态	0xF
MLCEncodeDone	[7]	RO	1 = 完成 4 bit ECC 编码	0
MLCDecodeDone	[6]	RO	1 = 完成 4 bit ECC 解码	0
IllegalAccess	[5]	RW	0 = 不检测非法进入；1 = 检测非法进入	0
RnB_TransDetect	[4]	RW	0 = 不检测 RnB 电平转换；1 = 检测 RnB 电平转换	0
Flash_nCE[1]	[3]	RW	nCE[1]输出引脚的状态	1
Flash_nCE[0]	[2]	RW	nCE[0]输出引脚的状态	1
Flash_RnB	[0]	RW	RnB[0]引脚。0 = NAND Flash 忙；1 = NAND Flash 空闲	0x0

10.3　NAND Flash 编程实例

　　本节通过一个编程实例说明 NAND Flash 的读、写、擦除等主要操作。在实例中，相关操作都以函数的形式呈现，可以在具体应用中调用这些函数。

10.3.1　电路连接

　　图 10.7 是 K9GAG08U0E 电路连接图。由图可知，电路连接比较简单，其中 Xm0DATA0～Xm0DATA7 为命令、地址、数据复用 8 位数据传输的引脚，其他控制引脚的连接如图所示。

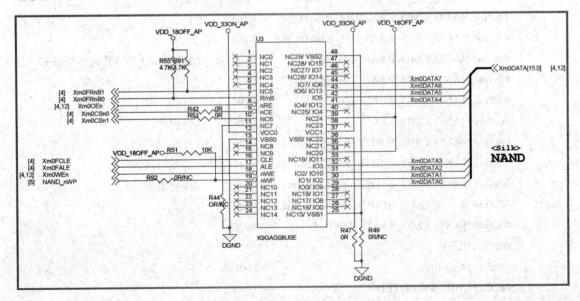

图 10.7　K9GAG08U0E 电路连接图

10.3.2　编程实例

具体的实例代码如下，采用注释的形式对程序的各部分进行详细说明：

```
#include "NAND.h"
#include "stdio.h"
#define ulong unsigned long
//1. 定义各个寄存器，使之与物理地址关联
#define NFCONF          ( *(volatile ulong *)0x0CE00000)    //指向该地址的内容
#define NFCONT          ( *(volatile ulong *)0x0CE00004)
#define NFCMMD          ( *(volatile ulong *)0x0CE00008)
#define NFADDR          ( *(volatile ulong *)0x0CE0000C)
#define NFDATA          ( *(volatile ulong *)0x0CE00010)
#define NFSTAT          ( *(volatile ulong *)0x0CE00028)
#define GPY2CON         ( *(volatile ulong *)0x11000160)
#define MAX_NAND_BLOCK          2076        /*定义 NAND Flash 最大块数：2076 块*/
#define NAND_PAGE_SIZE          8192        /*定义一页的容量 8 k: 8192 Byte*/
#define NAND_BLOCK_SIZE         128         /*定义 Block 大小：128 页*/
#define TACLS                   1           /*时序相关的设置*/
#define TWRPH0                  4
#define TWRPH1                  1
//2. NAND Flash 操作指令字的定义，可参考表 10.3
#define NAND_CMD_READ_1st               0x00
#define NAND_CMD_READ_2st               0x30
#define NAND_CMD_RANDOM_WRITE           0x85        //随机写
#define NAND_CMD_RANDOM_READ_1st        0x05
#define NAND_CMD_RANDOM_READ_2nd        0xe0
#define NAND_CMD_READ_CB_1st            0x00        //将 NAND 里一块内容写进另一块
#define NAND_CMD_READ_CB_2nd            0x35
#define NAND_CMD_READ_ID                0x90
#define NAND_CMD_RES                    0xff        //复位命令
#define NAND_CMD_WRITE_PAGE_1st         0x80
#define NAND_CMD_WRITE_PAGE_2nd         0x10
#define NAND_CMD_BLOCK_ERASE_1st        0x60        //擦除命令
#define NAND_CMD_BLOCK_ERASE_2nd        0xd0
#define NAND_CMD_READ_STATUS            0x70
#define BUSY                            1
#define ECC_EN                          (1<<4)
#define CHIP_SELECTED                   (~(1<<1))
#define CHIP_DESELECTED                 (1<<1)
```

```c
#define CONTROL_EN                    (1<<0)
```

//3. 函数声明

```c
static void NAND_reset(void);
static void NAND_wait_idle(void);                    //等待就绪
static void NAND_select_chip(void);
static void NAND_deselect_chip(void);                //取消芯片选择
static void NAND_send_cmd(ulong cmd);
static void NAND_send_addr(ulong addr);
static unsigned char NAND_read(void);
static void NAND_write(unsigned char data);
```

//4. 芯片的 ID 信息相关的结构体

```c
typedef struct NAND_id_info
{
    unsigned char IDm;          //厂商 ID
    unsigned char IDd;          //设备 ID
    unsigned char ID3rd;
    unsigned char ID4th;
    unsigned char ID5th;
}NAND_id_info;
```

//5. NAND Flash 复位函数

```c
static void NAND_reset(void)
{
    NAND_select_chip( );
    NAND_send_cmd(NAND_CMD_RES);
    NAND_wait_idle( );
    NAND_deselect_chip();
}
```

//6. 等待就绪

```c
static void NAND_wait_idle(void)
{
    ulong i;
    while( !(NFSTAT & (BUSY<<4)) )         //检测是否忙
        for(i=0; i<10; i++);
}
```

//7. 片选 NAND Flash

```c
static void NAND_select_chip(void)
{
    ulong i;
    NFCONT &= ~(1<<1);              //NFCONT[1]=0，即 Reg_nCE0=0，使能 NAND Flash
```

```
        for(i=0; i<10; i++);
}
//8. 取消片选
static void NAND_deselect_chip(void)
{
        NFCONT |= (1<<1);              // NFCONT[1] = 1，即 Reg_nCE0 = 1，禁止 NAND Flash
}
//9. 发命令
static void NAND_send_cmd(ulong cmd)
{
        NFCMMD = cmd;
}
//10. 发地址
static void NAND_send_addr(ulong addr)
{
        ulong i;
        ulong col, row;
        col = addr % NAND_PAGE_SIZE;      //列地址，即页内地址
        row = addr / NAND_PAGE_SIZE;      //行地址，即页地址
        NFADDR = col & 0xff;              //发送列地址 A0～A7
        for(i=0; i<10; i++);
        NFADDR = (col >> 8) & 0x3f;       //发送列地址 A8～A13
        for(i=0; i<10; i++);
        NFADDR = row & 0xff;              //发送行地址 A14～A21
        for(i=0; i<10; i++);
        NFADDR = (row >> 8) & 0xff;       //发送行地址 A22～A29
        for(i=0; i<10; i++);
        NFADDR = (row >> 16) & 0x7;       //发送行地址 A30～A32
        for(i=0; i<10; i++);
}
//11. 读一个字节的数据
static unsigned char NAND_read(void)
{
        return NFDATA;
}
//12. 写一个字节的数据
static void NAND_write(unsigned char data)
{
        NFDATA = data;
```

```
}
//13. NAND Flash  初始化
void NAND_init(void)
{
    // (1)  配置 NAND Flash
    NFCONF &= ~((0xf<<12)|(0xf <<8)|(0xf <<4)|(0x3<<2)|(0x1<<1));
    NFCONF |= (TACLS<<12)|(TWRPH0<<8)|(TWRPH1<<4)|(0x3<<2)|(0x1<<1);
    NFCONT&=~((1<<18)|(1<<17)|(1<<16)|(1<<10)|(1<<9)|(1<<8)|(1<<7)|(1<<6)| (0x1<<1)|
    (1<<0));
    NFCONT|= (0<<18)|(0<<17)|(0<<16)|(0<<10)|(0<<9)|(0<<8)|(0<<7)|(0<<6)|(0x1<<1)|(1<<0);
    // (2)  配置引脚
    GPY2CON &= ~((0x3<<0)|(0x3 <<4)|(0x3 <<8)|(0x3<<12)|(0x3<<16)|(0x3<<20));
    GPY2CON |= ((0x2<<0)|(0x2 <<4)|(0x2 <<8)|(0x2<<12)|(0x2<<16)|(0x2<<20));
    // (3)  复位
    NAND_reset( );
}
//14. 读芯片 ID
void NAND_read_id(void)
{
    NAND_id_info NAND_id;
    // (1)  发片选信号
    NAND_select_chip( );
    // (2)  读 ID
    NAND_send_cmd(NAND_CMD_READ_ID);
    NAND_send_addr(0x00);
    NAND_wait_idle( );
    NAND_id.IDm = NAND_read( );
    NAND_id.IDd = NAND_read( );
    NAND_id.ID3rd = NAND_read( );
    NAND_id.ID4th = NAND_read( );
    NAND_id.ID5th = NAND_read( );
    printf("NANDflash: makercode = %x,devicecode = %x\r\n",NAND_id.IDm,NAND_id.IDd);
    NAND_deselect_chip( );
}
//15. 擦除块
unsigned char NAND_erase(ulong block_num)
{
    ulong i = 0;
    //获得 row 地址，即页地址
```

```
    ulong row = block_num * NAND_BLOCK_SIZE;
    // (1) 发出片选信号
    NAND_select_chip( );
    // (2) 擦除：第一个周期发命令 0x60，第二个周期发块地址，第三个周期发命令 0xd0
    NAND_send_cmd(NAND_CMD_BLOCK_ERASE_1st);
    for(i=0; i<10; i++);
    NFADDR = row & 0xff;                        //Row Address A14~A21
    for(i=0; i<10; i++);
    NFADDR = (row >> 8) & 0xff;                 //Row Address A22~A29
    for(i=0; i<10; i++);
    NFADDR = (row >> 16) & 0x3;                 //Row Address A30~A32
    NFSTAT = (NFSTAT)|(1<<4);
    NAND_send_cmd(NAND_CMD_BLOCK_ERASE_2st);
    for(i=0; i<10; i++);
    // (3) 等待就绪
    NAND_wait_idle( );
    // (4) 读状态
    unsigned char status = read_NAND_status( );
    if (status & 1)
      {
            NAND_deselect_chip( );              //取消片选信号
            printf("masking bad block %d\r\n", block_num);
            return -1;
      }
    else
      {
            NAND_deselect_chip( );
            return 0;
      }
}
//16. 从 NAND 中读数据到 sdram
int copy_NAND_to_sdram(unsigned char *sdram_addr, ulong NAND_addr, ulong length)
{
    ulong i = 0;
    // (1) 发出片选信号
    NAND_select_chip( );
    /*(2) 从 NAND 读数据到 sdram，第一周期发命令 0x00，第二周期发地址 NAND_addr，
第三周期发命令 0x30，可读一页的数据*/
    while(length)
```

```
        {
            NAND_send_cmd(NAND_CMD_READ_1st);
            NAND_send_addr(NAND_addr);
            NFSTAT = (NFSTAT)|(1<<4);
            NAND_send_cmd(NAND_CMD_READ_2st);
            NAND_wait_idle( );
            //列地址，即页内地址
            ulong col = NAND_addr % NAND_PAGE_SIZE;
            i = col;
            //读一页数据，每次拷贝 1 Byte，共拷贝 8096 次(8K)，直到长度为 length 的数据拷贝完毕
            for(; i<NAND_PAGE_SIZE && length!=0; i++,length--)
            {
                *sdram_addr = NAND_read( );
                sdram_addr++;
                NAND_addr++;
            }
        }
    // (3) 读状态
    unsigned char status = read_NAND_status( );
    if (status & 1)
    {
        //取消片选信号
        NAND_deselect_chip( );
        printf("copy NAND to sdram fail\r\n");
        return -1;
    }
    else
    {
        NAND_deselect_chip( );
        return 0;
    }
}
//17. 从 sdram 中写数据到 NAND
int copy_sdram_to_NAND(unsigned char *sdram_addr, ulong NAND_addr, ulong length)
{
    ulong i = 0;
    // (1) 发出片选信号
    NAND_select_chip( );
    /*(2) 从 sdram 读数据到 NAND，第一周期发命令 0x80，第二周期发地址 NAND_addr,
```

第三周期写一页(2K)数据，第四周期发 0x10*/

```
while(length)
{
    NAND_send_cmd(NAND_CMD_WRITE_PAGE_1st);
    NAND_send_addr(NAND_addr);
    //列地址，即页内地址
    ulong col = NAND_addr % NAND_PAGE_SIZE;
    i = col;
    //写一页数据，每次拷贝 1Byte，共拷贝 8096 次(8K)，直到长度为 length 的数据拷贝完毕
    for(; i<NAND_PAGE_SIZE && length!=0; i++,length--)
    {
        NAND_write(*sdram_addr);
        sdram_addr++;
        NAND_addr++;
    }
    NFSTAT = (NFSTAT)|(1<<4);
    NAND_send_cmd(NAND_CMD_WRITE_PAGE_2st);
    NAND_wait_idle( );
}
// (3) 读状态
unsigned char status = read_NAND_status( );
if (status & 1)
{
    //取消片选信号
    NAND_deselect_chip( );
    printf("copy sdram to NAND fail\r\n");
    return -1;
}
else
{
    NAND_deselect_chip( );
    return 0;
}
}
//18. 随机读数据  paddr 页地址, offset 页内偏移地址
unsigned char NAND_random_read(ulong paddr,unsigned short offset)
{
    unsigned char readdata;
    // (1) 发出片选信号
```

```
    NAND_select_chip( );
    // (2) 随机读页内某个地址的值
    NAND_send_cmd(NAND_CMD_READ_1st);
    //写入页地址
    NFADDR = 0;
    NFADDR = 0;
    NFADDR = paddr&0xff;
    NFADDR = (paddr>>8)&0xff;
    NFADDR = (paddr>>16)&0xff;
    NFSTAT = (NFSTAT)|(1<<4);
    NAND_send_cmd(NAND_CMD_READ_2st);
    NAND_wait_idle( );
    NAND_send_cmd(NAND_CMD_RANDOM_READ_1st);
    //写入页内偏移地址
    NFADDR = offset&0xff;
    NFADDR = (offset>>8)&0xff;
    NFSTAT = (NFSTAT)|(1<<4);
    NAND_send_cmd(NAND_CMD_RANDOM_READ_2st);
    readdata = NAND_read( );
    // (3) 读状态
    unsigned char status = read_NAND_status( );
    if (status & 1)
      {
          //取消片选信号
          NAND_deselect_chip( );
          printf("NAND random read fail\r\n");
          return -1;
      }
    else
      {
          NAND_deselect_chip( );
          return readdata;
      }
}
//19. 随机写数据 paddr 页地址，offset 页内偏移地址
unsigned char NAND_random_write(ulong paddr, unsigned short offset, unsigned char wrdata)
{
    // (1) 发出片选信号
    NAND_select_chip( );
```

```
        // (2) 随机写页内某个地址的值
        NAND_send_cmd(NAND_CMD_WRITE_PAGE_1st);
        NFADDR = 0;
        NFADDR = 0;
        NFADDR = paddr&0xff;
        NFADDR = (paddr>>8)&0xff;
        //NFADDR = (paddr>>16)&0xff;
        NAND_send_cmd(NAND_CMD_RANDOM_WRITE);
        //写入页内偏移地址
        NFADDR = offset&0xff;
        NFADDR = (offset>>8)&0xff;
        NAND_write(wrdata);
        NFSTAT = (NFSTAT)|(1<<4);
        NAND_send_cmd(NAND_CMD_WRITE_PAGE_2st);
        NAND_wait_idle( );
        // (3) 读状态
        unsigned char status = read_NAND_status( );
        if (status & 1)
            {
                //取消片选信号
                NAND_deselect_chip( );
                printf("NAND random write fail\r\n");
                return -1;
            }
        else
            {
                NAND_deselect_chip( );
                return 0;
            }
}
//20. 读 NAND Flash 的状态
unsigned char read_NAND_status(void)
{
        unsigned char ch;
        int i;
        // (1) 发出片选信号
        NAND_select_chip( );
        // (2) 读状态
        NAND_send_cmd(NAND_CMD_READ_STATUS);
```

```
        for(i=0; i<10; i++);
        ch = NAND_read( );
        // (3) 取消片选
        NAND_deselect_chip( );
        return ch;
    }
```

10.4　思考和练习题

1. 简述 NAND Flash 芯片 K9GAG08U0E 的结构和读、写、擦除方法。
2. 试编写 Exynos 4412 NAND Flash 芯片 K9GAG08U0E 读、写、擦除程序。

第 11 章　UART 接口

本章目标:

- 了解 UART 的工作原理和工作过程;
- 掌握 Exynos 4412 中 UART 的使用方法;
- 学会编写 UART 通信程序。

11.1　串行口结构和工作原理

通用异步收发器(Universal Asynchronous Receiver Transmitter,UART)用来传输串行数据。发送数据时,CPU 将并行数据写入发送缓冲区,UART 按照规定的帧格式,通过发送端口串行发出;接收数据时,UART 检测接收端口的信号,串行收集数据并暂时放在接收缓冲区中,之后,CPU 即可从接收缓冲区中读取这些数据。UART 之间以全双工方式传输数据,最精简的连线方法只有三根连线:TXD 用于发送数据,RXD 用于接收数据,Gnd 给双方提供参考电平。

UART 使用标准的 CMOS 逻辑电平(0～5 V、0～3.3 V、0～2.5 V 或 0～1.8 V 四种)来表示数据,高电平为 1,低电平为 0。为了增强数据的抗干扰能力,提高传输长度,通常将 CMOS 逻辑电平转换为 RS-232 逻辑电平(3～15 V 以 0 表示,−3～−15 V 以 1 表示)。TXD、RXD 数据线以"位"为最小单位传输数据,帧(frame)由具有完整意义的、不可分割的若干位组成,包含 1 位起始位、5～8 位数据位、1 位奇偶校验位(需要的话)和 1～2 位停止位。发送数据之前,UART 之间要约定数据的传输速率(即每位所占据的时间,其倒数称为波特率)、数据的帧格式(即有多少个数据位、是否使用校验位、是奇校验还是偶校验、有多少个停止位)。其数据传输流程如下:

(1) 平时数据线处于"空闲"状态(1 状态)。

(2) 当要发送数据时,UART 改变 TXD 数据线的状态(变为 0 状态)并维持 1 位的时间,这样,接收方检测到开始位后,再等待 1.5 位的时间就开始一位一位地检测数据线的状态,得到所传输的数据。

(3) UART 一帧中可以有 5、6、7 或 8 位数据,发送方一位一位地改变数据线的状态,将它们发送出去,首先发送最低位。

(4) 如果使用校验功能,UART 在发送完数据位后,还要发送 1 个校验位。有两种校验方法，即奇校验和偶校验(数据位连同校验位中"1"的数目分别等于奇数或偶数)。

(5) 发送停止位，数据线恢复到"空闲"状态(1 状态)。停止位的长度有三种：1 位、1.5 位、2 位。

图 11.1 演示了 UART 使用 7 个数据位、1 个偶校验位、2 个停止位的格式传输字符"A"(二进制值为 0b1000001)时，CMOS 逻辑电平、RS-232 逻辑电平对应的波形。

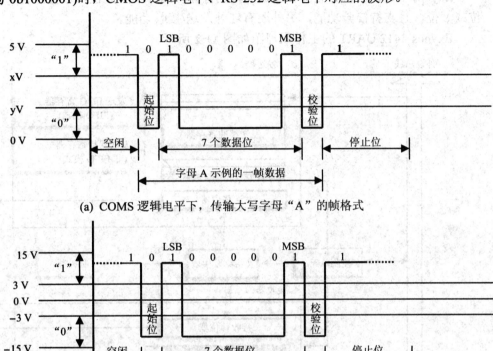

(a) COMS 逻辑电平下，传输大写字母"A"的帧格式

(b) R-S232 逻辑电平下，传输大写字母"A"的帧格式

图 11.1　UART 在 COMS 逻辑电平和 RS-232 逻辑电平下的帧格式示意图(以"A"为例)

11.2　Exynos 4412 串行口特点

Exynos 4412 的 UART 有 4 个独立的通道(通道 UART0～UART3)，每个通道都可以工作于中断模式或 DMA 模式，即 UART 可以发出中断或 DMA 请求，以便在 UART、CPU 之间传输数据。另外，Exynos 4412 还提供了一个带有 GPS 的串行通道(通道 UART4)。UART 由波特率发生器、发送器、接收器和控制逻辑组成。使用系统时钟时，Exynos 4412 的 UART 波特率可达 4 Mb/s，具体可以通过编程配置。

Exynos 4412 的每个 UART 的通道包括 2 个 FIFO(First In First Out)缓冲器，用于收/发数据。每个通道的 FIFO 大小不同，其中，通道 0 收/发的 FIFO 都是 256 字节；通道 1、4 收/发的 FIFO 都是 64 字节；通道 2、3 收/发的 FIFO 都是 16 字节。发送数据时，CPU 先将数据写入到对应通道的发送 FIFO 中，然后 UART 会自动将 FIFO 中的数据复制到"发送移位器"(Transmit Shifter)中，发送移位器将数据一位一位地发送到 TxDn 数据线上(根据设定的帧格式，插入开始位、校验位和停止位)。接收数据时，"接收移位器"(Receive Shifter)将 RxDn 数据线上的数据一位一位地接收进来，然后复制到 FIFO 中，CPU 即可从中读取数据。

Exynos 4412 UART 的每个通道支持的停止位有 1 位、2 位，数据位有 5 位、6 位、7 位或 8 位，且支持校验功能，另外还有红外发送/接收功能。

Exynos 4412 UART 的工作原理图如图 11.2 所示。

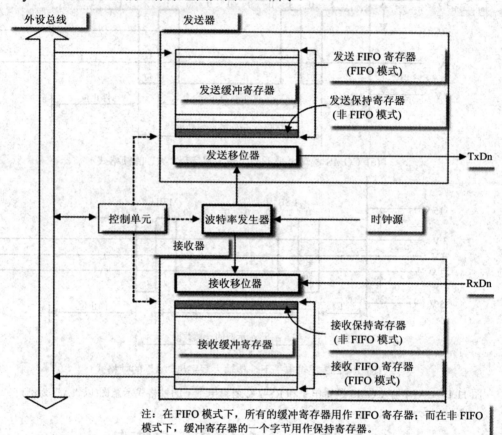

注：在 FIFO 模式下，所有的缓冲寄存器用作 FIFO 寄存器；而在非 FIFO 模式下，缓冲寄存器的一个字节用作保持寄存器。

图 11.2　Exynos 4412 UART 的工作原理图

在使用 UART 与 PC 通信的时候，PC 端需要设置波特率、数据位、是否使用校验位、有多少个停止位、是否使用流控等。如图 11.2 所示，UART 是工作在异步模式下的，接收器自身实现帧的同步。因此要实现通信，Exynos 4412 的 UART 也要作相同的设置，另外还要配置所涉及引脚为 UART 功能,配置 UART 通道的工作模式为中断模式或 DMA 模式。设置好之后，向某个寄存器中写入数据后即可发送。读取某个寄存器即可得到接收到的数据。在中断模式(查询模式)下，我们一般通过查询状态寄存器或设置中断来获知数据是否已经发送完成，是否已经接收到数据。

其具体的设置过程如下：

(1) 将所涉及的 UART 通道引脚设为 UART 功能。例如，UART 通道 0 中，GPA0_0、

GPA0_1 分别用作 RxD0、TxD0，要先设置 GPA0CON 寄存器，将 GPA0_0、GPA0_1 引脚的功能设为 RxD0、TxD0。可参考表 5.1 进行配置。

(2) 选择 UART 的时钟源。如图 11.3 所示，Exynos 4412 UART 的时钟源有八种选择：XXTI、XusbXTI、SCLK_HDMI27M、SCLK_USBPHY0/1、SCLK_HDMIPHY、$SCLK_{MPLL}$、$SCLK_{EPLL}$、$SCLK_{VPLL}$，由 CLK_SRC_PERIL0 寄存器进行选择配置。选择好时钟源后，可以通过 $DIV_{UART0\sim4}$ 设置分频系数进行分频，通过 CLK_DIV_PERIL0 寄存器进行配置。

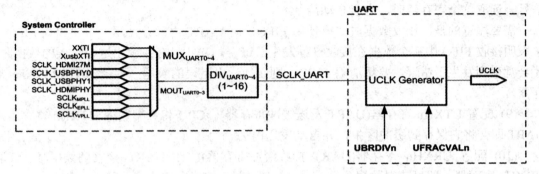

图 11.3　Exynos 4412 UART 时钟源框图

从分频器得到的时钟被称为 SCLK_UART。SCLK_UART 经过图 11.3 中的 "UCLK Generator" 后，得到 UCLK，它的频率就是 UART 的波特率。而 "UCLK Generator" 通过 2 个寄存器来设置：UBRDIVn、UFRACVALn。

(3) 设置波特率。根据给定的波特率、所选择时钟源频率，可以通过以下公式计算 UBRDIVn 寄存器(n 为 0～4，对应 5 个 UART 通道)的值：

$$UBRDIVn = (int)\frac{SCLK\_UART}{波特率 \times 16} - 1$$

上式计算出来的 UBRDIVn 寄存器值不一定是整数，UBRDIVn 寄存器取其整数部分，小数部分由 UFRACVALn 寄存器设置。UFRACVALn 寄存器的引入，使产生的波特率更加精确。例如，当 SCLK_UART 为 40 MHz 时，要求波特率设置成 115 200 b/s，则

$$\frac{40\,000\,000}{115\,200 \times 16} - 1 = 21.7 - 1 = 20.7$$

$$UBRDIVn = 整数部分 = 20$$

$$\frac{UFRACVALn}{16} = 小数部分 = 0.7$$

$$UFRACVALn = 16 \times 0.7 = 11$$

(4) 设置传输格式。传输格式由 ULCONn 寄存器(n=0～4)进行配置。

(5) 设置 UART 工作模式。可参考 UCONn 寄存器的各位域进行配置。

(6) 配置 UFCONn 寄存器、UFSTATn 寄存器。UFCONn 寄存器用于设置是否使用 FIFO，设置各 FIFO 的触发阈值，即发送 FIFO 中有多少个数据时产生中断，接收 FIFO 中有多少个数据时产生中断。并可以通过设置 UFCONn 寄存器来复位各个 FIFO。

读取 UFSTATn 寄存器可以知道各个 FIFO 是否已经满，其中有多少个数据。不使用 FIFO 时，可以认为 FIFO 的深度为 1；使用 FIFO 时 Exynos 4412 的 FIFO 深度最高可达

到 256。

(7) 配置 UTRSTATn 寄存器(UART 收/发状态寄存器)。UTRSTATn 寄存器用来表明数据是否已经发送完毕，是否已经接收到数据。其中，"缓冲区"是指图 11.2 中的 FIFO，不使用 FIFO 功能时可以认为其深度为 1。

(8) 配置 UERSTATn 寄存器(UART 错误状态寄存器)。UERSTATn 寄存器用来表示各种错误是否发生，位[0]至位[3]为 1 时分别表示溢出错误、校验错误、帧错误、检测到"break"信号。读取这个寄存器时，它会自动清 0。

需要注意的是，接收数据时如果使用 FIFO，则 UART 内部会使用一个"错误 FIFO"来表明接收 FIFO 中哪个数据在接收过程发生了错误。CPU 只有在读出这个错误的数据时，才会觉察到发生了错误。要想清除 FIFO，则必须读出错误的数据，并读出 UERSTATn 寄存器。

(9) 配置 UTXHn 寄存器(UART 发送缓冲寄存器)。CPU 将数据写入 UTXHn 寄存器，UART 即会将它保存到缓冲区中，并自动发送出去。

(10) 配置 URXHn 寄存器(UART 接收缓冲寄存器)。当 UART 接收到数据时，读取 URXHn 寄存器，即可获得数据。

11.3　串行口专用寄存器

下面对 UART 使用过程中的常用寄存器进行列表说明。

1. 串口时钟源选择寄存器

该寄存器用于为各通道的 UART 选择时钟源，如表 11.1 所示。

表 11.1　串口时钟源选择寄存器(CLK_SRC_PERIL0)

名称	位域	类型	功　能　描　述	复位值
通道 4 时钟选择	[19:16]	RW	0000 = XXTI；0001 = XusbXTI； 0010 = SCLK_HDMI24M 0011 = SCLK_USBPHY0 0101 = SCLK_HDMIPHY 0110 = SCLKMPLL_USER_T 0111 = SCLKEPLL 1000 = SCLKVPLL Others = Reserved	0x0
通道 3 时钟选择	[15:12]	RW	同上	0x1
通道 2 时钟选择	[11:8]	RW	同上	0x1
通道 1 时钟选择	[7:4]	RW	同上	0x1
通道 0 时钟选择	[3:0]	RW	同上	0x1

2. 时钟分频系数寄存器

该寄存器用于为 5 路 UART 通道设置分频系数，如表 11.2 所示。

表 11.2 时钟分频系数寄存器(CLK_DIV_PERIL0)

名 称	位域	类型	功 能 描 述	复位值
通道4分频因子	[19:16]	RW	通道 4 分频因子，SCLK_UART4 = MOUTUART4/(UART4_RATIO + 1)	0x0
通道3分频因子	[15:12]	RW	通道 3 分频因子，SCLK_UART3 = MOUTUART3/(UART3_RATIO + 1)	0x0
通道2分频因子	[11:8]	RW	通道 2 分频因子，SCLK_UART2 = MOUTUART2/(UART2_RATIO + 1)	0x0
通道1分频因子	[7:4]	RW	通道 1 分频因子，SCLK_UART1 = MOUTUART1/(UART1_RATIO + 1)	0x0
通道0分频因子	[3:0]	RW	通道 0 分频因子，SCLK_UART0 = MOUTUART0/(UART0_RATIO + 1)	0x0

3. 波特率分频寄存器 UBRDIVn(n = 0～4)

该类寄存器用于设置波特率分频值，如表 11.3 所示。

表 11.3 波特率分频寄存器

名称	位域	类型	功 能 描 述	复位值
UBRDIVn	[15:0]	RW	波特率分频值	0x0000

4. 寄存器 UFRACVALn(n = 0～4)

该类寄存器用来处理波特率分频值的小数部分，如表 11.4 所示。可参考上文中给出的计算波特率示例。

表 11.4 UFRACVALn(n = 0～4)寄存器

名称	位域	类型	功 能 描 述	复位值
UFRACVALn	[7:0]	RW	决定波特率分频值的小数部分	0x0

5. UART 控制寄存器 ULCONn (n = 0～4)

该类寄存器主要用于配置串行数据帧的格式等，如表 11.5 所示。

表 11.5 ULCONn(n = 0～4)寄存器

名称	位域	类型	功 能 描 述	复位值
红外模式	[6]	RW	0 = 正常模式；1 = 红外模式	0
奇偶校验	[5:3]	RW	0xx = 无校验；100 = 奇校验；101 = 偶；110 = 校验位强制为1；111 = 校验位强制为 0	—
停止位个数	[2]	RW	0 = 1 个；1 = 2 个	0
数据位个数	[1:0]	RW	00 = 5；01 = 6；10 = 7；11 = 8	00

6. UART 控制寄存器 UCONn(n = 0～4)

该类寄存器主要用于配置 UART 的工作方式，如表 11.6 所示。

表 11.6 UART 控制寄存器 UCONn(n = 0~4)

名 称	位域	类型	功 能 描 述	复位值
Tx DMA Burst 大小	[22:20]	RW	000 = 1Byte；001 = 4 Byte；010 = 8 Byte；011 = 16 Byte；其余保留	0
Rx DMA Burst 大小	[18:16]	RW	000 = 1Byte；001 = 4 Byte；010 = 8 Byte；011 = 16 Byte；其余保留	0
接收超时中断间隔	[15:12]	RW	在 8 × (N + 1)时间内接收不到数据，则发生中断	0x3
空 FIFO 接收超时	[11]	RW	0 = 禁止；1 = 使能	0
接收超时 DMA 挂起	[10]	RW	0 = 禁止；1 = 使能	0
发送中断类型	[9]	RW	0 = 脉冲；1 = 电平	0
接收中断类型	[8]	RW	0 = 脉冲；1 = 电平	0
接收超时使能	[7]	RW	0 = 禁止；1 = 使能	0
接收错误状态中断使能	[6]	RW	0 = 禁止；1 = 使能	0
回送模式	[5]	RW	0 = 正常模式；1 = 回送模式	0
发送突变信号	[4]	RW	0 = 正常模式；1 = 发送突变信号	0
发送模式	[3:2]	RW	00 = 禁止；01 = 中断请求；10 = DMA 模式；11 = 保留	00
接收模式	[1:0]	RW	00 = 禁止；01 = 中断请求；10 = DMA 模式；11 = 保留	00

7. UART FIFO 控制寄存器 UFCONn(n = 0~4)

该类寄存器用于配置 UART FIFO 缓冲器的大小和触发水平等，如表 11.7 所示。

表 11.7 UART FIFO 控制寄存器 UFCONn(n = 0~4)

名 称	位域	类型	功 能 描 述	复位值
Tx FIFO 触发水平	[10:8]	RW	[Channel 0] 000 = 0 Byte；001 = 32 Byte；010 = 64 Byte；011 = 96 Byte； 100 = 128 Byte；101 = 160 Byte；110 = 192 Byte；111 = 224 Byte [Channel 1, 4] 000 = 0 Byte；001 = 8 Byte；010 = 16 Byte；011 = 24 Byte； 100 = 32 Byte；101 = 40 Byte；110 = 48 Byte；111 = 56 Byte [Channel 2, 3] 000 = 0 Byte；001 = 2 Byte；010 = 4 Byte；011 = 6 Byte； 100 = 8 Byte；101 = 10 Byte；110 = 12 Byte；111 = 14 Byte	000
Rx FIFO 触发水平	[6:4]	RW	[Channel 0] 000 = 0 Byte；001 = 32 Byte；010 = 64 Byte；011 = 96 Byte； 100 = 128 Byte；101 = 160 Byte；110 = 192 Byte；111 = 224 Byte [Channel 1, 4] 000 = 0 Byte；001 = 8 Byte；010 = 16 Byte；011 = 24 Byte； 100 = 32 Byte；101 = 40 Byte；110 = 48 Byte；111 = 56 Byte[Channel 2, 3] 000 = 0 Byte；001 = 2 Byte；010 = 4 Byte；011 = 6 Byte； 100 = 8 Byte；101 = 10 Byte；110 = 12 Byte；111 = 14 Byte	000

续表

名　　称	位域	类型	功 能 描 述	复位值
Tx FIFO 复位	[2]	S	Tx FIFO 复位后是否清零。0 = 不清零；1 = 清零	0
Rx FIFO 复位	[1]	S	Rx FIFO 复位后是否清零。0 = 不清零；1 = 清零	0
FIFO 使能	[0]	RW	0 = 禁止；1 = 使能	0x1

8. 发送寄存器 UTXHn(n = 0～4)

该类寄存器用于存放待发送的数据，如表 11.8 所示。

表 11.8　UART 发送寄存器 UTXHn(n = 0～4)

名称	位域	类型	功 能 描 述	复位值
UTXHn	[7:0]	RWX	发送数据	—

9. 接收寄存器 URXHn(n = 0～4)

该类寄存器用于存放接收到的数据，如表 11.9 所示。

表 11.9　UART 发送寄存器 URXHn(n = 0～4)

名称	位域	类型	功 能 描 述	复位值
URXHn	[7:0]	RWX	接收到的数据	—

11.4　应 用 实 例

本节通过一个具体实例，讲解 UART 的配置和使用方法。该实例中使用了 UART0，程序中仅对该串口进行了设置。目的是自串口输入一个字符，再从串口终端原样输出。程序中给出了详细的注释和说明，结合上面的寄存器用法即可理解。程序的具体实现代码如下：

1. 定义指向寄存器物理地址的变量

```
//GPA0 口将被设置为功能接口，用于 UART 的收/发
#define GPA0CON        (*(volatile unsigned int *)0x11400000)
//UART 时钟相关寄存器
#define CLK_SRC_PERIL0        (*(volatile unsigned int *)0x1003C250)
#define CLK_DIV_PERIL0        (*(volatile unsigned int *)0x1003C550)
//UART 相关寄存器
#define UART_BASE        0x13800000
#define ULCON0        (*(volatile unsigned int *) UART_BASE+ 0x0000)
#define UCON0        (*(volatile unsigned int *) UART_BASE+ 0x0004)
#define UFCON0        (*(volatile unsigned int *) UART_BASE+ 0x0008)
```

```
#define UTRSTAT0    (*(volatile unsigned int *) UART_BASE+ 0x0010)
#define UTXH0       (*(volatile unsigned int *) UART_BASE+ 0x0020)
#define URXH0       (*(volatile unsigned int *) UART_BASE+ 0x0024)
#define UBRDIV0     (*(volatile unsigned int *) UART_BASE+ 0x0028)
#define UFRACVAL0   (*(volatile unsigned int *) UART_BASE+ 0x002c)
```

2. UART 初始化

```
void uartInit( )
{
/* 1. 配置 GPA0 位[0]、[1]为串口 UART_0_RXD、UART_0_TXD 功能 */
    GPA0CON & = ~(0xff);            //设置 UART0 对应的 GPIO 为 UART 功能
    GPA0CON |= ((0x2<<0)|(0x2<<4));
/*2. 设置 UART 时钟源 SCLK_UART*/
    // 2.1 CLK_SRC_DMC : bit[12]即 MUX_MPLL_SEL=1, SCLKMPLLL 使用 MPLL 的输出
    CLK_SRC_DMC |= (0x1<<12);
    // 2.2 CLK_SRC_TOP1 : bit[12]即 MUX_MPLL_USER_SEL_T=1, MUXMPLL 用 SCLK_MPLLL,
    //见图 11.3
    CLK_SRC_TOP1 |= (0x1<<12);
    // 2.3 CLK_SRC_PERIL0 : bit[3:0]即 UART0_SEL=6, MOUTUART0 使用 SCLKMPLL_USER_T
    CLK_SRC_PERIL0 & = ~(0xf);      // UART0_SEL=6
    CLK_SRC_PERIL0 | = (0x6<<0);    //所以, MOUTUART0 即等于 MPLL 的输出, 800 MHz
    //2.4 CLK_DIV_PERIL0 : bit[3:0]即 UART0_RATIO=7, 所以分频系数 = 7+1 = 8
    //SCLK_UART0=MOUTUART0/(7+1)=100MHz
    CLK_DIV_PERIL0 & = ~(0xf);
    CLK_DIV_PERIL0 | = (7<<0);
/* 3. 设置串口 0 相关 */
    //设置 FIFO 中断触发阈值都为 64 KB; FIFO 收发复位为正常模式; 使能 FIFO
    UFCON0 & = ~((0x7<<0)| (0x7<<4)| (0x7<<8));
    UFCON0| = ((0x1<<0)| (0x1<<4)| (0x2<<8));
    //设置数据格式: 8n1, 即 8 个数据位, 没有校验位, 1 个停止位
    ULCON0 & = ~((0x3<<0)| (0x1<<2)| (0x3<<3));
    ULCON0 | = ((0x3<<0)| (0x0<<2)| (0x0<<3));
    //工作于中断/查询模式; 另一种是 DMA 模式, 本节没有使用
    UCON0 & = ~((0x3<<0)| (0x3<<2));
    UCON0 | = ((0x1<<0)| (0x1<<2));
    /* SCLK_UART0=100MHz, 波特率设置为 115200
     * 寄存器的值如下计算:
     * DIV_VAL = 100 000 000 / (115200 × 16) - 1 = 53.25
     * UBRDIVn0 = 整数部分 = 53
```

```
                    * UFRACVAL0 = 小数部分 × 16 = 0.25 * 16 = 4
                    */
                    UBRDIV0 = 53;
                    UFRACVAL0 = 4;
        }
```

3. 收发字符/字符串函数

```
        char getc(void)
        {
            char c;
            while (!(UTRSTAT0 & (1<<0)));        //查询状态寄存器，直到接收完有效数据
            c = URXH0;                           //读取接收寄存器的值
            return c;
        }
        void putc(char c)
        {
            char c;
            while (!(UTRSTAT0 & (1<<2)));        //查询状态寄存器，直到发送缓存为空
            UTXH0 = c;                           //写入发送寄存器
            return 0;
        }
        void puts(char *s)
        {
            while(*s)
            {
                putc(*s);
                s++;
            }
        }
```

4. 主函数

```
        include "serial.h"
        int main( )
        {
            unsigned char c;
            uartInit( );
            while(1)
            {
                c = getc( );
                if (isDigit(c) || isLettle(c))
```

```
            putc(c);
        }
        return 0;
    }
```

11.5　思考和练习题

1. 串行通信与并行通信的概念分别是什么？

2. RS-232C 串行通信接口规范是什么？

3. 在 Exynos 4412 的串口控制器中，主要寄存器的作用是什么？

4. 编写一个串口程序，采用中断方式，实现向 PC 的串口终端打印一个字符串 "hello" 的功能。

第 12 章　I²C 接口

本章目标：

- 了解 I²C 总线协议；
- 掌握 Exynos 4412 中 I²C 接口的使用方法；
- 学会编写 I²C 通信程序。

12.1　I²C 接口结构和特点

1. I²C 总线简介

　　I²C(Inter Intergrated Circuit，也称 I²C)总线是由 PHILIPS 公司开发的两线式串行总线，用来连接微控制器及其外围设备，是微电子通信控制领域广泛采用的一种总线标准。它是同步通信的一种特殊形式，具有接口线少、控制方式简单、器件封装形式小、通信速率较高等优点，具体如下：

- 具有两条总线线路，即一条串行数据线 SDA 和一条串行时钟线 SCL。
- 每个连接到总线上的器件都可以通过唯一的地址联系主机，同时主机可以作为主机发送器或主机接收器。
- 它是一个真正的多主机总线，如果两个或更多主机同时初始化，则数据传输可以通过冲突检测和仲裁防止数据被破坏。
- 串行的 8 位双向数据传输位速率在标准模式下可以达到 100 Kb/s，快速模式下可以达到 400 Kb/s，高速模式下可以达到 3.4 Mb/s。
- 连接到相同总线的 IC 数量只受到总线最大电容 400 pF 的限制。

　　图 12.1 是一个 I²C 总线上挂接多个设备的示意图。

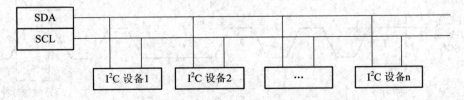

图 12.1　I²C 总线上多个设备互连示意图

2. I²C 总线相关术语

　　表 12.1 列出了 I²C 总线相关的一些术语。

表 12.1　I²C 总线相关术语

术语名称	功 能 描 述
发送器	发送数据到总线的器件
接收器	从总线接收数据的器件
主机	发起/停止数据传输，提供时钟信号的器件
从机	被主机寻址的器件
多主机	可以有多个主机试图去控制总线，但是不会破坏数据
仲裁	当多个主机试图去控制总线时，通过仲裁可以使得只有一个主机获得总线的控制权

3. I²C 总线的信号类型

I²C 总线在传送数据的过程中共有三种类型的信号：启动信号、结束信号和响应信号。

(1) 启动信号(S)：SCL 为高电平时，SDA 由高电平向低电平跳变，开始传输数据。

(2) 停止信号(P)：SCL 为低电平时，SDA 由低电平向高电平跳变，结束传输数据。

(3) 响应信号(ACK)：接收器在接收到 8 位数据后，在第 9 个时钟周期时，拉低 SDA 电平。

它们的波形如图 12.2 和图 12.3 所示。

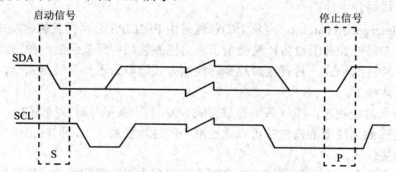

图 12.2　启动信号和停止信号示意图

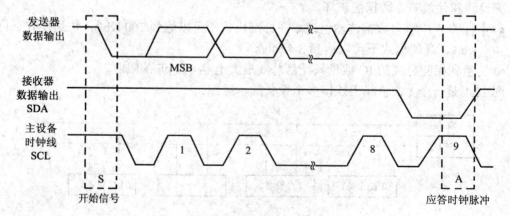

图 12.3　应答信号(ACK)

SDA 上传数据必须在 SCL 为高电平期间且保持稳定，SDA 上的数据只有在 SCL 为低电平期间变化，如图 12.4 所示。

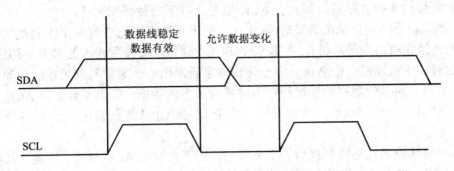

图 12.4　I²C 数据有效性示意图

4. I²C 总线的数据传输格式

发送到 SDA 线上的每个字节必须是 8 位的，每次传输可以发送的字节数不受限制。每个字节后必须跟一个响应位。首先传输的是数据的最高位(MSB)。如果从机要完成一些其他功能(如一个内部中断服务程序)后才能继续接收或发送下一个字节，从机可以拉低 SCL 迫使主机进入等待状态。当从机准备好接收下一个数据并释放 SCL 后，数据传输继续。如果主机在传输数据期间也需要完成一些其他功能(如响应内部中断服务程序)，也可以拉低 SCL 以占住总线。

启动一个传输时，主机先发出 S 信号，然后发出 8 位数据。这 8 位数据中前 7 位为从机的地址，第 8 位表示传输的方向(0 表示写操作，1 表示读操作)。被选中的从机发出应答信号。紧接着传输一系列字节及其响应位。最后，主机发出 P 信号，结束本次传输。图 12.5 所示为 I²C 总线数据传输格式。

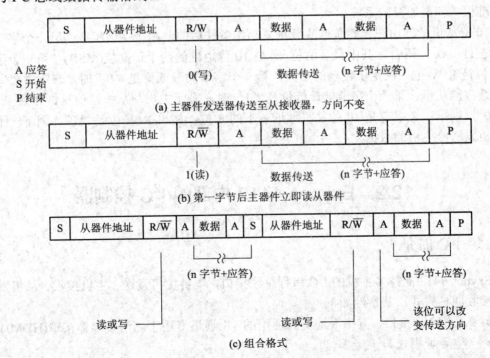

图 12.5　I²C 总线数据传输格式

并非每传输 8 位数据后，都会有 ACK 信号，以下三种情况例外：

(1) 当从机不能响应从机地址时(例如它正忙于其他事而无法响应 I^2C 总线的操作，或者找到的地址没有对应的从机)，在第 9 个 SCL 周期内 SDA 线没有被拉低，即没有 ACK 信号。这时，主机发出一个 P 信号中止传输或重新发出一个 S 信号开始新的传输。

(2) 如果从机接收器在传输过程中不能接收更多的数据，它也不会发出 ACK 信号。这样，主机就可以意识到这点，从而发出一个 P 信号中止或重新发出一个 S 信号开始新的传输。

(3) 主机接收器在接收到最后一个字节后，也不会发出 ACK 信号。于是，从机发送器释放 SDA 线，以允许主机发出 P 信号结束传输。

5. I^2C 总线的寻址方式

1) 7 位寻址

第一个字节的开始 7 位组成从机地址，最低位(LSB)是第 8 位，它决定了普通的和带重复开始条件的 7 位地址格式的方向。第一个字节的最低位是 "0" 时，表示主机写信息到被选中的从机；第一个字节的最低位是 "1" 时，表示主机从从机读信息。当发送了一个地址后，系统中的每个器件都在起始条件后将前 7 位与自己的地址比较，如果一样，器件会判定它被主机寻址。至于是从机接收器还是从机发送器，都由 R/W 位决定。

2) 10 位寻址

10 位寻址和 7 位寻址兼容，而且可以结合使用。10 位寻址采用了保留 1111xxx 作为起始条件，或重复起始条件后第一个字节的前 7 位。10 位寻址不会影响已有的 7 位寻址，有 7 位和 10 位地址的器件可以连接 I^2C 总线 10 位地址格式到相同的 I^2C 总线上。它们都能用于标准模式和高速模式系统。

10 位从机地址由在起始条件或者重复起始条件后的前两个字节组成。第一个字节的前 7 位是 1110xx 的组合，其中最后两位 xx 是 10 位地址的两个最高位(MSB)。第一个字节的第 8 位是 R/W 位，决定了传输的方向，第一个字节的最低位是 "0" 时，表示主机写信息到被选中的从机；第一个字节的最低位是 "1" 时，表示主机从从机读信息。如果 R/W 位是 "0"，则第二个字节是 10 位从机地址剩下的 8 位；如果 R/W 位是 "1"，则下一个字节是从机发送给主机的数据。

12.2　Exynos 4412 内部的 I^2C 控制器

12.2.1　I^2C 简介

Exynos 4412 支持多主机的 I^2C 串行总线接口，支持主机发送、主机接收、从机发送和从机接收四种模式。其特性如下：

- 9 通道 I^2C 接口，其中 8 通道为通用的，1 通道专用于高清多媒体接口(HDMI)。
- 7 位寻址模式。
- 支持串行 8 位双向传输。

- 支持高达 100 Kb/s 的标准传输模式和 400 Kb/s 的快速传输模式。
- 支持中断和查询事件。

其内部结构如图 12.6 所示。

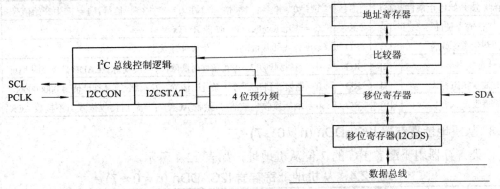

图 12.6　I²C 串行总线接口内部结构

由图可以看出，Exynos 4412 提供了 4 个寄存器进行配置和控制 I²C 操作。SDA 线上的数据从 I2CDS 寄存器发出，或者传入 I2CDS 寄存器。I2CADD 寄存器中保存 Exynos 4412 作为从机时的地址。I2CCON、I2CSTAT 两个寄存器用来控制和标识各种状态，比如选择工作模式，发送 S 信号、P 信号，决定是否发出 ACK 信号，检测是否收到 ACK 信号等。各寄存器的用法在下节具体介绍。

12.2.2　I²C 相关寄存器

Exynos 4412 I²C 总线控制寄存器主要有控制寄存器 I2CCONn、状态寄存器 I2CSTATn、地址寄存器 I2CADDn、收/发数据移位寄存器 I2CDSn 和多主机线控寄存器 I2CLCn。每类寄存器针对 8 个通道各有一个与之对应，即上述寄存器中的 n，其取值为 0～7。下面对其中的主要寄存器进行说明。

1. 控制寄存器 I2CCONn(n = 0～7)

该类寄存器用于配置 8 个 I²C 通道的时钟和使能等功能，如表 12.2 所示。

表 12.2　控制寄存器 I2CCONn(n = 0～7)

名称	位域	类型	功能描述	复位值
应答产生	[7]	RW	应答使能位。0 = 禁止；1 = 使能	0
Tx 时钟源选择	[6]	RW	传输时钟预分频选择位。 0 = I2CCLK = $f_{PCLK}/16$；1 = I2CCLK = $f_{PCLK}/512$	0
Tx/Rx 中断	[5]	RW	Tx/Rx 中断使能位。0 = 禁止；1 = 使能	0
中断挂起标志位	[4]	S	读：0 = 未产生中断；1 = 产生中断 写：0 = 无效；1 = 恢复操作	0x01
发送时钟值	[3:0]	RW	Tx 时钟 = I2CCLK/(I2CCON[3:0] + 1)	—

2. 状态寄存器 I2CSTATn (n = 0～7)

该类寄存器用于标示 I²C 的运行状态等，如表 12.3 所示。

表 12.3　状态寄存器 I2CSTATn (n = 0～7)

名　称	位域	类型	功 能 描 述	复位值
主从收发模式选择	[7:6]	RWX	00 = 从接收模式；01 = 从发送模式；10 = 主接收模式；11 = 主发送模式	00
忙信号状态/开始停止条件	[5]	S	读：0 = 准备；1 = 忙　　写：0 = 产生停止信号；1 = 产生开始信号	0
串行输出使能	[4]	S	0 = 禁止 Rx/Tx；1 = 使能 Rx/Tx	0
仲裁状态标识位	[3]	RO	0 = 总线仲裁成功；1 = 总线仲裁失败	0
从地址状态标识位	[2]	RO	0 = 当侦测到开启/停止条件时清除；1 = 接收与 I2CADD 匹配的从地址	0
地址 0 状态标志	[1]	RO	0 = 当侦测到开启/停止条件时清除；1 = 接收到从地址值为 00000000b	0
最后接收位状态标志	[0]	RO	0 = 最后接收位被清零(接收 ACK)；1 = 最后接收位置 1(不接收 ACK)	0

3. 从机地址寄存器 I2CADDn (n = 0～7)

该类寄存器用于配置 I^2C 的 7 位从机地址，如表 12.4 所示。

表 12.4　从机地址寄存器 I2CADDn (n = 0～7)

名称	位域	类型	功 能 描 述	复位值
从机地址	[7:0]	RWX	7 位从机地址[7:1]，位[0]不可用。该寄存器随时可读。当 I2CSTAT 串行输出使能时可写	—

4. 数据收/发移位寄存器 I2CDSn (n = 0～7)

该类寄存器用于存储 I^2C 收/发的数据，如表 12.5 所示。

表 12.5　数据收/发移位寄存器 I2CDSn (n = 0～7)

名称	位域	类型	功 能 描 述	复位值
数据移位	[7:0]	RWX	8 位数据移位寄存器。如果串行输出使能，该寄存器可写；任何时候可读	—

12.3　I^2C 应用实例

本节通过 Exynos 4412 的 I^2C 对 E^2PROM 芯片 AT24C02 的操作，介绍 I^2C 的编程方法。AT24C02A/04A/08A/16A 是存储容量为 2K/4K/8K/16K 位(bit)的 E^2PROM，支持电擦除、电烧写，支持 I^2C 总线接口协议等。

图 12.7 为 Exynos 4412 的 I^2C 与 E^2PROM 芯片 AT24C02 电路接线图。由电路图可知，选用的 AT24C02 芯片将引脚 A2～A0 接地，所以它的器件地址为 0xA0。另外，AT24C02 的 SDA、SCL 引脚分别接在了 Exynos 4412 的 Xi2cSDA0_OUT 和 Xi2cSCL0_OUT 引脚上。

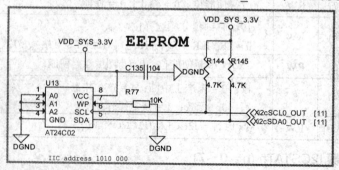

图 12.7　Exynos 4412 的 I^2C 与 E^2PROM 芯片 AT24C02 电路接线图

下面将介绍 AT24C02 的几种操作时序，分别为字节写时序、页写时序、当前地址读、随机地址读和顺序读时序。

图 12.8 显示了四种不同的操作方式：写单个存储单元、写多个存储单元、读单个存储单元和读多个存储单元。对于单个操作而言，上部分为 MCU 通过 I²C 输出的相关指令，下部分为 I²C 设备的响应。例如，写单个存储单元操作时，MCU 发出 I²C 启动、设备地址、写标志位等，而 I²C 设备输出多个应答信号 ACK。

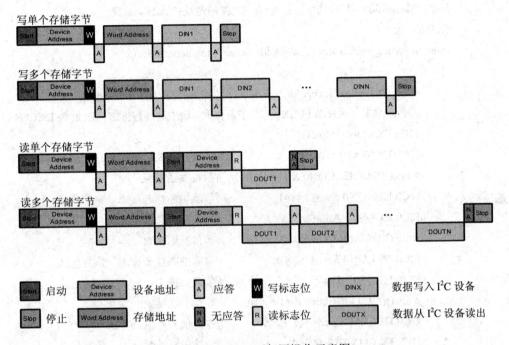

图 12.8　AT24C02 读/写操作示意图

12.3.1　基本操作

1. 单字节写操作

字节写时序依次要发送器件的地址(包括 LSB 用于读/写标识，0 标识为写，1 标识为读)、器件片内数据写入地址和写入的 8 位数据。AT24C02 接收到上面的每一次地址或数据，都会返回一个应答信号 ACK。当 AT24C02 接收完成最后一个数据并返回 ACK 应答信号时，I²C 主机必须产生停止位来结束写时序。此后，AT24C02 将进入"内部写状态"。这段时间内，AT24C02 将不会对 I²C 上的任何输入作出响应。其关键代码如下：

I²C 寄存器结构体的定义：

```
#define uchar unsigned char
#define uint unsigned int
typedef struct {
        uint I2CCON;
        uint I2CSTAT;
        uint I2CADD;
```

```
                    uint I2CDS;
                    uint I2CLC;
                    } i2c0;
    #define I2C0 (*(volatile i2c0*) 0x13860000
    /*  函数：iic_write_24c02
        功能：写一个字节到 24c02
        参数：SlaveAddr---芯片的地址；Addr---数据的地址；Data---数据
        返回值：无  */
        void iic_write_24c02(uchar SlaveAddr, uchar Addr, uchar Data)
        {
            I2C0.I2CDS0 = SlaveAddr;          //装载要写入的目的地址
            //使能 ACK；时钟源 PCLK/512；中断使能；清中断挂起标志；Tx 时钟 I2CCLK/(1 + 1)
            I2C0.I2CCON0 = 0xe1;
            I2C0.I2CSTAT0 |= 0xf0;            //主发送模式；开始传送；输出使能
            while(!(I2C0.I2CCON0 & (1<<4)));  //等待发送结束
            I2C0.I2CCON0 &= ~(1<<4);          //清除中断挂起标志，恢复传送
            I2C0.I2CDS0 = Addr;               //装载从机总线地址
            while(!(I2C0.I2CCON0 & (1<<4)));  //等待发送结束
            I2C0.I2CCON0 &= ~(1<<4);          //清除中断挂起标志，恢复传送
            I2C0.I2CDS0 = Data;               //装载数据
            while(!(I2C0.I2CCON0 & (1<<4)));  //等待发送结束
            I2C0.I2CSTAT0 = &= ~(1<<5);       //停止信号产生，释放总线
            I2C0.I2CCON0 & ~(1<<4);           //清除中断挂起标志，恢复传送
        }
```

2. 多字节写操作

AT24C02 具有页写功能(多字节写)，其存储大小为 2 KB，支持 8 字节的连续写入。芯片根据型号不同，其他型号支持不同大小的页写入。页写入时序和字节写入时序大致一样，只是在写入第一个数据并接收到 E^2PROM 的 ACK 应答时，主机不再发送停止位，而是继续写入数据。此时，AT24C02 还能写入 7 字节到 E^2PROM 中。E^2PROM 每次接收到一个字节就会返回一个应答 ACK。此后，主机必须发送一个停止位来结束页时序，否则地址将发生回滚，出现新写入的数据破坏之前写入的数据的情况。

3. 当前地址读操作

由于在 E^2PROM 中维护了一个最新的器件片内数据写入地址，当要读取 E^2PROM 当前地址的内部数据时，只需要传送器件地址(包括 LSB 用于读/写，此时为 1，标示读方向)，E^2PROM 会将当前地址的内部数据发送到总线上。此后，主机不需要回复应答信号，但要发送一个停止位。

4. 随机地址读操作

随机地址读也就是指定地址读。上面说过，在 E^2PROM 中维护了一个最新的器件片内

数据写入地址。一旦有读/写操作，这个内部地址将发生改变。也就是说，其维护的是最新的内部访问地址，而且这个自动更新操作是由内部数据地址计数器来完成的。注意，内部数据地址自动更新的过程具有"回滚"特性。所谓页回滚就是当读写到页边界的时候，也就是页的最后一个字节时，将回滚到当前页的第一个字节。所以要实现指定地址读，就要使这个内部地址更新为将要访问的地址。按照其操作时序，依次发送器件地址、要访问的片内数据地址。此时，维护的内部地址已经更新为将要访问的片内数据地址。后面的操作就和当前地址的读时序一样了。

其关键代码如下：

```
/* 函数：  iic_read_24c02
   功能：从 24c02 读一个字节
   参数：SlaveAddr--- 芯片的地址；Addr---数据的地址；Data---数据指针
   返回值：无  */
   void iic_read_24c02(uchar SlaveAddr, uchar Addr, uchar *Data)
   {
       I2C0.I2CDS0 = SlaveAddr;                      //装载要写入的目的地地址
       //使能 ACK；时钟源 PCLK/512；中断使能；清中断挂起标志；Tx 时钟 I2CCLK/(1 + 1)
       I2C0.I2CCON0 = 0xe1;
       I2C0.I2CSTAT0 = 0xf0;                         //主发送模式；开始传送；输出使能
       while(!(I2C0.I2CCON0 & (1<<4)));              //等待发送结束
       I2C0.I2CCON0 &= ~(1<<4)));                    //清除中断挂起标志，恢复传送
       I2C0.I2CDS0 = Addr;                           //装载从机总线地址
       while(!(I2C0.I2CCON0 & (1<<4)));              //等待发送结束
       I2C0.I2CCON0 &= ~(1<<4);                      //清除中断挂起标志，恢复传送
       I2C0.I2CDS0 = SlaveAddr|0x01;
       I2C0.I2CSTAT0 = 0xb0;
       I2C0.I2CCON0 &= ~((1<<7)|(1<<4));
       while(!(I2C0.I2CCON0 & (1<<4)));              //等待发送结束
       *data = I2C0.I2CDS0;                          //读取一个字节数据
       I2C0.I2CSTAT0 = &= ~(1<<5);                   //停止信号产生，释放总线
       I2C0.I2CCON0 & ~(1<<4);                       //清除中断挂起标志，恢复传送
   }
```

5. 顺序读操作

顺序读能实现一个不大于页大小的连续读操作，分为当前地址的顺序读和指定地址的顺序读。所以读顺序可以由上面介绍的当前地址读和随机地址读开始。不同的是，当 E²PROM 完成当前地址读或随机地址读后，由主机再读到一字节后给从机发送一个应答信号，随后每接收到一字节，主机都要给从机发送一个应答信号，当主机不发送应答信号且发送停止条件时，将结束一个连续的读操作。注意，AT24C02 在这里也存在回滚特性，当读到页边界的时候，维护的内部地址将回滚到页的开头，此时读取的不再是想要的内部连续数据。

12.3.2   编程实例

通过编写程序，将 GPD1 的 GPD1[0]和 GPD1[1]分别配置成 I2C_0_SDA、I2C_0_SCL。采用字节写的方式，向 E²PROM 的地址 0 循环写入 256 B 数据，然后采用随机读的方式，循环读出 0 地址开始的 256 个刚写入的数据，最后将其以串口的形式在终端打印出来。程序的具体实现代码如下：

```
#define N 256
int main( )
{
    uchar src[N],dst[N];
    volatile int i,sum;
    for(i = 0;i<N;i++)
    {
        src[i] = i;
        dst[i] = 0;
    }
    //GPD1 的 GPD1[0]和 GPD1[1]分别配置成 I2C_0_SDA、I2C_0_SCL
    GPD1.GPD1CON = (GPD1.GPD1CON &(~0xff)) | 0x22;
    uart0_init();
    for(i = 0;i<N;i++)
    {
        iic_write_24c02(0xa0,i,src[i]);
        for(sum = 10000;sum!=0;sum--);        //延时等待写操作
    }
    for(sum = 100000;sum!=0;sum--);            //延时等待
    for(i = 0;i<N;i++)
        iic_read_24c02(0xa0,i,&(dst[i]));
    printf("read from AT24C02: ");
    for(i = 0;i<N;i++)
        printf("   %d",dst[i]);
    while(1);
    return 0;
}
```

12.4   思考和练习题

1. 试述 I²C 总线的优、缺点。
2. 编程实现 I²C 总线操作 E²PROM 芯片 AT24C02。

第 13 章　SPI 接口

本章目标：

- 了解 SPI 总线协议；
- 掌握 Exynos 4412 中 SPI 总线的控制器使用方法；
- 学会编写 SPI 通信程序。

13.1　SPI 总线协议

13.1.1　协议简介

SPI(Serial Peripheral Interface，串行外设接口)是一种高速的全双工、同步的通信总线。通过该总线，可以使微控制器(MCU)高速地与各种外围设备以串行方式进行通信。SPI 接口主要应用在 Flash、E^{2}PROM、实时时钟、A/D 转换器、数字信号处理器和数字信号解码器之间。SPI 总线可直接与各个厂家生产的多种标准外围器件直接连接，数据传输速度总体来说比 I^{2}C 总线要快，速度可达到几 Mb/s。

其主要特点如下：

(1) 采用主-从模式(Master-Slave)的控制方式。SPI 规定了两个 SPI 设备之间通信必须由主设备(Master)来控制从设备(Slave)。一个主设备可以通过提供同步时钟以及对从设备进行片选来控制多个从设备。SPI 协议还规定从设备的时钟由主设备通过 SCK 引脚提供给从设备，从设备本身不能产生或控制时钟。

(2) 采用同步方式(Synchronous)传输数据。主设备会根据将要交换的数据来产生相应的时钟脉冲，时钟脉冲组成了时钟信号。时钟信号通过时钟极性(CPOL)和时钟相位(CPHA)控制着两个 SPI 设备间何时数据交换以及何时对接收到的数据进行采样，来保证数据在两个设备之间是同步传输的。

(3) 数据交换(Data Exchanges)。SPI 设备间的数据传输之所以又被称为数据交换，是因为 SPI 协议规定一个 SPI 设备不能在数据通信过程中仅仅充当一个"发送者(Transmitter)"或者"接收者(Receiver)"。在每个时钟周期内，SPI 设备都会发送并接收一个比特大小的数据，相当于该设备有一个比特大小的数据被交换了。

一个从设备要想能够接收到主设备发送过来的控制信号，必须在此之前能够被主设备进行访问(Access)。所以，主设备必须首先通过片选 SS 引脚对从设备进行片选，把想要访问的从设备选中。

在数据传输的过程中，每次接收到的数据必须在下一次数据传输之前被采样。如果之前接收到的数据没有被读取，那么这些已经接收完成的数据将有可能被丢弃，导致 SPI 物理模块最终失效。因此，在程序中一般都会在 SPI 传输完数据后，去读取 SPI 设备里的数据，即使这些虚假数据(Dummy Data)在我们的程序里是无用的。

13.1.2　协议内容

SPI 接口是 MCU 和外围低速器件之间进行同步串行数据传输的通道。在主器件的移位脉冲驱动下，数据按位传输，高位(MSB)在前，低位(LSB)在后。

SPI 接口是以主从方式工作的，通常有一个主器件和一个或多个从器件，其接口包括以下四种信号：

(1) MOSI——主器件数据输出，从器件数据输入；

(2) MISO——主器件数据输入，从器件数据输出；

(3) SPICLK——时钟信号，由主器件产生；

(4) CS——从器件使能信号，由主器件控制。

其中，CS 是从器件的片选信号，用于使能从器件。由 SPICLK 提供时钟脉冲，MOSI 和 MISO 则基于脉冲完成数据传输。数据输出通过 MOSI 线，数据在时钟上升沿或下降沿时改变，在紧接着的下降沿或上升沿被读取，完成一位数据传输。输入也使用同样的原理。

SPI 模块为了和外设进行数据交换，根据外设工作要求，其输出的串行同步时钟极性(CPOL)和时钟相位(CPHA)可以进行配置。如果 CPOL = 0，则串行同步时钟的空闲状态为低电平；如果 CPOL = 1，则串行同步时钟的空闲状态为高电平。时钟相位(CPHA)也能够配置，用于选择两种不同的传输协议之一进行数据传输。如果 CPHA = 0，在串行同步时钟的第一个跳变沿(上升或下降)时，数据被采样；如果 CPHA = 1，在串行同步时钟的第二个跳变沿(上升或下降)数据被采样。SPI 主模块和与之通信的外设时钟的相位和极性应该一致。上面提到的这些配置将在具体的寄存器中配置实现。

在一个 SPI 时钟周期内，会完成如下操作：

(1) 主机通过 MOSI 线发送 1 位数据，从机通过该线读取这 1 位数据。

(2) 从机通过 MISO 线发送 1 位数据，主机通过该线读取这 1 位数据。

这些操作都是通过移位寄存器来实现的。如图 13.1 所示，主机和从机各有一个移位寄存器，且二者连接成环。随着时钟脉冲，数据按照从高位到低位的方式依次移出主机寄存

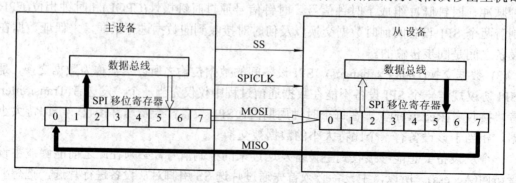

图 13.1　SPI 数据传输示意图

器和从机寄存器，并且依次移入从机寄存器和主机寄存器。当寄存器中的内容全部移出时，相当于完成了两个寄存器内容的交换。

在点对点的通信中，SPI 接口不需要进行寻址操作，且为全双工通信，显得简单高效。在多个从器件的系统中，每个从器件需要独立的使能信号，硬件上比 I^2C 系统要稍微复杂一些。

SPI 总线有四种工作模式，由 CPOL、CPHA 两个控制位进行选择，如图 13.2 所示。

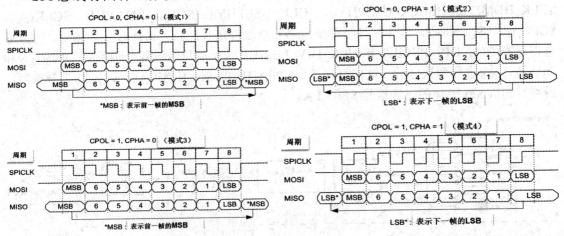

图 13.2　SPI 数据传送模式

由图 13.2 可总结出四种工作模式的时序，如表 13.1 所示。

表 13.1　SPI 四种工作模式时序表

模式	CPOL 和 CPHA	第一个数据输出	其他位数据输出	数据采样
1	CPOL = 0，CPHA = 0	第一个 SPICLK 上升沿前	SPICLK 下降沿	SPICLK 上升沿
2	CPOL = 0，CPHA = 1	第一个 SPICLK 上升沿	SPICLK 上升沿	SPICLK 下降沿
3	CPOL = 1，CPHA = 0	第一个 SPICLK 下降沿前	SPICLK 上升沿	SPICLK 下降沿
4	CPOL = 1，CPHA = 1	第一个 SPICLK 下降沿	SPICLK 下降沿	SPICLK 上升沿

13.2　SPI 控制器

13.2.1　Exynos 4412 的 SPI 控制寄存器

Exynos 4412 包含两套 8/16/32 位的移位寄存器，用于收/发。在 SPI 传输数据时，数据的发送及接收是同步的。该控制寄存器的主要特性如下：

- 全双工通信方式；
- 具有 8/16/32 位移位寄存器用于收/发；
- 支持 8 位、16 位、32 位总线接口；
- 支持摩托罗拉 SPI 协议和美国国家半导体公司的 Microwire 串行接口(SPI 的精简接口)；
- 支持两个独立的收/发 FIFO；

- 支持主机模式和从机模式；
- 支持无发送操作时接收数据操作；
- 最大收/发频率高达 50 MHz。

13.2.2 时钟源选择

如图 13.3 所示，Exynos 4412 为 SPI 提供了 9 种不同的时钟源：XXTI、XusbXTI、SCLK_HDMI27M、SCLK_USBPHY0、SCLK_USBPHY1、SCLK_HDMIPHY、SCLK$_{MPLL}$、SCLK$_{EPLL}$、SCLK$_{VPLL}$，具体时钟源可参考第 6 章进行选择配置。选择好时钟源后，可以通过寄存器 CLK_DIV_PERIL0 和 CLK_DIV_PERIL1 的相关位域设置分频系数 DIV$_{SPI0\sim2}$ 和 DIV$_{SPI0\sim2\_PRE}$ 进行两次分频，这样得到最大 100 MHz 的 SCLK_SPI 信号，再经 2 分频后，最终得到供 SPI 工作的时钟信号 SPI_CLK。

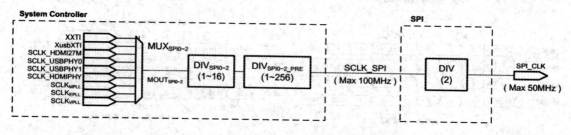

图 13.3 SPI 时钟源框图

13.2.3 SPI 相关寄存器

表 13.2 列出了 Exynos 4412 的 SPI 模块相关信号及对应的引脚。

表 13.2 SPI 相关信号及对应引脚

信号	I/O	功能描述	引脚	类型
SPI_0_CLK SPI_1_CLK SPI_2_CLK	In/Out	SPI 时钟信号。 Out：作为主器件时，该信号输出； In：作为从器件时，该信号输入	XspiCLK_0 XspiCLK_1 Xi2s2CDCLK	复用
SPI_0_nSS SPI_1_nSS SPI_2_nSS	In/Out	从器件选择信号。 Out：作为主器件时，该信号输出； In：作为从器件时，该信号输入	XspiCSn_0 XspiCSn_1 Xi2s2LRCK	复用
SPI_0_MISO SPI_1_MISO SPI_2_MISO	In/Out	在主机模式下，该引脚为输入引脚。可以从从机输出引脚得到数据；在从机模式下，经由该引脚发送数据给主机。 Out：作为从器件时，该信号输出； In：作为主器件时，该信号输入	XspiMISO_0 XspiMISO_1 Xi2s2SDI	复用
SPI_0_MOSI SPI_1_MOSI SPI_2_MOSI	In/Out	在主机模式下，该引脚为输出引脚，该引脚从主机的输出引脚发送数据；在从机模式下，经由该引脚接收数据。 Out：作为主器件时，该信号输出； In：作为从器件时，该信号输入	XspiMOSI_0 XspiMOSI_1 Xi2s2SDO	复用

三个 SPI 口分别由表 13.3 中对应的寄存器进行控制和配置。

表 13.3　SPI 相关寄存器(n = 0～2)

寄存器名称	功　　能	复位值	寄存器名称	功　　能	复位值
CH_CFGn	配置 SPI 寄存器	0x0	SPI_RX_DATAn	存储接收到的数据	0x0
MODE_CFGn	控制 FIFO	0x0	PACKET_CNT_REGn	指定包的数目	0x0
CS_REGn	选择从设备	0x1	PENDING_CLR_REGn	清除中断挂起	0x0
SPI_INT_ENn	中断使能	0x0	SWAP_CFGn	配置 SWAP	0x0
SPI_STATUSn	指示 SPI 状态	0x0	FB_CLK_SELn	选择反馈时钟	0x0
SPI_TX_DATAn	存储将要发送的数据	0x0			

下面对其中几个比较常用的寄存器进行说明。

1. SPI 配置寄存器 CH_CFGn(n = 0～2)

SPI 配置寄存器 CH_CFGn (n = 0～2)如表 13.4 所示。

表 13.4　SPI 配置寄存器 CH_CFGn (n = 0～2)

名　　称	位域	类型	功　能　描　述	复位值
HIGH_SPEED_EN	[6]	RW	从机模式下 Tx 输出时间控制位。 0 = 禁止；1 = 使能(输出时间为 SPI_CLK/2)	0
SW_RST	[5]	RW	软件复位	0
SLAVE	[4]	RW	主从模式选择位。0 = 主机模式；1 = 从机模式	0
CPOL	[3]	RW	CLK 时钟线初始状态位。0 = 高电平；1 = 低电平	0
CPHA	[2]	RW	线上相位传输方式选择位。0 = 方式 A；1 = 方式 B	0
RX_CH_ON	[1]	RW	SPI 接收通道(Rx)使能位。0 = 禁止；1 = 使能	0
TX_CH_ON	[0]	RW	SPI 发送通道(Tx)使能位。0 = 禁止；1 = 使能	0

2. SPI 模式配置寄存器 MODE_CFGn(n = 0～2)

SPI 模式配置寄存器 MODE_CFGn (n = 0～2)如表 13.5 所示。

表 13.5　模式配置寄存器 MODE_CFGn (n = 0～2)

名　　称	位域	类型	功　能　描　述	复位值
CH_WIDTH	[30:29]	RW	通道宽度选择位。 00 = 字节；01 = 半字；10 = 字；11 = 保留	0
TRAILING_CNT	[28:19]	RW	接收 FIFO 中最后写入字节的个数	0
BUS_WIDTH	[18:17]	RW	总线宽度选择位。 00 = 字节；01 = 半字；10 = 字；11 = 保留	0
RX_RDY_LVL	[16:11]	RW	在 INT 模式下 Rx FIFO 触发水平。 Port 0：触发水平(字节数) = 4 × N； Port 1、2：触发水平(字节数) = N(N = RX_RDY_LVL)	0

续表

名　称	位域	类型	功　能　描　述	复位值
TX_RDY_LVL	[10:5]	RW	在 INT 模式下 Tx FIFO 触发水平。 Port 0：触发水平(字节数) = 4 × N； Port 1、2：触发水平(字节数) = N(N = TX_RDY_LVL)	0
RX_DMA_SW	[2]	RW	Rx DMA 模式使能。0 = 禁止；1 = 使能	—
TX_DMA_SW	[1]	RW	Tx DMA 模式使能。0 = 禁止；　1 = 使能	—
DMA_TYPE	[0]	RW	SPI 发送类型。0 = single；1 = 4 burst	0

3. SPI 状态寄存器 CS_REGn(N = 0～2)

SPI 状态寄存器 CS_REGn (n = 0～2)如表 13.6 所示。

表 13.6　SPI 状态寄存器 CS_REGn (n = 0～2)

名　称	位域	类型	功　能　描　述	复位值
TX_DONE	[25]	R	移位寄存器中传送完毕标志。 0 = 其他情况；1 = 传送开始后，Tx FIFO 和移位寄存器为空	0
TRAILING_BYTE	[24]	R	Trailing 为 0 标志	0
RX_FIFO_LVL	[23:15]	R	Rx FIFO 中数据水平。Port 0：0～256 B；Port 1、2：0～64 B	0
TX_FIFO_LVL	[14:6]	R	Tx FIFO 中数据水平。Port 0：0～256 B；Port 1、2：0～64 B	0
RX_OVERRUN	[5]	R	Rx FIFO 溢出错误。0 = 无错误；1 = 溢出错误	0
RX_UNDERRUN	[4]	R	Rx FIFO 数据缺失错误。0 = 无错误；1 = 数据缺失错误	0
TX_OVERRUN	[3]	R	Tx FIFO 溢出错误。0 = 无错误；1 = 溢出错误	0
TX_UNDERRUN	[2]	R	Tx FIFO 数据缺失错误。0 = 无错误；1 = 数据缺失错误	0
RX_FIFO_RDY	[1]	R	0 = FIFO 里的数据低于触发水平；1 = FIFO 里的数据超过触发水平	0
TX_FIFO_RDY	[0]	R	0 = FIFO 里的数据超过触发水平；1 = FIFO 里的数据低于触发水平	0

4. SPI 发送数据寄存器 SPI_TX_DATAn(n = 0～2)

SPI 发送数据寄存器 SPI_TX_DATAn (n = 0～2)如表 13.7 所示。

表 13.7　SPI 发送数据寄存器 SPI_TX_DATAn (n = 0～2)

名称	位域	类型	功　能　描　述	复位值
TX_DATA	[31:0]	W	存储将要发送的数据	0

5. SPI 接收数据寄存器 SPI_RX_DATAn(n = 0～2)

SPI 接收数据寄存器 SPI_RX_DATAn (n = 0～2)如表 13.8 所示。

表 13.8　SPI 接收数据寄存器 SPI_RX_DATAn (n = 0～2)

名称	位域	类型	功　能　描　述	复位值
RX_DATA	[31:0]	W	存储接收到的数据	0

SPI 控制器编程模型如下：

(1) 设置时钟源并配置分频值等参数；

(2) 软复位后,设置 SPI 配置寄存器;

(3) 设置反馈时钟选择寄存器;

(4) 设置 SPI 模式寄存器;

(5) 设置 SPI 中断使能(INT_EN)寄存器;

(6) 如果需要的话,设置 SPI 帧个数(PACKET_CNT_REG)寄存器;

(7) 设置从机选择寄存器;

(8) 设置 nSSout 为低电平,开始收/发操作。

13.3 SPI 应用实例

本节给出一种通过 SPI 信号转 CAN 总线信号的实例。Microchip 公司的 MCP2515 是一款局域网络(Controller Area Network,CAN)协议控制器,完全支持 CAN V2.0B 技术规范。该器件能发送/接收标准和扩展数据帧以及远程帧。MCP2515 自带的 2 个验收屏蔽寄存器和 6 个验收滤波寄存器可以过滤掉不想要的报文,因此减少了主 MCU 的开销。MCP2515 与 MCU 的连接便是通过业界标准串行外设接口(SPI)来实现的。本实例通过 SPI 控制操作 CAN 总线控制器,使其工作在回环模式。下面主要介绍与 SPI 相关的原理和操作。

CAN 总线控制器 MCP2515 内部集成了 9 条指令,包括通用的读、写、配置等命令,还有一个内置的状态寄存器,通过该寄存器可以获取芯片的当前状态。表 13.9 列出了 MCP2515 芯片的指令集。

表 13.9 MCP2515 芯片的指令集

指令名称	格式	功 能 描 述
复位	1100 0000	将内部寄存器复位为缺省状态,并将器件设定为配置模式
读	0000 0011	从指定地址起始的寄存器读取数据
读 Rx 缓冲器	1001 0nm0	读取接收缓冲器时,在"nm"所指示的 4 个地址中的一个放置地址指针,可以减轻一般读命令的开销
写	0000 0010	将数据写入指定地址寄存器
装载 Tx 缓冲器	0100 0abc	装载发送缓冲器时,在所指示的 6 个地址中的一个放置地址指针,可以减轻一般写命令的开销
RTS	1000 0nnn	指示控制器开始发送任意发送缓冲器中的报文发送序列
读状态	1010 0000	快速查询命令,可读取有关发送和接收功能的一些状态位
Rx 状态	1011 0000	快速查询命令,确定匹配的滤波器和接收报文的类型
位修改	0000 0101	允许用户将特殊寄存器中的单独位置 1 或清 0

根据上述 SPI 的工作原理和 CAN 控制器的配置命令,下面分若干模块逐一进行介绍。

(1) 相关寄存器结构体的定义:

```
typedef struct {

    unsigned int CH_CFG0;

    unsigned int CLK_CFG0;
```

```
                        unsigned int MODE_CFG0;
                        unsigned int CS_REG0;
                        unsigned int SPI_INT_EN0;
                        unsigned int SPI _STATUS0;
                        unsigned int SPI _TX_DATA0;
                        unsigned int SPI _ RX_DATA0;
                        unsigned int PACKET_CNT_REG0;
                        unsigned int PENDING_CLR_REG0;
                        unsigned int SWAP_CFG0;
                        unsigned int FB _CKK_SEL0;
                    } spi0;
        #define SPI0 (*(volatile spi0*) 0x 13920000
```

(2) 延时函数、片选从机芯片函数和取消片选芯片函数：

```
        void delay(int times)
        {
            volatile int i, j;
            for(j = 0;j<times;j++)
                for(i = 0;i<1000;i++);
        }
        void disable_chip(void)
        {
            SPI0.CS_REG0 |= 0X1;              // CS_REG0[0]=1，禁止从机芯片
            delay(1);
        }
        void enable_chip(void)
        {
            SPI0.CS_REG0 &= ~0X1;             // CS_REG0[0]=0，使能从机芯片
            delay(1);
        }
```

(3) 软件复位代码：

```
        void soft_reset(void)
        {
            SPI0.CH_CFG0 |= (0X1<<5);         // CH_CFG0[5]=1，激活软件复位
            delay(1);
            SPI0.CH_CFG0 &= ~(0X1<<5);        // CH_CFG0[5]=0，禁止软件复位
        }
```

(4) 指定地址字节读的实现：图 13.4 是 MCP2515 芯片手册给出的读时序图。由图可知，为了实现指定地址读字节功能，首先传送命令字 0x03(查表 13.9)，告知从机为读操作，然后传送 CAN 控制器片内地址。上面的两次传送功能是通过函数 send_byte( )实现的。函数

通过写 Exynos 4412 内的发送数据寄存器 SPI_TX_DATA0，自动通过总线发送到 CAN 控制器。随后，CAN 总线将返回对应地址的数据，通过函数 recv_byte( )接收。函数通过读取 Exynos 4412 内的接收数据寄存器 SPI_RX_DATA0 中的数据获得。

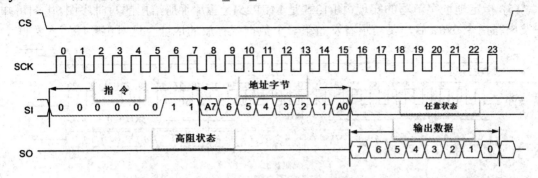

图 13.4　SPI 读时序图

```
void send_byte(unsigned char data)                //向 SPI 总线发送一个字节
{
    SPI0.CH_CFG0 |= 0X1;                           // CH_CFG0[0]=1，使能 Tx 通道
    delay(1);
    SPI0.SPI_TX_DATA0 = data;
    while(!(SPI0.SPI_STATUS0 & (0x1<<25)));        //等待发送数据完毕
    SPI0.CH_CFG0 &= ~0X1;                          //CH_CFG0[0]=0，禁止 Tx 通道
}
unsigned char recv_byte( )                         //从 SPI 总线读取一个字节
{
    unsigned char data;
    SPI0.CH_CFG0 |= (0X1<<1);                      //CH_CFG0[1]=1，使能 Rx 通道
    delay(1);
    data = SPI0.SPI_RX_DATA0;
    delay(1);
    SPI0.CH_CFG0 &= ~(0X1<<1);                     //CH_CFG0[1]=0，禁止 Rx 通道
    return data;
}
/*功能：从指定地址起始的寄存器读取数据;
 *输入：Addr 为要读取地址寄存器的地址;
 *返回值：从地址中读取的数值*/
unsigned char read_byte_fromAddr(unsigned char Addr)
{
    unsigned char ret;
    enable_chip( );        //CS_REG0[0]= 0;
    send_byte(0x03);       //发送读命令
    send_byte(Addr);       //发送地址
    ret = recv_byte( );    //接收数据
```

```
        disable_chip( );            //CS_REG0[0] = 1
        return(ret);
}
```

(5) 指定地址字节写的实现：图 13.5 是 MCP2515 芯片手册给出的写时序图。由图可知，在发出写指令 0x02 后，要紧跟着发布第一个数据要存放的地址，这时再顺序写入数据。

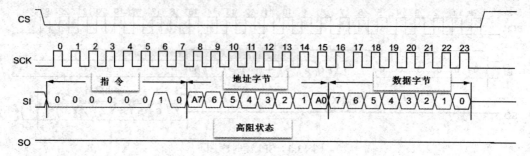

图 13.5　SPI 写时序图

```
/*功能：将数据写入到指定地址起始的寄存器；
 *输入：addr 为寄存器的地址；
 *data：向寄存器写入的数据*/
unsigned char write_byte_toaddr(unsigned char addr, unsigned char data)
{
        enable_chip( );
        send_byte(0x02);
        send_byte(addr);
        send_byte(data);
        disable_chip( );
}
```

(6) 位修改指令的实现：图 13.6 是 MCP2515 芯片手册给出的位修改时序。由图可知，将 CS 引脚置为低电平，向 MCP2515 发送位修改命令字节。随后依次发送寄存器地址、屏蔽字节及数据字节。屏蔽字节中的 1 表示允许对寄存器中的相应位进行修改，0 则表示禁止修改。

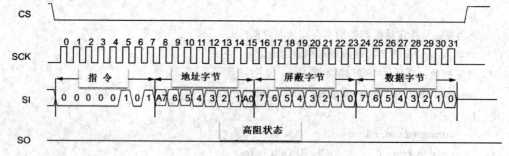

图 13.6　SPI 位修改时序图

```
/*功能：只修改寄存器中的某些位；
 输入：addr 为寄存器地址，mask 为屏蔽字，为 1 时可以对当前位修改，dat 为数据字节；
```

返回值：从地址中读取的数值*/

```
void bit_modify(unsigned char addr, unsigned char mask,unsigned char data)
{
        enable_chip( );
        send_byte(0x05);
        send_byte(addr);
        send_byte(mask);
        send_byte(data);
        disable_chip( );
}
```

　　(7) 主程序：在 Exynos 4412 片内 SPI 控制器的操作下，实现了 SoC 与 CAN 控制器 MCP2515 的通信，将 MCP2515 配置成回环模式，实现数据的自发自收。

　　下面的程序主要实现的功能为使能 SPI0 控制器，通过配置 GPIO 引脚为 SPI 功能，再配置 SPI0 的相关寄存器，选择主机模式，总线的宽度和通道的宽度均设为 8 bit，片选 MCP2515 作为从机；然后初始化 CAN 控制器，将其设置为回环模式。连续读取 8 次终端上的输入，将 8 位数据通过 SPI 发送给 CAN 控制器，CAN 的回环模式接收到发送的数据，再通过 SPI 发送到 Exynos 4412 内的 SPI 中；最后将其通过串口打印出来。

```
#include "exynos4412.h"
unsigned char src[ ] = "This is a example for spi";
unsigned char dst[100];
int main( )
{
        unsigned char buff[8];              //存放状态字
        unsigned char   ret;
        volatile int i = 0;
        uart0_init( );
        GPB.GPBCON = (GPB.GPBCON & ~0xffff) | 0x2222;          //设置 IO 引脚位 SPI0 模式
        //设置 SPI 时钟位 PCLK，使能时钟 spi clock = pclk/10 =6.6 MHz
        SPI0.CLK_DIV_PERIL1 = (0x1<<8)|(4<<0); // pclk/(1+1)/(4+1)
        soft_reset( );                        //软件复位 SPI 控制器
        SPI0.CH_CFG0 &= ~(0x1f);              //主机模式，CPOL = 0，CPHA = 0
        SPI0.MODE_CFG0 &= ~((0x3<<17) | (0x3<<29)); //总线宽度 8 bit，通道宽度 8 bit
        SPI0.CS_REG0 &= ~(0x01<<1);   //选择手动选择芯片
        delay(10);
        Init_can( );
        while(1)
        {
            printf("\nplease input 8 bytes\n\r");
```

```
for(i=0;i<8;i++) src[i] = getc( );
can_sent(src);
delay(100);
ret = can_receive(dst);
printf("src=");
for(i=0;i<8;i++) printf("%x",src[i] ");
printf("\n\r");
        printf("dst");
        for(i=0;i<8;i++) printf("%x",dst[6+i] ");
        printf("\n\r");
    }
}
```

13.4　思考和练习题

1. SPI 总线和 I^{2}C 总线的区别是什么?
2. 试编写一个实现读/写 SPI 功能的程序。
3. 试编写 SPI 用于 DMA 通信的程序。

第 14 章　ADC 转换器

本章目标:

- 了解 A/D 转换器的基本原理;
- 掌握 Exynos 4412 中的 ADC;
- 掌握 Exynos 4412 ADC 的使用方法。

14.1　A/D 转换器的基本原理

1. 模拟信号和数字信号

模拟信号: 在时间上和数值上连续的信号。

数字信号: 在时间上和数值上不连续的(即离散的)信号。

模/数转换就是将模拟量转换为数字量, 使输出的数字量与输入的模拟量成正比, 如图 14.1 所示。实现这种转换功能的电路称为模/数转换器(ADC)。

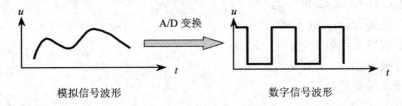

图 14.1　模/数转换示意图

2. A/D 转换器的基本原理

模/数转换一般分为采样、保持、量化和编码四个步骤。如图 14.2 所示, 模拟电子开关 S 在采样脉冲 CLK 的控制下重复接通、断开。S 接通时, $u_i(t)$ 对电容 C 充电, 为采样过程;

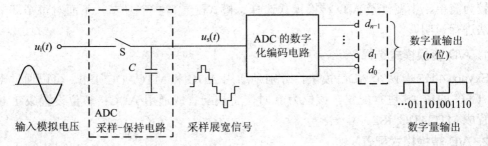

图 14.2　模/数转换过程

S 断开时，C 上的电压保持不变，为保持过程。在保持过程中，采样得到的模拟电压经数字化编码电路转换成一组 n 位的二进制数输出，即得到已经转换后的数字信号。

3. A/D 转换器的主要技术指标

(1) 分辨率。A/D 转换器的分辨率用输出二进制数的位数表示，位数越多，误差越小，转换精度越高。例如，输入模拟电压的变化范围为 $0 \sim 5$ V，输出 8 位二进制数可以分辨的最小模拟电压为 $5 \text{ V}/2^8 \approx 20 \text{ mV}$；而输出 12 位二进制数可以分辨的最小模拟电压为 $5 \text{ V}/2^{12} \approx 1.22 \text{ mV}$。

(2) 相对精度。相对精度是指 A/D 转换器实际输出数字量与理论输出数字量之间的最大差值，通常用最低有效位 LSB 的倍数来表示。如相对精度不大于(1/2)LSB，就说明实际输出数字量与理论输出数字量的最大误差不超过(1/2)LSB。

(3) 转换速度。转换速度是指 A/D 转换器完成一次转换所需的时间。转换时间是指从接到转换控制信号开始，到输出端得到稳定的数字输出信号所经过的这段时间。

14.2　Exynos 4412 的 A/D 转换器

14.2.1　Exynos 4412 A/D 转换器概述

Exynos 4412 具有 4 路 10 位或 12 位的模/数转换器。采用 5 MHz 转换时钟时，最大转换速率为 1 MSPS(Million Samples Per Second)。该 ADC 芯片内部具有采样-保持功能，支持低功耗模式。其主要特征如下：

- 分辨率：10 位或 12 位可选；
- 微分误差最大值：2.0 LSB；
- 积分非线性误差最大值：4.0 LSB；
- 最大转换速率：1 MSPS；
- 支持低功耗模式；
- 供电电压：1.8 V；
- 模拟输入范围：$0 \sim 1.8$ V。

14.2.2　Exynos 4412 A/D 转换器工作原理

Exynos 4412 A/D 转换器的控制功能框图如图 14.3 所示。由图可知，Exynos 4412 的 ADC 功能较为简单，主要涉及 A/D 转换模式选择、模式配置等控制环节，下面对每个环节的配置方法进行说明。

1. A/D 转换模式选择

Exynos 4412 有两个 ADC 模块，分别是通用 ADC 和 MTCADC_ISP，可以通过寄存器 ADC_CFG 的位 16 进行配置。该位为 0 时，将被配置成通用 ADC；该位设置成 1 时，将被配置成 MTCADC_ISP。

2. A/D 转换模式配置

通过设置 ADC 控制寄存器 ADCCON 可进行初始化设置。ADC 数据寄存器 ADCDAT

将转换完毕的数据读出，可以采用中断模式或者查询模式获取转换后的数值。

3. 待机模式

把 ADCCON 寄存器中的位 STANDBY 位设置为 1，可以使 ADC 进入待机模式。此时，模/数转换被暂时中止，ADCDATXn 用于暂存中间数据。

4. 转换时间

转换时间取决于 APB 总线的时钟(PCLK)。假设 PCLK=66 MHz，预分频值为 65，下面给出了 12 位 ADC 转换时间的计算方法：

$$A/D\ 转换频率 = \frac{PCLK}{预分频值+1} = \frac{66\ MHz}{65+1} = 1\ MHz$$

$$A/D\ 转换时间 = \frac{1}{1\ MHz/5Cycle} = \frac{1}{200\ kHz} = 5\ \mu s$$

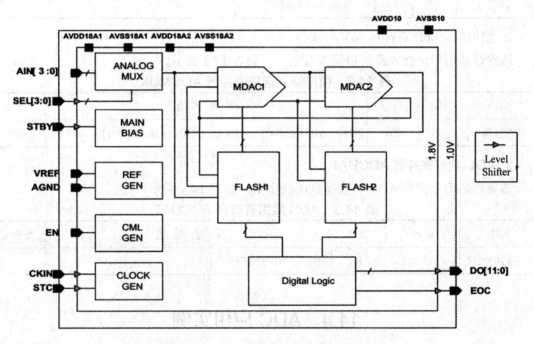

图 14.3　Exynos 4412 ADC 控制器功能框图

14.3　Exynos 4412 ADC 控制寄存器

Exynos 4412 ADC 控制寄存器数量较少，主要有模式选择寄存器 ADC_CFG、模拟输入选择寄存器 ADCMUX、控制寄存器 ADCCON、数据寄存器 ADCDAT、开始和间隔延迟设置寄存器 ADCDLY、中断清除寄存器 CLRINTADC，使用配置也较简单。下面对其中的关键寄存器配置方法进行说明。

1. 控制寄存器 ADCCON

该寄存器用于控制 ADC 转换的各种操作的使能、分辨率选择等，如表 14.1 所示。

表 14.1　控制寄存器 ADCCON

名称	位域	类型	功 能 描 述	复位值
分辨率选择	[16]	RW	0 = 10 位；1 = 12 位	0
转换结束标志	[15]	R	0 = 正在 A/D 转换；1 = A/D 结束	0
预分频使能	[14]	RW	0 = 禁止；1 = 使能	0
预分频值	[13:6]	RW	设置分频值，范围为 19～255	0xFF
待机模式选择	[2]	RW	0 = 正常模式；1 = 待机模式	1
读使能转换	[1]	RW	通过读操作使能 A/D 转换开始：0 = 禁止；1 = 使能	0
转换开始	[0]	RW	使能 A/D 转换位，如果位 1 使能，则该位无效。0 = 无效；1 = 使能 A/D 转换	0

2. 模拟输入选择寄存器 ADCMUX

该寄存器用于选择 4 路模拟输入量之一，如表 14.2 所示。

表 14.2　模拟输入选择寄存器 ADCMUX

名称	位域	类型	功 能 描 述	复位值
多路选择	[3:0]	RW	0000 = AIN 0；0001 = AIN 1；0010 = AIN 2；0011 = AIN 3	0x0

3. ADC 数据寄存器 ADCDAT

该寄存器用于保存 ADC 转换得到的数字量，如表 14.3 所示。

表 14.3　ADC 数据寄存器 ADCDAT

名称	位域	类型	功 能 描 述	复位值
转换后的数值	[11:0]	R	范围是 0x0～0xFFF	—

14.4　ADC 应用实例

1. 电路图

图 14.4 给出了一个简单的 ADC 应用电路，利用电位器分压到 Exynos 4412 的 ADC_IN0 引脚，该引脚上得到的模拟电压范围是 0～1.8 V。

下面通过编写程序，利用 Exynos 4412 的 ADC 将模拟电压转换为数字量。程序主要对 Exynos 4412 中的 ADC 模块进行操作，包括对 ADC 控制寄存器 (ADCCON)、ADC 数据寄存器(ADCDAT)的读/写操作。

2. 程序实例

程序的具体实现代码如下：

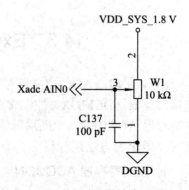

图 14.4　Exynos 4412 ADC 应用电路

```c
#include "stdio.h"
#define    ADC_PRSCVL         65                    //转换时钟预分频因子
#define    ADC_BASE           0x126C0000
#define    ADCCON             ( *((volatile unsigned long *)(ADC_BASE+0x0)) )
#define    ADCDLY             ( *((volatile unsigned long *)(ADC_BASE+0x8)) )
#define    ADCDAT             ( *((volatile unsigned long *)(ADC_BASE+0xc)) )
#define    CLRINTADC          ( *((volatile unsigned long *)(ADC_BASE+0x18)) )
#define    ADCMUX             ( *((volatile unsigned long *)(ADC_BASE+0x1c)) )


//延时函数
void delay(unsigned long count)
{
    volatile unsigned long i = count;
    while (i--);
}


//使用查询方式读取A/D转换值
int read_adc(int ch)
{
    //选择ADC分辨率为12位；使能预分频功能；设置A/D转换器的时钟 = PCLK/(65+1)
    ADCCON &= (~ (0x1<<16)| ~ (0x1 << 14) | ~ (0xff << 6));
    ADCCON |= (1<<16)|(1 << 14) | (65 << 6);
    //清除位[2]，设为普通转换模式；禁止read start
    ADCCON &= ~((1<<2)|(1<<1));
    //选择通道AIN0
    ADCMUX = 0;
    //设置位[0]为1，启动A/D转换
    ADCCON |= (1 << 0);
    //当A/D转换真正开始时，位[0]会自动清0。等待转换开始，开始后，程序继续往下进行
    while (ADCCON & (1 << 0));
    //检测位[15]，当它为1时表示转换结束
    while (!(ADCCON & (1 << 15)) );
    //读取数据12位转换后的数据
    return (ADCDAT & 0xfff);
}
void adc_test(void)
{
    printf("\r\n################adc test###############\r\n");
    while(1)
    {
```

```
        printf("adc = %d\r\n",read_adc(0));
        delay(0x100000);
    }
}
```

14.5　思考和练习题

1. A/D 转换器选型时需要考虑哪些指标？
2. 在 PCLK 为 50 MHz 时，如何设置 Exynos 4412 的 ADC，来实现采集速度为 100 KSPS？
3. 编程实现采集一个范围为 0～1.8 V 的电压的测试程序。

第 15 章　移植 U-Boot

本章目标:

- 了解 Bootloader 的作用及工作流程;
- 了解 U-Boot 的代码结构、编译过程;
- 掌握移植 U-Boot 的方法;
- 了解常用的 U-Boot 命令。

15.1　Bootloader 简介

15.1.1　Bootloader 的概念

1. Bootloader 的引入

从前面的裸机实验可以知道,系统上电之后,需要一段程序来进行初始化,包括关闭 WatchDog、配置系统时钟、初始化存储控制器、将更多的代码复制到内存中等。如果一段代码能够完成上述功能,并且之后将操作系统内核复制到内存中运行,则称这段程序为 Bootloader。简言之,Bootloader 就是一小段程序,它在系统上电时首先被执行,主要功能是初始化硬件设备、准备好软件环境,最后调用操作系统内核。

除了上述基本功能外,可以增强 Bootloader 的功能,比如增加网络功能、从 PC 上通过串口或网络下载文件、烧写文件、将 Flash 上压缩的文件解压后再运行等。这样就构成了一个功能更为强大的 Bootloader。实际上,在最终产品中用户并不需要这些功能,这只是为了开发过程中使用方便。

Bootloader 的实现非常依赖于具体硬件。在嵌入式系统中,硬件配置千差万别,即使是相同的 CPU,它的外设(比如 Flash)也可能不同。所以,一个 Bootloader 不可能支持所有的 CPU 和所有的电路板。即使是支持 CPU 架构比较多的 U-Boot(一种 Bootloader),也不是一拿来就可以使用的(除非里面的配置刚好与你的板子相同),需要进行一些移植和修改。

2. Bootloader 的启动方式

CPU 上电后,程序会从某个地址开始执行。比如 MIPS 结构的 CPU 会从地址 0xBFC00000 处取第一条指令,而 ARM 结构的 CPU 则从地址 0x0000000 开始执行第一条指令。在嵌入式开发板中,需要把存储器件 ROM 或 Flash 等映射到这个地址,Bootloader 恰好存放在这个地址开始处,这样一上电,Bootloader 中的指令就可以被执行。

在开发时，通常需要使用各种命令操作 Bootloader。一般通过串口来连接 PC 和开发板，可以在串口上输入各种命令，观察运行结果等。但这只是对开发人员有意义，用户使用产品时是不需要接串口来控制 Bootloader 的。从这个观点来看，Bootloader 可以分为两种操作模式：

(1) 启动加载(Bootloading)模式。上电后，Bootloader 从板子上的某个固态存储设备上将操作系统加载到 RAM 中运行，整个过程并没有用户的介入。产品发布时，Bootloader 就工作在这种模式下。

(2) 下载(Downloading)模式。在下载模式下，开发人员可以使用各种命令，通过串口连接或网络连接等通信手段从主机(Host)下载文件(比如内核映像、文件系统映像)，将它们直接放在内存运行或是烧入 Flash 类固态存储设备中。

板子与主机间传输文件时，可以使用串口的 xmodem/ymodem/zmodem 协议，它们使用简单，只是速度比较慢。还可以使用网络，通过 tftp、nfs 协议来传输。这时，主机上要开启 tftp、nfs 服务。还有其他下载方法，比如通过 USB 等。

像 U-Boot 这样功能强大的 Bootloader 通常同时支持启动加载模式和下载模式，而且允许用户在这两种工作模式之间进行切换。比如，U-Boot 在启动时处于正常的启动加载模式，但是它会等待若干秒(这可以设置)，等待终端用户按下任意键，将 U-Boot 切换到下载模式。如果在指定时间内没有用户按键，则 U-Boot 继续启动 Linux 内核。

15.1.2　Bootloader 的结构和启动过程

1．Bootloader 结构简介

在移植 U-Boot 之前，先了解 Bootloader 的一些通用概念，这对理解它的代码会有所帮助。嵌入式 Linux 系统从软件的角度通常可以分为以下 4 个层次：

(1) 引导加载程序，包括固化在固件(firmware)中的 boot 代码(可选)和 Bootloader 两大部分。有些 CPU 在运行 Bootloader 之前先运行一段固化的程序(固件)，比如 x86 结构的 CPU 就是先运行 BIOS 中的固件，然后才运行硬盘第一个分区(MBR)中的 Bootloader。在大多数的嵌入式系统中并没有固件，Bootloader 是上电后执行的第一个程序。

(2) Linux 内核中，为特定嵌入式板子定制的内核以及内核的启动参数。内核的启动参数可以是内核默认的，也可能是由 Bootloader 传递给它的。

(3) 文件系统，包括根文件系统和建立在 Flash 内存设备之上的文件系统，里面包含了 Linux 系统能够运行所必需的应用程序、库等，比如可以给用户提供操作 Linux 的控制界面的 shell 程序、动态链接程序运行时需要的 glibc 或 uClibc 库等。

(4) 面向用户的应用程序，它们也存储在文件系统中。有时在用户应用程序和内核层之间可能还会包括一个嵌入式图形用户界面。常用的嵌入式 GUI 有 Qtopia 和 MiniGUI 等。

以上不同层次的软件，在嵌入式系统的固态存储设备上有相应的分区来存储它们，图 15.1 为一个嵌入式 Linux 系统的典型分区结构。

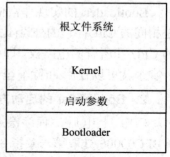

图 15.1　嵌入式 Linux 系统的
典型分区结构

其中，"启动参数"分区中存放一些可设置的参数，比如 IP 地址、串口波特率、要传递给内核的命令行参数等。正常启动过程中，Bootloader 首先运行，然后它将内核复制到内存中(也有些内核可以在固态存储设备上直接运行)，并且在内存某个固定的地址设置好要传递给内核的参数，最后运行内核。内核启动之后，它会挂接(Mount)根文件系统(Root File System)，启动文件系统中的应用程序。

2．Bootloader 的两个阶段

Bootloader 的启动过程可以分为单阶段(Single Stage)、多阶段(Multi-Stage)两种。通常多阶段的 Bootloader 能提供更为复杂的功能以及更好的可移植性。从固态存储设备上启动的 Bootloader 大多都是两阶段的启动过程。第一阶段使用汇编语言程序来实现，它完成一些依赖于 CPU 体系结构的初始化，并调用第二阶段的代码；第二阶段则通常使用 C 语言程序来实现，这样可以实现更复杂的功能，而且代码会有更好的可读性和可移植性。

一般而言，这两个阶段完成的功能可以分类如下：

(1) Bootloader 第一阶段的功能：

- 硬件设备初始化。
- 为加载 Bootloader 的第二阶段代码准备 RAM 空间。
- 复制 Bootloader 的第二阶段代码到 RAM 空间中。
- 设置好栈。
- 跳转到第二阶段代码的 C 入口点。

在第一阶段进行的硬件初始化一般包括关闭 WatchDog、关中断、设置 CPU 的速度和时钟频率、RAM 初始化等。这些并不都是必需的，比如有的 U-Boot 就将 CPU 的速度和时钟频率的设置放在第二阶段，甚至将第二阶段的代码复制到 RAM 空间中也不是必需的。对于 NOR Flash 等存储设备，完全可以在上面直接执行代码，只不过相比在 RAM 中执行效率大为降低。

(2) Bootloader 第二阶段的功能：

- 初始化本阶段要使用到的硬件设备。
- 检测系统内存映射(Memory Map)。
- 将内核映像和根文件系统映像从 Flash 上读到 RAM。
- 为内核设置启动参数。
- 调用内核。

为了方便开发，至少要初始化一个串口以便程序员与 Bootloader 进行交互。

所谓检测内存映射，就是确定板上使用了多少内存、它们的地址空间是什么。由于嵌入式开发中 Bootloader 多是针对具体板子进行编写的，所以可以根据开发板的情况直接设置，不需要考虑可以适用于各类情况的复杂算法。

Flash 上的内核映像有可能是经过压缩的，在读到 RAM 之后，还需要进行解压，这有时候也要在 Bootloader 中完成。当然，对于有自解压功能的内核，则不需要 Bootloader 来解压。

将根文件系统映像复制到 RAM 中，这也不是必需的，而取决于是什么类型的根文件系统以及内核访问它的方法。

将内核存放在适当的位置后，可以直接跳到它的入口点即可调用内核。调用内核之前，下列条件需要满足：

(1) CPU 寄存器的设置：

- R0 = 0。
- R1 = 机器类型 ID；对于 ARM 结构的 CPU，其机器类型 ID 可以参见 linux/arch/arm/tools/mach-types。比如，smdk4412 的机器类型 ID 为 3765。
- R2 = 启动参数标记列表在 RAM 中的起始基地址。

(2) CPU 工作模式：

- 必须禁止中断(IRQ 和 FIQ)。
- CPU 必须为 SVC 模式。

(3) Cache 和 MMU 的设置：

- MMU 必须关闭。
- 指令 Cache 可以打开也可以关闭。
- 数据 Cache 必须关闭。

3．Bootloader 与内核的交互

Bootloader 与内核的交互是单向的，Bootloader 将各类参数传给内核。由于它们不能同时运行，传递办法只有一个：Bootloader 将参数放在某个约定的地方之后，再启动内核，内核启动后从这个地方获得参数。

除了约定好参数存放的地址外，还要规定参数的结构。Linux 2.4.x 以后的内核都希望以标记列表(Tagged List)的形式来传递启动参数。标记，就是一种数据结构；标记列表，就是挨着存放的多个标记。标记列表以标记 ATAG_CORE 开始，以标记 ATAG_NONE 结束。

标记的数据结构为 tag，它由一个 tag_header 结构体和一个联合体(Union)组成。tag_header 结构表示标记的类型及长度，比如是表示内存还是表示命令行参数等。对于不同类型的标记使用不同的联合体(union)，比如表示内存时使用 tag_mem32，表示命令行时使用 tag_cmdline。数据结构 tag 和 tag_header 定义在 Linux 内核源码的/arch/arm/include/asm/setup.h 头文件中，如下所示：

```
struct tag_header {
    u32 size;
    u32 tag;
};
struct tag {
    struct tag_header hdr;
    union {
        struct tag_core core;
        struct tag_mem32 mem;
        struct tag_videotext videotext;
        struct tag_ramdisk ramdisk;
        struct tag_initrd initrd;
        struct tag_serialnr serialnr;
        struct tag_revision revision;
```

```
        struct tag_videolfb videolfb;
        struct tag_cmdline cmdline;
        /*    Acorn specific    */
        struct tag_acorn acorn;
        /*    DC21285 specific    */
        struct tag_memclk memclk;
    } u;
};
```

下面以设置内存标记和命令行标记为例说明参数的传递。

(1) 设置标记 ATAG_CORE。标记列表以标记 ATAG_CORE 开始，假设 Bootloader 与内核约定的参数存放地址为 0x54410001，则可以以如下代码设置标记 ATAG_CORE：

```
        params = (struct tag *) 0x54410001;
        params->hdr.tag = ATAG_CORE;
        params->hdr.size = tag_size (tag_core);
        params->u.core.flags = 0;
        params->u.core.pagesize = 0;
        params->u.core.rootdev = 0;
        params = tag_next (params);
```

其中，tag_next 定义如下，它指向当前标记的末尾：

```
        #define tag_next(t)    ((struct tag *)((u32 *)(t) + (t)->hdr.size))
```

(2) 设置内存标记。假设开发板使用的内存起始地址为 0x54410002，大小为 0x8000000，则内存标记可以如下设置：

```
        params->hdr.tag = ATAG_MEM;
        params->hdr.size = tag_size (tag_mem32);
        params->u.mem.start = 0x54410002;
        params->u.mem.size = 0x8000000;
        params = tag_next (params);
```

(3) 设置命令行标记。命令行就是一个字符串，它被用来控制内核的一些行为。比如"root=/dev/mtdblock 2 init=/linuxrc console=ttySAC0"表示根文件系统在 MTD2 分区上。系统启动后执行的第一个程序为/linuxrc，控制台为 ttySAC0(即第一个串口)。

命令行可以在 Bootloader 中通过命令设置好，然后按如下构造标记传给内核：

```
        char *p = "root=/dev/mtdblock 2 init=/linuxrc console=ttySAC0";
        params->hdr.tag = ATAG_CMDLINE;
        params->hdr.size = (sizeof (struct tag_header) + strlen (p) + 1 + 4)>> 2;
        strcpy (params->u.cmdline.cmdline, p);
        params = tag_next (params);
```

(4) 设置标记 ATAG_NONE。标记列表以标记 ATAG_NONE 结束，设置如下：

```
        params->hdr.tag = ATAG_NONE;
        params->hdr.size = 0;
```

15.2　U-Boot 分析与移植

15.2.1　U-Boot 简介

现在的 Bootloader 种类繁多，比如 x86 上有 LILO、GRUB 等。对于 ARM 架构的 CPU，Bootloader 有 U-Boot、Vivi 等。U-Boot 支持大多 CPU，可以烧写 EXT2、JFFS2 文件系统映像，支持串口下载、网络下载，并提供了大量的命令。U-Boot(Universal Boot Loader)，即通用 Bootloader，是遵循 GPL 条款的开放源代码项目。其前身是由德国 DENX 软件工程中心的 Wolfgang Denk 基于 8xxROM 的源码创建的 PPCBOOT 工程。后来整理代码结构使得非常容易支持其他类型的开发板、其他架构的 CPU(原来只支持 PowerPC)，并增加更多的功能，比如启动 Linux、下载 S-Record 格式的文件、通过网络启动、通过 PCMCIA/CompactFLash/ATA disk/SCSI 等方式启动。在增加了 ARM 架构 CPU 及其他更多 CPU 的支持后，改名为 U-Boot。它的名字"通用"有两层含义：可以引导多种操作系统和支持多种架构的 CPU。它支持 Linux、NetBSD、VxWorks、QNX、RTEMS、ARTOS、LynxOS 等操作系统，支持 PowerPC、MIPS、x86、ARM、NIOS、XScale 等架构的 CPU。

U-Boot 有如下特性：
- 开放源码。
- 支持多种嵌入式操作系统内核，如 Linux、NetBSD、VxWorks、QNX、RTEMS、ARTOS、LynxOS。
- 支持多个处理器系列，如 PowerPC、ARM、x86、MIPS、XScale。
- 较高的可靠性和稳定性。
- 高度灵活的功能设置，适合 U-Boot 调试、操作系统不同引导要求、产品发布等。
- 丰富的设备驱动源码，如串口、以太网、SDRAM、Flash、LCD、NVRAM、E^2PROM、RTC、键盘等。
- 较为丰富的开发调试文档与强大的网络技术支持。
- 支持 NFS 挂载、RAMDISK(压缩或非压缩)形式的根文件系统。
- 支持 NFS 挂载、从 Flash 中引导压缩或非压缩系统内核。
- 可灵活设置、传递多个关键参数给操作系统，适合系统在不同开发阶段的调试要求与产品发布，尤对 Linux 支持最为强劲。
- 支持目标板环境变量多种存储方式，如 Flash、NVRAM、E^2PROM。
- CRC32 校验，可校验 Flash 中内核、RAMDISK 镜像文件是否完好。
- 上电自检功能，如 SDRAM、Flash 大小自动检测，SDRAM 故障检测，CPU 型号检测。
- 特殊功能，如 XIP 内核引导。

可以从 DENX 软件工程中心网站 ftp://ftp.denx.de/pub/u-boot/ 获得 U-Boot 的最新版本。

15.2.2　U-Boot 源码结构

本书在 u-boot-2015.07 的基础上进行分析和移植，从 ftp://ftp.denx.de/pub/u-boot/ 网站下

载 u-boot-2015.07.tar.bz2 后解压即得到全部源码，U-Boot 源码目录结构比较简单。

u-boot-2015.07 根目录下共有 19 个子目录，可以分为四类。

(1) 平台相关的或开发板相关的；

(2) 通用的函数；

(3) 通用的设备驱动程序；

(4) U-Boot 工具、示例程序、文档。

其中常用的 16 个子目录的功能与作用如表 15.1 所示。

表 15.1 U-Boot 顶层目录说明

子目录	特性	说 明
api	外部接口函数	与架构无关的通用外部接口函数，包含显示用的 api、网络部分的 api 和一些跟平台相关但独立出来的 api。是一个扩展应用的独立的 api 库
arch	架构相关	对应于不同架构的嵌入式处理器，比如 ARM、PowerPC、m68k、MIPS 等。每一款 U-Boot 下支持的 CPU 在该目录下对应一个子目录，比如子目录 arm 就是我们开发板上使用的硬件体系目录。而 arch/arm/目录下的 cpu 目录就是对应 ARM 体系的 cpu 目录，里边的 armv7 就是我们此次移植的重点对象，Exynos 4412 就是 armv7 架构的 CPU
board	开发板相关	对应不同配置的电路板(CPU 相同)，比如 smdk5420，和一些与已有开发板有关的文件。每一个开发板都以一个子目录出现在当前目录中。例如，smdkc100 就是官方以 s5pc100 为核心的开发板的相关文件。该目录和上一个 arch 目录是严重依赖硬件平台的，移植之初要改动最多的也是这两个目录
common	通用函数	与架构无关的函数，主要实现 U-Boot 命令行下支持的命令，每一条命令都对应一个文件。例如 bootm 命令对应的就是 cmd_bootm.c
disk	硬盘接口程序	对磁盘的支持
doc	文档	开发、使用文档
drvers	驱动程序	各类具体设备的驱动程序，基本上可以通用，它们通过宏从外面引入平台/开发板的相关函数
dts	包含 makefile	用于建立内部 U-Boot 的文件目录表
examples	示例代码	列出了面向独立应用的示例代码
fs	文件系统代码	支持文件系统的文件，U-Boot 现在支持 cramfs、fat、fdos、jffs2、yaffs 和 registerfs
include	头文件、配置文件	头文件和开发板的配置文件，开发板的配置文件都放在 include/configs 目录下。需要手动修改配置文件的宏定义
lib	通用的库函数	通用的多功能库函数。例如字符串的一些常用函数就在 string.c 中
net	各种网络协议	与网络有关的代码，BOOTP 协议、TFTP 协议、RARP 协议和 NFS 文件系统的实现
post	上电自测	上电自检程序
spl	二级装载代码	Second Program loader，支持从 NAND Flash 启动
tools	工具	制作 S-Record、U-Boot 格式的映像的工具，比如 mkimage

表 15.1 给出了 U-Boot 中各目录的存放内容，可以在移植过程中提供一些参考。比如

common/cmd_NAND.c 文件提供了操作 NAND Flash 的各种命令,这些命令通过调用 drivers/mtd/NAND/NAND_base.c 中的擦除、读/写函数来实现。这些函数针对 NAND Flash 的共性作了一些封装,将平台/开发板相关的代码用宏或外部函数来代替。而这些宏与外部函数,如果与平台相关,就要在下一层次的 cpu/xxx(xxx 表示某型号的 CPU)中实现;如果与开发板相关,就要在下一层次的 board/xxx 目录(xxx 表示某款开发板)中实现。本书移植的 U-Boot,就是在 /u-boot-2015.07/arch/arm/cpu/armv7/tiny4412/目录下增加了一个 NAND_flash.c 文件来实现这些函数。

再以增加烧写 yaffs 文件系统映像的功能为例,即在 common 目录下的 cmd_NAND.c 中增加命令。比如 NAND write.yaffs,这个命令要调用 drivers/mtd/NAND/NAND_util.c 中的相应函数,针对 yaffs 文件系统的特点依次调用擦除、烧写函数。而这些函数依赖于 drivers/mtd/NAND/NAND_base.c、arch/arm/cpu/armv7/exynos/NAND_flash.c 文件中的相关函数。

u-boot-2015.07 支持 15 种架构,各个子目录下针对不同架构的 CPU 进行了分类。比如,仅在/arm/cpu/armv7 子目录下就有 21 种 CPU;而在 board/samsung 子目录下有 13 种开发板的子目录,所以很容易从中找到与自己的板子相似的配置,在上面进行修改即可使用。

15.2.3　Exynos 4412 启动过程

在进行 U-Boot 移植前,弄清楚 Exynos 4412 的启动过程是非常必要的。

Exynos 4412 上电后,PC 指针指向地址 0x00000000,从这个地址取第一条指令。但此时:锁相环 PLL 没有启动,CPU 工作频率为外部输入晶振,频率非常低(Exynos 4412 芯片外接三颗晶振的频率分别是 24 MHz、27 MHz、32.768 kHz);CPU 的工作模式、中断设置等不确定;存储空间(包括内存)都没有驱动,内存不能使用。在这种情况下,必须在第一条指令处做一些初始化工作,这段初始化程序与操作系统独立分开,就是前面介绍的 Bootloader。

首先说明几个名词:

(1) iROM,是指 Exynos 4412 的 iROM(Internal ROM,大小为 64 KB)中固化的启动代码,其作用是初始化系统时钟、初始化堆和栈。同时,把启动设备上特定位置处的程序读入片内 256 KB 内存 SRAM(称为 Internal SRAM)中,并执行。其中,启动设备由 iROM 读取 OM 引脚确定。

(2) BL1(First boot loader),是与芯片相关的代码,存储在外部存储设备中,其作用是用来初始化系统时钟和 DRAM 控制器。初始化 DRAM 控制器后,BL1 把操作系统镜像从启动设备中装载到 DRAM 中。

(3) BL2(Second boot loader),是与平台相关的代码,存储在外部存储设备中。

Exynos 4412 的启动设备包括 NAND Flash、SD/MMC、eMMC、USB 设备。其 CPU 的启动流程如图 15.2 所示。

由图可知,首先,上电后由 OM 模式引脚来确定启动设备(NAND Flash/SD 卡/其他)。其次,iROM 内固化代码开始执行,进行相关初始化工作,并将具体启动设备中的 BL1(Bootloader 中前部分代码)加载到 256 KB 的 iRAM(Internal SRAM)中。再次,BL1 在 iRAM 中运行,完成初始化工作(初始化系统时钟和 DRAM 控制器)。最后将剩下的

Bootloader 加载到 DRAM，并加载内核 OS，使 OS 在 DRAM 中运行起来，最终 OS 是运行在 DRAM(内存)中的。

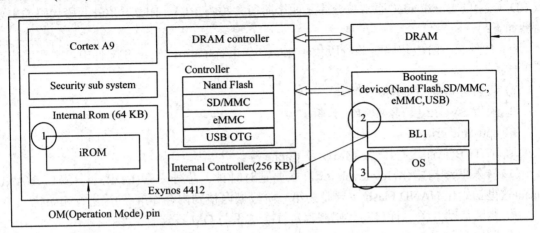

图 15.2　Exynos 4412 启动流程图

该过程具体分为如下四步：

(1) iROM 是存储在内部的 64 KB ROM 中的，主要进行 CPU 的时钟、堆栈等基本初始化工作。

(2) iROM 启动外设并加载 BL1 到内部 256 KB 的 SRAM 中。启动外设是由 OM 来决定的。根据安全启动设置值，iROM 可能会校验 BL1 镜像文件。

(3) BL1 初始化内部系统时钟和 DRAM 控制器。在初始化完成 DRAM 控制器后，开始加载 OS 镜像文件。根据安全启动设置值，BL1 可能会检验 OS 镜像文件。

(4) 等待启动完成后，BL1 就跳转到操作系统进行执行。

上面说到 OM 决定着启动方式，OM 引脚的不同设置可以设定不同启动模式。不同启动模式将导致从不同的外设加载程序，如从 SD 卡、NAND Flash 等加载程序。Exynos 4412 启动模式设置如表 15.2 所示。

表 15.2　启动模式及引脚设置

OM[5:1]	1st 设备	2nd 设备
00010	SDMMC_CH2	USB
00011	eMMC43_CH0	USB
00100	eMMC44_CH4	USB
01000	NAND_512_8ECC	USB
01001	NAND_2KB_OVER	USB
10011	eMMC43_CH0	SDMMC_CH2
10100	eMMC44_CH4	SDMMC_CH2
11000	NAND_512_8ECC	SDMMC_CH2
11001	NAND_2KB_OVER	SDMMC_CH2

注：(1) 其余组合保留未用；(2) OM[6]接低电平；(3) 如果下载 BL1 到 1st 设备失败，则将下载到 2nd 设备。

在这个过程中，U-Boot 其实严格来说有三段。第一段是在 iROM 中，由三星公司写好了。通常，将片内的 Bootloader 称为 BL0(即 iROM 代码)。而片外 Bootloader(在 NAND Flash 或 SD 卡中)的 Bootloader 通常被分为了两个阶段，称为 BL1、BL2。片外两段代码的主要功能如下：

(1) 片外第一阶段代码。该阶段代码在 arch/arm/cpu/armv7/start.S 文件中，主要完成如下工作：

① 设置异常向量地址。

② 设置 SVC32 模式(ARM 工作模式)。

③ cpu_init_crit( )。

④ 清 TLB(页面缓存)、关 MMU 及 Cache 等。

⑤ 转入低级初始化 lowlevel_init。主要是对时钟、片外内存(DDR3)、串口、NAND Flash(这里初始化 NAND Flash 主要是为第二阶段搬内核到内存作准备)等进行初始化。

⑥ 判断启动开关进行自动代码搬移，注意这里与 OM 设置有关系。

⑦ 跳转到 C 入口 board_init_f( )。

(2) 片外第二阶段代码。该阶段代码在 /board/samsung/tiny4412/lowlevel_init.S 文件中，主要完成如下工作：

① 修改 board_init_f( )函数，完成 gd_t 数据结构空间分配；回调一组初始化函数；对 gd_t 数据结构进行初始化；relocate_code(U-Boot 重定义代码，即自搬移)。

② 完成使能 Cache；板子初始化；串口初始化；外存初始化；环境变量初始化；控制台初始化；中断使能；以太网初始化；进入 main_loop( )，等待命令或自动加载内核。

在对上述程序移植的过程中，至少 CPU 时钟、NAND Flash、DDR、串口、网卡这些硬件是我们需要在 U-Boot 的启动过程中完成初始化的。前面的这些硬件，是 U-Boot 在启动过程做自搬移及最终引导内核前必须要用到的。其余硬件和一些细节问题，可进一步修改添加。为了理解 U-Boot 源码中那些与硬件操作有关的汇编代码，我们需要首先了解这些硬件的工作原理。在前面章节中，我们对涉及的硬件原理进行了详细讲解，可供移植时参考。

15.3　U-Boot 的移植

15.3.1　U-Boot 移植准备

1. 解压裁剪

首先解压我们下载的 u-boot-2015.07.tar.bz2。由于 U-Boot 源码中有很多东西是我们不需要的，可以适当进行裁剪，把不要的代码都删除。其实不删除也没有关系，因为 U-Boot 在编译时会根据配置要求，一一编译相应内核的代码，其他不相关的代码是不会被编译的。下面我们把不相关的代码裁剪掉。这样，在修改和查找相关代码时，效率会更高。另一方面，使最终有用的代码包不至于太臃肿。可以按以下步骤，从各个文件夹中裁剪掉多余的文件：

(1) 删除 /arch/目录下与 arm 无关的代码文件夹，因为这些文件夹中的代码都与其他内核相关，所以可以删除。

(2) 进入 /arch/arm/目录，可以删除 dts 和 imx-common 两个目录。

(3) 进入 /arch/arm/cpu 目录，可以删除与 armv7 无关的其他 arm 内核版本的文件夹，如有其他非文件夹文件，则需要保留。

(4) 进入 /arch/arm/cpu/armv7/目录，留下 exynos 和 s5p-common 文件夹及该目录下的文件，其他文件夹可以删除，它们分别是其他厂商生产的 armv7 版本的内核。

(5) 进入 /arch/arm/include/asm 目录下，留下 arch-armv7、arch-exynos 和 proc-armv 文件夹及此文件夹下的文件，其他文件夹可以删除。

(6) 进入 /board/目录下，删除 samsung 以外的所有目录，因为我们移植的板子是三星公司的，所以其他的全部可以删除。

(7) 进入 /board/samsung/目录下，建议留下 smdkv310 和 common 文件夹。

(8) 进入到 /include/configs/目录下，保留 smdkv310.h。

2. 创建平台

按如下步骤可以创建我们自己的开发板的平台。

进入/board/samsung/目录下，复制 smdkv310 为 tiny4412 文件夹。进入 tiny4412 文件夹，移植或添加如下文件：

(1) 移植 lowlevel_init_tiny4412.S、clock_init_tiny4412.S、mem_init_smdk4412.S、tiny4412.c、tiny4412_val.h、tiny4412_val.h 到该文件夹下。

(2) 修改 tiny4412 文件夹下的 makefile，第 33～37 行修改为

```
COBJS-y   := tiny4412.o
COBJS-y   += pmic.o
SOBJS     := lowlevel_init.o
SOBJS     += mem_init_tiny4412.o
SOBJS     += clock_init_tiny4412.o
```

(3) 修改 u-boot.lds，把该文件的第 40 行修改为

```
board/samsung/tiny4412/libtiny4412.o (.text)
```

(4) 复制 include/configs/smdk4412.h，并重新命名为 tiny4412.h。

(5) 修改主目录下的 makefile，定位到第 24 行，修改为

```
VERSION = 2015
PATCHLEVEL = 01
```

(6) 修改根目录下的/boards.cfg 的文件，增加自己板子的设置后，删除其他设置。

(7) 编译。进入 Linux 进行编译，可能用到的命令如下(仅供参考)：

```
cp -R /media/u-boot_tiny4412/
chmod -R 777 /u-boot_ tiny4412/
cd /u-boot_ tiny4412/
make tiny4412_config
make
```

编译结果显示已经产生了 u-boot.bin 文件,表明我们移植搭建的平台已经成功。

15.3.2 U-Boot 的源码移植及分析

本书使用的 U-Boot 从 NAND Flash 启动,下面以我们建立的 tiny4412 平台为例,说明 U-Boot 代码的移植和修改过程。tiny4412 的 U-Boot 其实属于三阶段的 Bootloader,片内第一阶段为芯片公司内置的。片外第一阶段的文件为 /arch/arm/cpu/armv7/start.S,是与芯片架构相关的。片外第二阶段的文件为 /board/samsung/tiny4412/lowlevel_init.S,是与开发板相关的。

在 /board/samsung/tiny4412 中,由 u-boot.lds 文件调用 arch/arm/cpu/armv7/start.S。在 start.S 函数中调用 cpu_init_crit 函数,而在 cpu_init_crit 调用 /board/samsung/tiny4412/lowlevel_init.S 函数。同时 mem_init_tiny4412.S、clock_init_tiny4412.S 也被编译。

1. U-Boot 片外第一阶段代码的移植、修改和分析

该部分代码主要完成硬件设备初始化,依次完成如下设置:将 CPU 的工作模式设为管理模式(svc),关闭 WatchDog,设置时钟,关闭 MMU、CACHE。

下面从/arch/arm/cpu/armv7/start.S 开始,对其中代码进行修改和分析。

(1) 设置异常向量表:

```
.globl _start

_start:b reset                          @uboot 启动从_start 开始,跳转到 reset

    ldr pc, _undefined_instruction      @未定义指令向量

    ldr pc, _software_interrupt         @软件中断向量

    ldr pc, _prefetch_abort             @预取指令异常向量

    ldr pc, _data_abort                 @数据操作异常向量

    ldr pc, _not_used                   @未使用

    ldr pc, _irq                        @irq 中断向量

    ldr pc, _fiq                        @fiq 中断向量

_undefined_instruction: .word undefined_instruction

_software_interrupt:    .word software_interrupt

_prefetch_abort: .word prefetch_abort

_data_abort:      .word data_abort

_not_used:        .word not_used

_irq:             .word irq

_fiq:             .word fiq

_pad:             .word 0x12345678

.global _end_vect

_end_vect:

        .balignl 16,0xdeadbeef
```

在上面的汇编代码中,

① 首先定义全局变量_start 存储 U-Boot 的起始地址,由链接文件/board/samsung/tiny4412/u-boot.lds 可知该值为 0x0。

② .word 定义一个 4 字节的变量并赋给一个初始值。如 undefined_instruction: .word undefined_instruction，定义变量_undefined_instruction，并将未定义指令异常中断处理函数地址赋给它。

③ .balignl 16, 0xdeadbeef，地址以 16 字节对齐，不对齐的用常量 0xdeadbeef 来填充。

(2) U-Boot 的存储映射：

```
.globl _TEXT_BASE
_TEXT_BASE:
.word CONFIG_SYS_TEXT_BASE
```

下面定义了一些全局变量，这些全局变量存储了一些偏移地址或是栈地址，而这些地址是根据链接文件/board/samsung/tiny4412/u-boot.lds 中对应段的地址计算出来的。

```
.globl _bss_start_ofs          @bss 数据区相对于起始位置的偏移
_bss_start_ofs:
.word __bss_start - _start
.globl _bss_end_ofs            @bss 数据区结束处相对于起始位置的偏移
_bss_end_ofs:
.word _end - _start
#ifdef CONFIG_USE_IRQ          @IRQ 的栈地址，在运行时计算，现在赋初值 0x0badc0de
.globl IRQ_STACK_START
IRQ_STACK_START:
.word  0x0badc0de
.globl FIQ_STACK_START         @FIQ 的栈地址，在运行时计算，现在赋初值 0x0badc0de
FIQ_STACK_START:
.word 0x0badc0de
#endif
@该变量存储 IRQ 的栈地址+8 字节的位置，在运行时计算，现在赋初值 0x0badc0de
.globl IRQ_STACK_START_IN
IRQ_STACK_START_IN:
.word      0x0badc0de
```

(3) 硬件设备的初始化：

```
@系统启动后直接跳转到 reset
reset:
    mrs r0, cpsr           @读出 cpsr 的值并放入 r0
    bic r0, r0, #0x1f      @cpsr 的低五位被清零
    orr r0, r0, #0xd3      @关中断，并进入 SVC32 模式
    msr cpsr,r0            @存 r0 的值到 cpsr
    bl cpu_init_crit       @跳转到 cpu_init_crit，初始化内存、时钟等关键寄存器
```

当系统复位时程序就跳转到 reset 处执行，上面的代码将 CPU 的工作模式位设置为管理模式，并将中断禁止位和快中断禁止位置 1，从而屏蔽 IRQ 和 FIQ 中断。

```
@reset 设置为管理模式后再进入 cpu_init_crit
```

```
cpu_init_crit:
    bl cache_init              @初始化 cache
    @使 L1 I/D 无效
    mov r0, #0                 @ set up for MCR
    mcr p15, 0, r0, c8, c7, 0  @ 使 TLBs 无效，ARM 最多可支持 16 个协处理器 p0～p15
    mcr p15, 0, r0, c7, c5, 0  @ 使 icache 无效
    @禁止 MMU 和 caches
    mrc p15, 0, r0, c1, c0, 0
    bic r0, r0, #0x00002000    @清位 13
    bic r0, r0, #0x00000007    @清位 2:0
    orr r0, r0, #0x00001000    @置位位 12
    orr r0, r0, #0x00000002    @置位位 1
    orr r0, r0, #0x00000800    @置位位 11
    mcr p15, 0, r0, c1, c0, 0


    mov ip, lr                 @cpu_init_crit 被 reset 调用，lr 保存用于返回 reset 函数的地址
    bl lowlevel_init           @此处子函数 cpu_init_crit 发生二次调用，故将用于返回 reset 的 lr 保存
    mov lr, ip                 @调用 lowlevel_init 后 lr 更新为返回 cpu_init_crit 的地址
    mov pc, lr
```

在 ARM 中，Cache 是用来存放 CPU 常用的数据和指令的内部缓存，称为高速缓冲存储器。在程序正常运行过程中，如果开启 Cache，CPU 首先在 Cache 中寻找需要的指令或数据，如果 Cache 中没有所需数据，CPU 再从 RAM 中获取。而在 U-Boot 启动的时候，不管 Cache 是否初始化，其中都不会有 CPU 需要的数据和指令。由于 U-Boot 只是用来实现简单的初始化和引导操作，无需到 Cache 中读取数据和指令。因此，关闭 Cache 有助于简化 U-Boot 代码，优化其性能。

然而，C 语言并不能控制 Cache 的开/关，但关键字 volatile 能够避免优化。所谓避免优化，实际上就是编译器告诉 CPU 在获取这个变量时不要从 Cache 中读取，因为这个变量是随时可变的，Cache 不能实时地反映这些变量的值，CPU 每次读取都直接从变量实际地址读取。

同样，MMU 是用来实现 ARM 虚拟地址与物理地址转换的模块。在 U-Boot 中关闭MMU，可以避免在刚启动时虚拟地址与物理地址之间进行转换。

2．U-Boot 片外第二阶段代码的移植、修改和分析

通过在 start.S 中调用 lowlevel_init 函数来设置存储控制器，使得外接的 SDRAM 可用。lowlevel_init 是 lowlevel_init.S 下定义的全局函数，用来配置启动必需的硬件。通过初始化内存芯片，准备为加载 Bootloader 的第二阶段代码准备 RAM 空间。

该阶段代码在/board/samsung/tiny4412/lowlevel_init.S 中。注意 lowlevel_init.S 文件是开发板相关的。如果外接的设备不一样，可以修改 lowlevel_init.S 文件中的相关宏。

```
    .global lowlevel_init
```

```
lowlevel_init:
 @ BL2 使用 iROM 的堆栈
 @上面提到关于函数调用返回地址的保存，cpu_init_crit 将 lr 保存在 ip
ldr     sp, =0x02060000
push {lr}           @lowlevel_init 肯定会调用更多函数，所以将回调地址保存到 iROM 的堆栈中
#ifdef CONFIG_EXYNOS4412
  bl set_ema_value      @如果 4412 版本号大于 2.0，设置 apll, 这里是 1.1 版本，不需要
#endif
@初始化 CMU_SYSCLK_ISP
 mov  r1, #0
 ldr  r0, =0x10021174      @设置系统水平低功耗寄存器 CMU_RESET_ISP_SYS_PWR_REG
 str  r1, [r0]
 ldr  r0, =0x100213B8      @设置系统水平低功耗寄存器 CMU_SYSCLK_ISP_SYS_PWR_REG
 str  r1, [r0]
@检查复位状态
 ldr     r0, =(INF_REG_BASE + INF_REG1_OFFSET)
 ldr     r1, [r0]
@查看 CPU 是怎么复位的，如果从睡眠唤醒进入复位则发生跳转，否则继续执行
@睡眠唤醒复位
 ldr  r2, =S5P_CHECK_SLEEP
 cmpr1, r2
 beq wakeup_reset
@拉高 PSHOLD 引脚，唤醒电源管理芯片
 ldr  r0, =0x1002330c
 ldr  r1, [r0]
 orr  r1, r1, #0x300
 str  r1, [r0]
@设置 CP 的复位为低电平
 ldr  r0, =0x11000C60
 ldr  r1, [r0]
 ldr  r2, =0xFFFFFF0F
 and r1, r1, r2
 orr  r1, r1, #0x10
 str  r1, [r0]
 ldr  r0, =0x11000C68
 ldr  r1, [r0]
 ldr  r2, =0xFFFFFFF3
 and r1, r1, r2
 orr  r1, r1, #0x4
```

```
        str   r1, [r0]
        ldr   r0, =0x11000C64
        ldr   r1, [r0]
        ldr   r2, =0xFFFFFFFD
        and r1, r1, r2
        str   r1, [r0]
        bl pmic_init      @上电启动，需要初始化电源，如果是从睡眠状态恢复，则没用到这一步
        bl read_om        @确定启动设备
@如果已经在 RAM 中运行，则无需重定位 U-Boot。而 U-Boot 在 RAM 运行前，必须配置存
@储控制器
        ldr   r0, =0xff000fff
        bic   r1, pc, r0            @ r0 <-当前代码的基地址
        ldr   r2, _TEXT_BASE       @ r1 <-在 RAM 中的初始基地址
        bic   r2, r2, r0            @ r0 <-当前代码的地址
        cmp r1, r2                 @比较 r0, r1
        beq after_copy             @如果 r0 == r1，则跳过初始化 sdram，直接装载 u-boot.bin
        ldr   r0, =CHIP_ID_BASE
        ldr   r1, [r0]
        lsr r1, r1, #8
        and r1, r1, #3
        cmp r1, #2
        bne v310_1
@调用存储器初始化子程序
bl mem_ctrl_asm_init
@调用初始化系统时钟子程序
        bl system_clock_init
        b    1f
    1f:
        b load_uboot              @加载 uboot 镜像
```

系统复位或上电重启后进入 reset，在 reset 中将 CPU 设为管理模式后进入 cpu_init_crit，在这里初始化 Cache 并且关闭 Cache 和 MMU，并跳转到 lowlevel_init。在 lowlevel_init 中，根据不同的外部条件进行不同操作，首先判断系统是否从睡眠状态中复位，如果是则跳转到 wakeup_reset；如果不是从睡眠状态中复位，则不发生跳转。接下来就启动开发板上的电源，并且确定启动设备，同时通过 PC 判断执行环境的位置，如果已经在 RAM 中则证明 RAM 已经初始化，并且 U-Boot 的拷贝也已经完成，可以跳过；否则继续执行，初始化内存和时钟，跳转到 load_uboot 加载 U-Boot 镜像。

```
    load_uboot:
        ldr   r0, =INF_REG_BASE
        ldr   r1, [r0, #INF_REG3_OFFSET]    @read_om 将判断结果放在 INF_REG3_ OFFSET 中
```

```
cmp      r1, #BOOT_MMCSD
beq      mmcsd_boot
cmp      r1, #BOOT_EMMC
beq      emmc_boot
cmp      r1, #BOOT_EMMC_4_4
beq      emmc_boot_4_4
cmp      r1, #BOOT_SEC_DEV
beq      mmcsd_boot
```

load_uboot 函数根据前面 read_om 获取到的启动信息判断从哪个设备启动。比如板子设为 OM[5:1]=10100，第 0 位接地，所以为 0x28 = BOOT_EMMC_4_4，即从 EMMC 启动。

```
emmc_boot_4_4:
    /* read TCBCNT to get Transferred CIU card byte count */
    ldr r0, =0x1255005c
    ldr r1, [r0]
    ldr r2, =0x6000
    cmp r1, r2
```
@4412 所谓的第二启动项应该是根据这来判断的，r1<r2，则代码地址为 1，跳转到 mmcsd_boot
@在 DRAM 中存储第二段 boot 信息
```
    ldr r0, =CONFIG_PHY_UBOOT_BASE     @_TEXT_BASE
    sub r0, r0, #8
    mov r3, #0
    movlo r3, #1
    str r3, [r0]
    /* if transferred CIU card byte count >= 0x6000 (24 KB)*/
    /* BL1 and BL2 are loaded from emmc 4.4 */
    /* Otherwise BL1 and BL2 are loaded from sdmmc ch2. */
    blo mmcsd_boot
```
//这里的 blo 和上面的 movlo 都是根据 cpm r1,r2 的结果来确定的，如果，r1<r2 则进行相
//应操作
```
    /* mmc ch4 devider value change */
    bl   mmc_ch4_devider_change
    mov  r0, #EMMC_4_4
    str  r0, _boot_device
    bl   load_uboot_image
    b    cold_boot
    b    after_copy
```

进入 emmc_boot_4_4 后，还要根据 TCBCNT 寄存器的值判断是执行第一还是第二启动项，如果寄存器的值小于 0x6000，则执行第二启动项，从 SD 卡启动。这里我们选择从 EMMC 启动。确定启动项后，_boot_device 作为参数传入到 c 函数 load_uboot_image 和 cold_boot

中(smc.c)。拷贝 uboot 后，进入 after_copy 函数。

```
        after_copy:
            bl uart_asm_init
            /* set up C2C */
            ldr r0, =S5PV310_SYSREG_BASE
            ldr r2, =GENERAL_CTRL_C2C_OFFSET
            ldr r1, [r0, r2]
            ldr r3, =0x4000
            orr r1, r1, r3
            str r1, [r0, r2]
        #ifdef CONFIG_ENABLE_MMU
            bl enable_mmu
        #endif
            /* store second boot information in u-boot C level variable */
            ldr r0, =CONFIG_PHY_UBOOT_BASE
            sub r0, r0, #8
            ldr r1, [r0]       @将 CONFIG_PHY_UBOOT_BASE-8 处的数据保存到 r1
            ldr r0, _second_boot_info   @将_second_boot_info 的值，即 second_boot_info 地址给 r0
            str r1, [r0]@将 CONFIG_PHY_UBOOT_BASE-8 处的数据保存到内存 second_boot_info 处
            /* Print 'K' */
            ldr  r0, =S5PV310_UART_CONSOLE_BASE
            ldr  r1, =0x4b4b4b4b
            str  r1, [r0, #UTXH_OFFSET]
            ldr r0, _board_init_f
            mov pc, r0         @执行 board.c 中 board_init_f 函数
```

after_copy 函数初始化串口，设置 C2C 最终进入 board_init_f 执行板级初始化。

15.3.3　移植/配置系统时钟

U-Boot 在启动的过程中，需要配置系统时钟。系统时钟配置不正确，CPU 就不能正常工作。配置系统时钟可通过以下几个步骤进行：

(1) 设置系统 PLL 锁定时间；

(2) 配置 PLL；

(3) 配置各模块分频系数；

(4) 切换到 PLL 时钟。

系统时钟配置函数在文件 clock_init_tiny4412.S 的 system_clock_init 函数中。我们的 tiny4412 是拷贝自 smdk4412 的，所以，可以根据 smdk4412 的 clock_init_smdk4412.S 文件中的 system_clock_init 函数来修改成适合自己板子的程序。

下面顺着该函数的思路来进行分析、移植和修改：

1. 输入源和分频比

设置时钟模块的时钟输入源和分频比,包括 CPU、DMC、TOP、LEFTBUS、RIGHTBUS 五大模块。

(1) CPU MUX/DIV 的时钟源和分频比的设置。由于要设置的模块寄存器比较多,这里我们仅仅分析 CPU MUX/DIV 的时钟源和分频比的修改过程。

首先检查和修改如下代码:

```
#ifdef CONFIG_EXYNOS4412
#include "tiny4412_val.h"
#else
#include "tiny4412_val.h"
#endif
```

通过 Exynos 4412 的数据手册,查找 CLK_SRC_CPU 寄存器进行配置。为了用 24M 的外部时钟进行分频,需设置位 MUX_APLL_SEL(配置 MUX_{APLL})为 0,MUX_CORE_SEL(配置 MUX_{CORE})也需设置成 0,选择 $MOUT_{APLL}$。其他两位,按代码以前的设置为 0,分别将 MUX_MPLL_USER_SEL_C(配置 $MUX_{MPLL\_USER\_SEL\_C}$)设置选择 FIN_{PLL},而 MUX_HPM_SEL(配置 MUX_{HPM})选择 $MOUT_{APLL}$。所以此寄存器的设置值为 0。设置完成后需要等待一定时间,让其设置成功。延时等待代码的实现也可以与寄存器 CLK_MUX_STAT_CPU 的值相比较。

具体代码如下:

```
system_clock_init:
        push {lr}                    @将链接寄存器压栈
        ldr r0,=ELFIN_CLOCK_BASE     @ELFIN_CLOCK_BASE=0x1003_0000, 时钟寄存器的基地址
@CMU_CPU MUX / DIV
        ldr   r1,=0x0
        ldr   r2,=CLK_SRC_CPU_OFFSET        @ CLK_SRC_CPU 寄存器的偏移地址
        str   r1,[r0, r2]                   @ CLK_SRC_CPU 寄存器的设置为 0
        ldr r2, =CLK_MUX_STAT_CPU_OFFSET    @CLK_MUX_STAT_CPU 寄存器的偏移地址
        ldr r3, =0x0            @需要比较的 CLK_MUX_STAT_CPU 设置值, 即我们上面分析的值
        bl wait_mux_state      @跳转到 wait_mux_state 等待寄存器值设置成功
        wait_mux_state:
                ldr r1, [r0, r2] @读取 CLK_MUX_STAT_CPU 寄存器的值
                cmp r1, r3       @将 CLK_MUX_STAT_CPU 寄存器的值和 CLK_SRC_CPU 的值进行比较
                bne wait_mux_state       @不相等就再来一次
                mov pc, lr               @相等, 则返回
@也可以用以下的方法来等待一定的时间
@/* 等待一段时间 */
@ mov r1, #0x10000
@ 1: subs r1, r1, #1
@ bne   1b
```

至此，我们分析和修改了如何设置 CPU MUX/DIV 的时钟源选择的代码，但其分频比没有进行设置，因为设置分频比的代码要在后面设置完成 LOCKOUT 时间后才可以进行。

下面的代码是对 DMC、TOP、LEFTBUS、RIGHTBUS 等配置寄存器的设置，这里不做过多分析。

(2) CMU_DMC MUX/DIV 的设置。下面这一段代码仅仅设置了 CMU_DMC 的分频值，而其中各个 MUX 的值则利用芯片启动时的默认值。这里参照 tiny4412 的 U-Boot 进行了 DIV 值设置。

CLK_DIV_DMC0_VAL 和 CLK_DIV_DMC1_VAL 来源于 tiny4412_val.h，代码如下：

```
@ CLK_DIV_DMC0 和 CLK_DIV_DMC1*/
#define DMCP_RATIO          0x1
#define DMCD_RATIO          0x1
#if defined(CONFIG_CLK_BUS_DMC_100_200)
#define DMC_RATIO           0x3
#else
#define DMC_RATIO           0x1
#endif
#define DPHY_RATIO          0x1
#define ACP_PCLK_RATIO0x1
#define ACP_RATIO           0x3
#define CLK_DIV_DMC0_VAL    ((CORE_TIMERS_RATIO << 28) \
                            | (COPY2_RATIO << 24)       \
                            | (DMCP_RATIO << 20)        \
                            | (DMCD_RATIO << 16)        \
                            | (DMC_RATIO << 12)         \
                            | (DPHY_RATIO << 8)         \
                            | (ACP_PCLK_RATIO << 4)     \
                            | (ACP_RATIO))
#define CLK_DIV_DMC1_VAL  0x07071713
```

以上代码取自 tiny4412_val.h 文件，为 C 语言代码。

```
        ldr   r1,=CLK_DIV_DMC0_VAL
        ldr   r2,=CLK_DIV_DMC0_OFFSET
        str   r1,[r0, r2]
        ldr   r1,=CLK_DIV_DMC1_VAL     @CLK_DIV_DMC1_VAL=0x07071713
        ldr   r2,=CLK_DIV_DMC1_OFFSET
        str   r1,[r0, r2]
```

(3) CMU_TOP MUX / DIV 的设置。配置 CMU_TOP 的多路复用开关 MUX 的寄存器是 CLK_SRC_TOP0 和 CLK_SRC_TOP1。它们的设置值分别由原值 0x0 变为 0x00000110 和 0x01111000，通过比较它们的状态寄存器 CLK_MUX_STAT_TOP 和 CLK_MUX_

STAT_TOP1 的方法来确定值是否设置成功。当然也可以用等待一段时间的方法。最后设置
CLK_DIV_TOP 寄存器，其值为 0x01215474。具体的代码如下：

```
@CMU_TOP MUX / DIV
@CLK_SRC_TOP0_VAL= 0x00000110
        ldr   r1,=CLK_SRC_TOP0_VAL
        ldr   r2,=CLK_SRC_TOP0_OFFSET
        str   r1,[r0, r2]
        ldr   r2, =CLK_MUX_STAT_TOP_OFFSET
        @ldr r3, =0x11111111
        ldr   r3, =CLK_MUX_STAT_TOP_VAL   @0x11111221
        bl wait_mux_state
@CLK_SRC_TOP1_VAL= 0x01111000
        ldr   r1,=CLK_SRC_TOP1_VAL
        ldr   r2,=CLK_SRC_TOP1_OFFSET
        str   r1,[r0, r2]
        ldr   r2, =CLK_MUX_STAT_TOP1_OFFSET
        @ldr r3, =0x01111110
        ldr   r3, =CLK_MUX_STAT_TOP1_VAL  @0x02222110
        bl wait_mux_state
        @/* wait ?µs */
        @ mov r1, #0x10000
        @1: subs r1, r1, #1
        @ bne    1b
        ldr    r1,=CLK_DIV_TOP_VAL @0x01215474
        ldr    r2, =CLK_DIV_TOP_OFFSET
        str    r1,[r0, r2]
```

(4) CMU_LEFTBUS MUX / DIV 的设置。CMU_LEFTBUS 的寄存器设置和上述过程
一样，这里不做过多说明，仅给出代码：

```
        ldr  r1,=CLK_SRC_LEFTBUS_VAL
        ldr  r2,=CLK_SRC_LEFTBUS_OFFSET
        str  r1,[r0, r2]
        ldr  r2, =CLK_MUX_STAT_LEFTBUS_OFFSET
        @ldr   r3, =0x00000021
        ldr   r3, =CLK_MUX_STAT_LEFTBUS_VAL          @0x00000021
        bl wait_mux_state
        ldr  r1,=CLK_DIV_LEFRBUS_VAL
        ldr  r2,=CLK_DIV_LEFTBUS_OFFSET
        str  r1,[r0, r2]
```

(5) CMU_RIGHTBUS MUX / DIV 的设置。CMU_RIGHTBUS 的寄存器设置和上述过程一样，这里不做过多说明，仅给出代码：

```
@ CMU_RIGHTBUS MUX / DIV
        ldr     r1,=CLK_SRC_RIGHTBUS_VAL
        ldr     r2,=CLK_SRC_RIGHTBUS_OFFSET
        str     r1,[r0, r2]
        ldr     r2, =CLK_MUX_STAT_RIGHTBUS_OFFSET
        @ldr    r3, =0x00000021
        ldr     r3, =CLK_MUX_STAT_RIGHTBUS_VAL    @0x00000021
        bl wait_mux_state
        ldr     r1,=CLK_DIV_RIGHTBUS_VAL
        ldr     r2,=CLK_DIV_RIGHTBUS_OFFSET
        str     r1,[r0, r2]
```

2. 倍频 MPLL/EPLL/VPLL

在倍频 MPLL 之前，有一小段代码是读取 MPLL_CON0 的值，来判断其设置值是否已将 MPLL 设置成 400 MHz，如果是，就不再进行 MPLL 设置，直接跳过，进行 EPLL 设置。这一段代码如下：

```
        /* check MPLL and if MPLL is not 400 Mhz，skip MPLL resetting for C2C operation */
        ldr     r2,=MPLL_CON0_OFFSET
        ldr     r1, [r0, r2]
        ldr     r3, =0xA0640301
        cmp     r1, r3
        bne skip_mpll
```

上述代码中，0xA0640301 为模数，即将 P、M、S 分别设置成 100、3、1，然后使能锁相环 MPLL，即可得到设定的值。

下面是倍频 MPLL 的代码。MPLL 的设置寄存器为 MPLL_CON0 和 MPLL_CON1，其中 MPLL_CON1 设置值保持上电初始化值即可。

```
        @ Set MPLL
        ldr     r1,=MPLL_CON1_VAL
        ldr     r2,=MPLL_CON1_OFFSET
        str     r1,[r0, r2]
        ldr     r1,=MPLL_CON0_VAL
        ldr     r2,=MPLL_CON0_OFFSET
        str     r1,[r0, r2]
        skip_mpll:
```

EPLL 和 VPLL 的 P、M、S 位配置查找方法同上面一样。但要注意的是，EPLL 和 VPLL 分别有三个寄存器需要设置，其中 EPLL_CON1、EPLL_CON2、VPLL_CON1、VPLL_CON2 都保持其上电默认值即可。其他两个寄存器的设置代码如下：

```
    skip_mpll:
    @ Set EPLL
            ldr      r1, =EPLL_CON2_VAL
            ldr      r2, =EPLL_CON2_OFFSET
            str      r1, [r0, r2]
            ldr      r1, =EPLL_CON1_VAL
            ldr      r2, =EPLL_CON1_OFFSET
            str      r1, [r0, r2]
            ldr      r1, =EPLL_CON0_VAL
            ldr      r2, =EPLL_CON0_OFFSET
            str      r1, [r0, r2]
    @ Set VPLL
            ldr      r1, =VPLL_CON2_VAL
            ldr      r2, =VPLL_CON2_OFFSET
            str      r1, [r0, r2]
            ldr      r1, =VPLL_CON1_VAL
            ldr      r2, =VPLL_CON1_OFFSET
            str      r1, [r0, r2]
            ldr      r1, =VPLL_CON0_VAL
            ldr      r2, =VPLL_CON0_OFFSET
            str      r1, [r0, r2]
```

下面一段代码相当于等待设置，其实现的方法就是等待 xPLL_CON0 的第 29 位自动在 LOCKOUT 时间完后变为 1：

```
    wait_pll_lock:
            ldr      r1, [r0, r2]
            tst      r1, #(1<<29)
            beq      wait_pll_lock
            mov      pc, lr
            ldr      r2, =APLL_CON0_OFFSET
            bl       wait_pll_lock
            ldr      r2, =MPLL_CON0_OFFSET
            bl       wait_pll_lock
            ldr      r2, =EPLL_CON0_OFFSET
            bl       wait_pll_lock
            ldr      r2, =VPLL_CON0_OFFSET
            bl       wait_pll_lock
```

在锁定以后，接下来就是进一步分频。但在此之前，必须更新选择时钟源。接下的来代码是再一次进行时钟源的选择。

3. 重新选择时钟源

选择时钟源的寄存器设置方法和前面介绍的一样，只是这里需要根据新的时钟源选择对相应的寄存器值进行设置。

这一次我们需要选择倍频后的时钟，而不是还选择输入的 24 MHz 时钟。例如，对于 CLK_SRC_CPU 寄存器的配置(以 APLL 以例)，参考芯片手册时钟生成电路框图，查找 FOUT$_{APLL}$ 和 FIN$_{PLL}$，由图所知，FIN$_{PLL}$ 是没有倍频的频率，我们要选的是倍频后的，于是此处应该选择 FOUT$_{APLL}$，所以寄存器 CLK_SRC_CPU 的第 0 位 MUX_APLL_SEL 应设置成 1。同理，我们将第 24 位 MUX_MPLL_USER_SEL_C 也设置成 1，选择倍频后的 MPLL，这样，这个寄存器的设置值为 0x01000001。

设置完成后，同样读取相应的状态寄存器，和其对应的值进行比较，以确定是否完成设置。完成的代码如下：

```
@重新配置时钟源
        ldr     r1, =0x01000001
        ldr     r2, =CLK_SRC_CPU_OFFSET
        str     r1, [r0, r2]
        ldr     r2, =CLK_MUX_STAT_CPU_OFFSET
        ldr     r3, =0x02110002
        bl      wait_mux_state
```

其他寄存器的设置方法类似。这是一个相当繁琐的过程，在设置过程中应该十分细心，要有足够的耐心。一位寄存器配置产生差错，可能导致配置失败，需要重新检查，再来一遍。关于后面设置过程中可能会碰到 ONENAND 的时钟选择问题。在 tiny4412 中是没有接 ONENAND 的，用的是 NAND Flash，因此，可以不配置，保持默认值。

下面的代码是用来确定所设置的芯片是不是 Exynos 4412：

```
        ldr     r0, =CHIP_ID_BASE @ 0x10000000
        ldr     r1, [r0]
        lsr     r1, r1, #8
        and     r1, r1, #3
        cmp     r1, #2
        bne     v310_2
```

选择完成时钟源后，其实就可以开始进行分频了。由于前面的代码中我们已将每个相关的寄存器进行了设置(同时设置了分频值)，这里就没有必要再进行一次分频设置了。

下面的代码是进行 C2C(Chip to Chip)的设置。

4. Chip to Chip (C2C)设置

这里需要我们先定义一个宏变量：

```
        #ifdef CONFIG_C2C
```

进行 C2C 设置的第一步是检验 C2C_CTRL 的寄存器最后一位是不是 1，检验其是否已经使能了 C2C 功能。如果使能了就直接完成设置。因为如果使能了这个值，那个动态内存管理就会利用其默认值来进行自动管理内存，所以就不用单独设置不同的模块了。如果没有使能就继续进行设置。

其代码如下：

```
/* check C2C_CTRL enable bit */
ldr     r3,=S5PV310_POWER_BASE @0x1002_0000    chapter8    page644
ldr     r1, [r3, #C2C_CTRL_OFFSET] @C2C_CTRL_OFFSET=24
and     r1, r1, #1
cmp     r1, #0
bne     v310_2
```

接下来的代码是设置几个相关动态内存管理寄存器：

```
@ ConControl
    #ifdef MEM_DLLl_ON
    ldr   r0, =APB_DMC_0_BASE

    ldr   r1, =0x7F10100A
    ldr   r2, =DMC_PHYCONTROL0

    str   r1, [r0, r2]
    ldr   r1, =0xE0000084
    ldr   r2, =DMC_PHYCONTROL1
    str   r1, [r0, r2]


    ldr   r1, =0x7F10100B
    ldr   r2, =DMC_PHYCONTROL0
    str   r1, [r0, r2]


    /* wait ?μs */
    mov r1, #0x20000
    8:    subs  r1, r1, #1
    bne   8b


    ldr   r1, =0x0000008C
    ldr   r2, =DMC_PHYCONTROL1
    str   r1, [r0, r2]
    ldr   r1, =0x00000084
    ldr   r2, =DMC_PHYCONTROL1
    str   r1, [r0, r2]


    /* wait ?μs */
    mov r1, #0x20000
    9:    subs  r1, r1, #1
```

```
        bne   9b

        ldr   r0, =APB_DMC_1_BASE

        ldr   r1, =0x7F10100A
        ldr   r2, =DMC_PHYCONTROL0
        str   r1, [r0, r2]

        ldr   r1, =0xE0000084
        ldr   r2, =DMC_PHYCONTROL1
        str   r1, [r0, r2]

        ldr   r1, =0x7F10100B
        ldr   r2, =DMC_PHYCONTROL0
        str   r1, [r0, r2]

/* wait ?μs */
        mov r1, #0x20000
10:     subs  r1, r1, #1
        bne   10b

        ldr   r1, =0x0000008C
        ldr   r2, =DMC_PHYCONTROL1
        str   r1, [r0, r2]
        ldr   r1, =0x00000084
        ldr   r2, =DMC_PHYCONTROL1
        str   r1, [r0, r2]

/* wait ?μs */
        mov r1, #0x20000
11:     subs  r1, r1, #1
        bne   11b
#endif

        ldr   r0, =APB_DMC_0_BASE
        ldr   r1, =0x0FFF30FA
        ldr   r2, =DMC_CONCONTROL
        str   r1, [r0, r2]
```

```
ldr    r0, =APB_DMC_1_BASE
ldr    r1, =0x0FFF30FA
ldr    r2, =DMC_CONCONTROL
str    r1, [r0, r2]


ldr    r0, =APB_DMC_0_BASE
ldr    r1, =0x00202533
ldr    r2, =DMC_MEMCONTROL
str    r1, [r0, r2]


ldr    r0, =APB_DMC_1_BASE
ldr    r1, =0x00202533
ldr    r2, =DMC_MEMCONTROL
str    r1, [r0, r2]


v310_2:
#endif          /* CONFIG_C2C */
```

15.3.4　移植/配置 NAND Flash

我们将 NAND Flash 的初始化代码放在 board/samsung/tiny4412/lowlevel_init.S 文件中。这一段代码是三星 SMDK4412 中没有提供的，所以需要自己写。我们在里面增加一个叫 NAND_asm_init 的函数。由于 NAND Flash 的操作是有一定的规律的，所以，我们可以找一段写好的 NAND Flash 源码，然后根据自己的电路原理图进行移植即可。下面结合前面第 10 章讲过的 NAND Flash 控制器的原理，对移植/配置 NAND Flash 过程进行分析。

1. 配置片选信号引脚

NAND Flash 芯片 K9GAG08U0E 与 Exynos 4412 电路连接图如图 10.7 所示。由于涉及的 Exynos 4412 各个引脚的功能都是复用的，所以需要在一些相关的寄存器中进行设置，使其功能固定。

首先查找到 nCE，该引脚接在复用引脚 Xm0CSn0/NF_CSn2/MP00_0 上。通过查阅 Exynos 4412 芯片手册，该配置由 GPY0CON 寄存器控制。GPY0CON[3:0]位对应着 NF_CSn2 的功能，应配置为 0x3。同时，对 GPY0CONPDN 进行设置，禁止其内部上/下拉功能。具体代码如下：

```
        .globlNAND_asm_init
NAND_asm_init:
        /*将对应 GPIO 配置成 NAND Flash 功能  */
        /*This setting is NAND initialize code at booting time in iROM. */
        ldr    r0, =0x11000000        @0x11000000 是 NAND Flash 相关寄存器的基地址
```

@配置 nCE

```
        ldr     r1, [r0, #MP01CON_OFFSET]    @0x0120 是 GPY0CON 寄存器的地址偏移量
        bic     r1, r1，#(0xf<<8)             @(0xf<<8)后设为零，即位[11:8]配置为 0b0000
        orrr1，  r1, #(0x3<<8)                @(0x3<<8)设置 nCE 使能芯片
        str     r1, [r0, #MP01CON_OFFSET]
```

@配置 EBI_WEn EBI_OEn nCE/NF_CSN[0]

```
        ldr     r2, =0x220300
        str     r2, [r0, #MP01CON_OFFSET]
```

其中，nCE 片选信号是低电平有效的。注意：在三星公司的原理图、电路图和数据手册中，一般用 nXX 表示低电平有效，而在 TI 的芯片手册中，XXn 表示低电平有效。比如，上面的芯片手册中 nCE 表示低电平有效，而在 TI 的芯片手册中，则是用 CEn 表示低电平片选信号有效。总之带 n 的引脚，即表示低电平有效。

接着，禁止上/下功能：

```
        ldr     r1, [r0, #MP01PUD_OFFSET]  @0x0128 是 GPY0PUD 寄存器的地址偏移量
        bic     r1, r1, #0x3
        strr1,   [r0, #MP01PUD_OFFSET]
```

2. 配置 CLE/ALE/nWE/nRE/R/nB 引脚

除 nCE 引脚，其余的几个引脚都是复用的，需要通过寄存器 GPY2CON 进行配置。其配置代码如下，并在代码中给出相关注释：

```
        ldr     r1, [r0, #MP03CON_OFFSET]    @GPY2CON 偏移地址
        bic     r1, r1, #0xFFFFFF
        ldr     r2, =0x22222222
        orr     r1, r1, r2
        str     r1, [r0, #MP03CON_OFFSET]
```

@将 GPY2CON 寄存器的 0～23 位全部清零

@GPY2CON 的偏移地址是 0x0160

```
        ldr     r1, [r0, #MP03CON_OFFSET]
        bic     r1, r1, #0xFFFFFF            @清零
```

@配置 NF_CLE/NF_ALE/NF_RnB0

```
        ldr     r2, =0x222
        orr     r1, r1, r2
        str     r1, [r0, #MP03CON_OFFSET]
```

@禁止 GPY2CON 的上/下拉

```
        ldr     r1, [r0, #MP03PUD_OFFSET]
        ldr     r2, =0x3fff
        bic     r1, r1, r2
        str     r1, [r0, #MP03PUD_OFFSET]
```

3. 配置 NAND Flash 控制寄存器 NFCONF

下面配置 NAND Flash 的控制寄存器 NFCONF。先看最前面四位[3:0]，[0]位保留，置为 0。[1]位用来配置页的一个地址周期，这款 K9GAG08U0E 的页大小也是 4K，通过查阅 K9GAG08U0E 的芯片手册，可见，其地址周期为 5th，所以[1]配为 1。接着配置位[3:2]，这两位是配置页面大小的，将其设置成 4K，所以这一位设置成 10。最后，前四位配置为 0b1010。

下面设置 NAND Flash 芯片操作中的几个时序时间，其中：

- TACLS：当将 CLE 和 ALE 拉高以后，再过多少时间才能发出写使能信号(nWE)；
- TWRPH0：nWE 使能持续时间，信号被拉低的时间，即信号 nWE 的有效时间；
- TWRPH1：当将 CLE 和 ALE 拉高以后，WE 使能，这时，后面开始发送数据，那么这段数据起作用的时间(Datahold time)即 TWRPH1。

TACLS 是发给 NAND Flash 的，所以查看 K9GAG08U0E 的芯片手册，根据其时序图和各个引脚在各个状态下的最小时间表，可以得到它们的最小配置时间：

TACLS = tCLS−tWP = 15−15 = 0

TWRPH0 = tWP = 15

TWRPH1 = tDH = 5

这里 tiny4412 的 NAND Flash 的时钟频率为 HCLK(133 MHz)。由此可得 T = 1/133 = 7.5 ns。

现在再返回查看 NFCONF 寄存器里关于这几个位的计算公式。

TACLS：配置为 1，时间为 7.5*(1)=7.5 ns >0 ns。

TWRPH0：配置为 3，时间为 7.5*(3+1)=30 ns >15 ns。

TWRPH1：配置为 0，时间为 7.5*(0+1)=7.5 ns >5 ns。

上面讲述了这 3 个值的配置方法。当然还需要实际的测试。因为如果配置成最小值，有可能出现 NAND Flash 无法读/写的情况。这里我们还是参考三星 SMDK 中提供的关于 NAND Flash 的代码，将这三位配成 7、7、7 或者 1、4、1。这样，三个参数的时间分别为：

TACLS：配置为 7，时间为 7.5*7 = 52.5n s >0 ns。

TWRPH0：配置为 7，时间为 7.5*(7+1) = 60 ns >15 ns。

TWRPH1：配置为 7，时间为 7.5*(7+1) = 60 ns >5 ns。

在程序中，我们将配置 NFCONF 位[7:4] = 7，位[11:8] = 7，位[12:15] =7。

保持 ECC 位为其初始值 0，即采用 1 位 ECC，其余位全部配置为 0，则具体配置代码如下：

```
@配置 NFCONF
@ELFIN_NAND_BASE　= ELFIN_NAND_BASE
        ldr    r0, =ELFIN_NAND_BASE
        ldr    r1, [r0, #NFCONF_OFFSET]
        ldr    r2, =0x7772
        bic    r1, r1, r2
@NFCONF_VAL(7<<12)|(7<<8)|(7<<4)|(0<<3)|(1<<2)|(1<<1)|(0<<0)
```

```
        ldr     r2, =NFCONF_VAL
        orr     r1, r1, r2
        str     r1, [r0, #NFCONF_OFFSET]
```

4. 配置 NAND Flash 控制寄存器 NFCONT

下面配置 NAND Flash 的控制寄存器 NFCONT。将其[0]位置 1，使能 NAND Flash 控制器。其余的位参考三星 SMDK 中提供的参考代码进行配置。其具体代码如下：

```
@NFCONT_VAL=(0<<18)|(0<<17)|(0<<16)|(0<<10)|(0<<9)|(0<<8)|(0<<7)|(0<<6)|(0x3<<1)|(1<<0)
        ldr     r1, [r0, #NFCONT_OFFSET]
        ldr     r2, =0x6
        bic     r1, r1, r2
        ldr     r2, =NFCONT_VAL
        orr r1,  r1, r2
        str     r1, [r0, #NFCONT_OFFSET]
        ldr     r1, [r0, #MP01CON_OFFSET]
        bic     r1, r1, #0xF        @(0xf<<8)
        orr     r1, r1, #0x3        @(0x3<<8)
        str     r1, [r0, #MP01CON_OFFSET]
        mov pc, lr                  @ 函数返回
```

至此，NAND Flash 的低级初始化完成。

15.3.5　移植/配置串口驱动程序

Exynos 4412 串口的工作原理在第 11 章中已经详细介绍过，可以参考第 11 章的知识对串口进行移植/配置。下面用汇编语言给出串口的驱动程序，具体代码如下：

```
/* uart_asm_init: 用汇编语言编写的串口初始化代码，波特率为 115200bps*/
        .globl uart_asm_init
uart_asm_init:
        /*配置 GPIO 为 UART 功能 */
        @ GPIO setting for UART for UART0/1/2/3
        ldr   r0, =0x11400000      @配置 GPA0CON，0x11400000 是其物理地址
        ldr   r1, =0x22222222      @配置 GPA0CON 为 UART 功能
        str   r1, [r0]
        ldr   r0, =0x11400020      @配置 GPA1CON，0x11400020 是其物理地址
        ldr   r1, =0x222222        @配置 GPA1CON 为 UART 功能
        str   r1, [r0]
    /* 配置串行通信的时钟频率*/
        ldr   r0, =S5PV310_CLOCK_BASE   @tiny4412 MCU 单元基址为 0x1003_0000
    /* 时钟源选择 CLK_SRC_PERIL0_VAL    在头文件 tiny4412_val.h 中进行了定义，代码如下：
#define UART4_SEL  6
```

```
#define UART3_SEL  6
#define UART2_SEL  6
#define UART1_SEL  6
#define UART0_SEL  6
#define CLK_SRC_PERIL0_VAL (UART4_SEL << 16) \
                                   | (UART3_SEL << 12) \
                                   | (UART2_SEL << 8)   \
                                   | (UART1_SEL << 4)   \
                                   | (UART0_SEL))
*/
    ldr    r1, =CLK_SRC_PERIL0_VAL
    ldr    r2, =CLK_SRC_PERIL0_OFFSET       @ CLK_SRC_PERIL0 偏移地址为 0xC250
    str    r1, [r0, r2]                @设置 uart0～4 的时钟源为 SCLKMPLL_USER_T，为 800MHz
/*分频选择 CLK_DIV_PERIL0_VAL 在头文件 tiny4412_val.h 中进行了定义，代码如下：
#if defined(CONFIG_CLK_BUS_DMC_165_330)
#define UART4_RATIO      7
#define UART3_RATIO      7
#define UART2_RATIO      7
#define UART1_RATIO      7
#define UART0_RATIO      7
#elif defined(CONFIG_CLK_BUS_DMC_200_400)
#define UART4_RATIO      7
#define UART3_RATIO      7
#define UART2_RATIO      7
#define UART1_RATIO      7
#define UART0_RATIO      7
#endif
#define CLK_DIV_PERIL0_VAL         | (UART4_RATIO << 16) \
                                   | (UART3_RATIO << 12) \
                                   | (UART2_RATIO << 8)   \
                                   | (UART1_RATIO << 4)   \
                                   | (UART0_RATIO))
*/
    ldr    r1, =CLK_DIV_PERIL0_VAL
    ldr    r2, =CLK_DIV_PERIL0_OFFSET       @CLK_DIV_PERIL0 偏移地址为 0xC550
         @设置 uart 的分频系数为 7，经计算得到 SCLK_UART=800M/(7+1)=100M
    str    r1, [r0, r2]
```

/*在 tiny4412.h 中定义了 CONFIG_SERIAL0，即使用 uart0 作为默认的串口输出，所以 S5PV310_UART_CONSOLE_BASE 的值就是 uart0 控制器的基地址，为 0x13800000，设置这个寄存

器的目的是启动并设置 uart 的 FIFO 功能,结果:启动 uart0 的 FIFO 功能,uart0 的 Rx FIFO Trigger Level 是 64B, Tx FIFO Trigger Level 是 32Btye

```
    */
        ldr    r0, =S5PV310_UART_CONSOLE_BASE
        ldr    r1, =0x111
        str    r1, [r0, #UFCON_OFFSET]
```

/*设置 uart0 发送或者接收数据包每帧大小, 这里设置为 8bit, 1bit 停止位, 无奇偶校验, normal mode(除此之外还有一种叫做红外模式, 用于红外发送和接收)*/

```
        mov  r1, #0x3
        str    r1, [r0, #ULCON_OFFSET]
```

/*设置 uart0 的读接收缓冲区和写输出缓冲区的工作方式为中断或者轮询(除此之外还有 DMA 方式等); 中断触发类型为电平触发*/

```
        ldr    r1, =0x3c5
        str    r1, [r0, #UCON_OFFSET]
```

/* SCLK_UART0=100MHz, 波特率设置为 115200 bps*/

```
        ldr    r1, =UART_UBRDIV_VAL
        str    r1, [r0, #UBRDIV_OFFSET]
        ldr    r1, =UART_UDIVSLOT_VAL
        str    r1, [r0, #UDIVSLOT_OFFSET]
```

@ UTXH_OFFSET 是输出缓冲区, 这里是向 uart0 上打印 'O'

```
        ldr    r1, =0x4f4f4f4f
        str    r1, [r0, #UTXH_OFFSET]
        mov  pc, lr              @函数返回
```

15.3.6 增加对网卡芯片 CS8900 的支持

使用串口来传输文件的速率太低, 现在增加对网卡芯片 CS8900 的支持。

本书使用开发板的网卡芯片 CS8900 的连接方式与三星的评估板完全一样。现在的 U-Boot 中已经支持 CS8900 了,直接将它的驱动程序放置在文件 drivers/net/cs8900.c 中即可。只要在 U-Boot 控制界面中稍加配置就可以使用网络功能。使用网络之前, 先设置开发板 IP 地址、MAC 地址、服务器 IP 地址。比如可以在 U-Boot 中执行以下命令:

```
setenv   ipaddr    192.168.1.05
setenv   ethaddr   05:00:3e:a6:0a:6c
setenv   serverip  192.168.1.21
saveenv
```

然后就可以使用 tftp 或 nfs 命令下载文件了。需要注意的是:服务器上要预先开启 tftp 或 nfs 服务。比如可以使用如下命令将 U-Boot.bin 文件下载到内存 0x05000000 中:

```
tftp 0x05000000 U-Boot.bin
```

或

```
nfs 0x05000000 192.168.1.57:/work/nfs_root/U-Boot.bin
```

可以修改配置文件，让网卡的各个默认值就是上面设置的值。

15.4　U-Boot 的常用命令

1．U-Boot 常用命令的用法

进入 U-Boot 控制界面后，可以运行各种命令，比如下载文件到内存、擦除和读/写 Flash、运行内存和 NAND Flash 中的程序、查看和修改内存中的数据等。

使用各种命令时，可以使用其开头的若干个字母代替它。比如 tftpboot 命令，可以使用 t、tf、tft、tftp 等字母代替，只要其他命令不以这些字母开头即可。

当运行一个命令之后，如果它是可重复执行的(代码中使用 U_BOOT_CMD 定义这个命令时，第 3 个参数是 1)，若想再次运行则可以直接输入回车。

U-Boot 接收的数据都是十六进制的，输入时可以省略前缀 0x、0X。

下面介绍常用的命令。

(1) 帮助命令 help。运行 help 命令可以看到 U-Boot 中所有命令的作用。如果要查看某个命令的使用方法，运行"help 命令名"，比如"help bootm"。

可以使用"?"来代替"help"，比如直接输入"?"、"?bootm"。

(2) 下载命令。U-Boot 支持串口下载、网络下载，相关命令有 loadb、loads、loadx、loady 和 tftpboot、nfs。

这几个串口下载命令使用方法相似，以 loadx 命令为例，它的用法为"loadx [off][baud]"。"[ ]"表示里面的参数可以省略，off 表示文件下载后存放的内存地址，baud 表示使用的波特率。如果省略 baud 参数，则使用当前的波特率；如果省略 off 参数，则存放的地址为配置文件中定义的宏 CFG_LOAD_ADDR。tftpboot 命令使用 TFTP 协议从服务器下载文件，服务器的 IP 地址为环境变量 serverip，用法为"tftpboot [loadAddress] [bootfilename]"，loadAddress 表示文件下载后存放的内存地址，bootfilename 表示要下载的文件的名称。如果省略 loadAddress，存放的地址为配置文件中定义的宏 CFG_LOAD_ADDR；如果省略 bootfilename，则使用开发板的 IP 地址构造一个文件名，比如开发板 IP 为 192.168.1.17，则默认的文件名为 C0A80711.img。

nfs 命令使用 NFS 协议下载文件，用法为"nfs [loadAddress] [host ip addr:bootfilename]"。"loadAddress、bootfilename"的意义与 tftpboot 命令一样，"host ip addr"表示服务器的 IP 地址，默认为环境变量 serverip。

下载文件成功后，U-Boot 会自动创建或更新环境变量 filesize，它表示下载的文件的长度，可以在后续命令中使用"$(filesize)"来引用它。

(3) 内存操作命令。常用的命令有：查看内存命令 md、修改内存命令 md、填充内存命令 mw、复制命令 cp。这些命令都可以带上后缀".b"、".w"或".l"，表示以字节、字(2 个字节)、双字(4 个字节)为单位进行操作。比如"cp.l 30000000 31000000 2"将从开始地址 0x30000000 处，复制 2 个双字到开始地址为 0x31000000 的地方。

md 命令的用法为"md[.b, .w, .l] address [count]"，表示以字节、字或双字(默认为双字)为单位，显示从地址 address 开始的内存数据，显示的数据个数为 count。

　　mm 命令的用法为"mm[.b, .w, .l] address"，表示以字节、字或双字(默认为双字)为单位，从地址 address 开始修改内存数据。执行 mm 命令后，输入新数据后回车，地址会自动增加，按"Ctrl+C"键退出。

　　mw 命令的用法为"mw[.b, .w, .l] address value [count]"，表示以字节、字或双字(默认为双字)为单位，向开始地址为 address 的内存中填充 count 个数据，数据值为 value。

　　cp 命令的用法为"cp[.b, .w, .l] source target count"，表示以字节、字或双字(默认为双字)为单位，从源地址 source 的内存复制 count 个数据到目的地址的内存。

　　(4) NAND Flash 操作命令。NAND Flash 操作命令只有一个：NAND。它根据不同的参数进行不同操作，比如擦除、读取、烧写等。

　　"NAND info"用于查看 NAND Flash 信息。

　　"NAND erase [clean] [off size]"用于擦除 NAND Flash。加上"clean"时，表示在每个块的第一个扇区的 OOB 区加写入清除标记；off、size 表示要擦除的开始偏移地址的长度，如果省略 off 和 size，表示要擦除整个 NAND Flash。

　　"NAND read[.jffs2] addr off size"用于从 NAND Flash 偏移地址 off 处读出 size 个字节的数据存放到开始地址为 addr 的内存中。是否加后缀".jffs"的差别只是读操作时的 ECC 校验方法不同。

　　"NAND write[.jffs2] addr off size"用于把开始地址为 addr 的内存中的 size 个字节数据写到 NAND Flash 的偏移地址 off 处。是否加后缀".jffs"的差别只是写操作时的 ECC 校验方法不同。

　　"NAND read.yaffs addr off size"用于从 NAND Flash 偏移地址 off 处读出 size 个字节的数据(包括 OOB 区域)，存放到开始地址为 addr 的内存中。

　　"NAND write.yaffs addr off size"用于把开始地址为 addr 的内存中的 size 个字节数据(其中有要写入 OOB 区域的数据)写到 NAND Flash 的偏移地址 off 处。

　　"NAND dump off"用于将 NAND Flash 偏移地址 off 的一个扇区的数据打印出来，包括 OOB 数据。

　　(5) 环境变量命令。

　　"printenv"命令用于打印全部环境变量，"printenv name1 name2..."则打印名字为 name1、ame2、…的环境变量。

　　"setenv name value"用于设置名字为 name 的环境变量的值为 value。

　　"setenv name"用于删除名字为 name 的环境变量。

　　上面的设置、删除操作只是在内存中进行的，"saveenv"将更改后的所有环境变量写入 NOR Flash 中。

　　(6) 启动命令。不带参数的"boot"、"bootm"命令都用于执行环境变量 bootcmd 所指定的命令。

　　"bootm [addr [arg...]]"命令启动存放在地址 addr 处的 U-Boot 格式的映像文件(使用 U-Boot 目录 tools 下的 mkimage 工具制作得到)，[arg...]表示参数。如果 addr 参数省略，映像文件所在地址为配置文件中定义的宏 CFG_LOAD_ADDR。

　　"go addr [arg...]"与 bootm 命令类似，用于启动存放在地址 addr 处的二进制文件，[arg...]表示参数。

"nboot [[[loadAddr] dev] offset]" 命令用于将 NAND Flash 设备 dev 上偏移地址 off 处的映像文件复制到内存 loadAddr 处，然后，如果环境变量 autostart 的值为 "yes"，就启动这个映像。如果省略 loadAddr 参数，则存放地址为配置文件中定义的宏 CFG_LOAD_ADDR；如果省略 dev 参数，则它的取值为环境变量 bootdevice 的值；如果省略 offset 参数，则默认为 0。

2. U-Boot 命令使用实例

下面通过一个例子来演示如何使用各种命令烧写内核映像文件、yaffs 映像文件，并启动系统。

(1) 制作内核映像文件。对于本书使用的 Linux 2.6.22.6 版本，编译内核时可以直接生成 U-Boot 格式的映像文件 uImage。

对于不能直接生成 uImage 的内核，制作方法在 U-Boot 根目录下的 README 文件中有说明。假设已经编译好的内核文件为 vmlinux，它是 ELF 格式的。mkimage 是 U-Boot 目录 tools 下的工具，它在编译 U-Boot 时自动生成。执行以下 3 个命令将内核文件 vmlinux 制作为 U-Boot 格式的映像文件 uImage。它们首先将 vmlinux 转换为二进制格式，然后压缩，最后构造头部信息(里面包含文件名称、大小、类型、CRC 校验码等)，具体代码如下：

```
arm-linux-objcopy -O binary -R .note -R .comment -S vmlinux linux.bin

gzip -9 linux.bin

mkimage -A arm -O linux -T kernel -C gzip -a 0x30008000 -e 0x30008000 -n"Linux Kernel Image"
-d linux.bin.gz uImage
```

(2) 烧写内核映像文件 uImage。首先将 uImage 放在主机上的 tftp 或 nfs 目录下，确保已经开启 tftp 或 nfs 服务。然后运行如下命令下载文件，擦除、烧写 NAND Flash，具体命令如下：

```
tftp 0x30000000 uImage  或  nfs 0x30000000 192.168.1.57:/work/nfs_root/uImage

NAND erase 0x0 0x00200000

NAND write.jffs2 0x30000000 0x0 $(filesize)
```

第 3 条命令之所以使用 "NAND write.jffs2" 而不是 "NAND write"，是因为前者不要求文件的长度是页对齐的(512 字节对齐)。也可以使用 "NAND write"，但是需要将命令中的长度参数改为 $(filesize)向上进行 512 取整(比如，513 向上进行 512 取整，结果为 512 × 2=1024)后的值。比如 uImage 的大小为 1540883，向上进行 512 取整后为 1541120(即 0x178400)，可以使用命令 "NAND write 0x30000000 0x0 0x178400" 进行烧写。

(3) 烧写 yaffs 文件系统映像。假设 yaffs 文件系统映像的文件名为 yaffs.img，首先将它放在主机上的 tftp 或 nfs 目录下，确保已经开启 tftp 或 nfs 服务；然后执行如下命令下载、擦除、烧写，具体命令如下：

```
tftp 0x30000000 yaffs.img  或  nfs 0x30000000 192.168.1.57:/work/nfs_root/yaffs.img

NAND erase 0xA00000 0x3600000

NAND write.yaffs 0x30000000 0xA00000 $(filesize)
```

这时，重启系统，在 U-Boot 倒数 3 秒之后，就会自动启动 Linux 系统。

(4) 烧写 jffs2 文件系统映像。

假设 jffs2 文件系统映像的文件名为 jffs2.img，首先将它放在主机上的 tftp 或 nfs 目录下，确保已经开启 tftp 或 nfs 服务；然后执行如下命令下载、擦除、烧写，具体命令如下：

```
tftp 0x30000000 jffs2.img  或  nfs 0x30000000 192.168.1.57:/work/nfs_root/jffsz.img
NAND erase 0x200000 0x800000
NAND write.jffs2 0x30000000 0x200000 $(filesize)
```

系统启动后，就可以使用"mount -t jffs2 /dev/mtdblock1 /mnt"挂接 jffs2 文件系统了。

15.5　使用 U-Boot 来执行程序

在前面的实例中使用 JTAG 烧写程序到 NAND Flash，烧写过程十分缓慢。如果使用 U-Boot 来烧写 NAND Flash，效率会高很多。烧写二进制文件到 NAND Flash 中所使用的命令与上面烧写内核映像文件 uImage 的过程类似，只是不需要将二进制文件制作成 U-Boot 格式。

另外，可以将程序下载到内存中，然后使用 go 命令执行它。假设有一个程序的二进制可执行文件 test.bin，连接地址为 0x30000000。首先将它放在主机上的 tftp 或 nfs 目录下，确保已经开启 tftp 或 nfs 服务；然后将它下载到内存 0x30000000 处，最后使用 go 命令执行它，具体命令如下：

```
tftp 0x30000000 test.bin  或  nfs 0x30000000 192.168.1.57:/work/nfs_root/test.bin
go 0x30000000
```

15.6　思考和练习题

1. 什么是 Bootloader? 它的作用是什么?
2. Bootloader 启动有哪几个阶段? 各阶段之间的衔接代码是什么?
3. 常见的 Bootloader 有哪几种? 各自的特点是什么?
4. 针对 Exynos 4412 系统，初始化堆栈时应注意什么?
5. 总结 U-Boot 在 Exynos 4412 系统上的移植过程。

第 16 章 移植嵌入式操作系统

 本章目标：

- 了解内核源码结构，了解内核启动过程；
- 掌握内核配置方法；
- 掌握内核移植方法。

16.1 嵌入式 Linux 内核

在前面章节中，我们了解了嵌入系统硬件资源的工作原理。但是，只有硬件系统是远远不够的，必须配以相应的软件才能使整个系统运转起来。在嵌入式系统开发中，一般采用嵌入式操作系统(如 Linux、Window CE 等)来管理和控制系统的各种资源，然后在这个操作系统上运行具体的应用软件来解决问题。而操作系统一般采用移植的方法，先将一个稳定成熟的操作系统移植过来，再根据具体的应用目的进行裁剪、补充和修改。

鉴于 Linux 源码的开放性及其应用的广泛性，我们选择 Linux 作为被移植的嵌入式操作系统，根据其特点，Linux 操作系统的移植主要分为 Linux 内核移植和根文件系统移植两部分。

16.1.1 Linux 内核简介

Linux 内核是 Linux 操作系统的核心，它负责操作系统内部各个部分之间的调度与协调，同时为用户提供各种各样的接口。

从 1991 年芬兰的 Linus Torvalds 推出的 Linux 0.1.0 版内核至今，Linux 内核已经升级到 Linux 4.2。Linux 操作系统是目前市场上唯一可以挑战 Windows 的操作系统。由于其开源特性和容易移植的特点，使得 Linux 具有更广阔的发展空间。在 Linux 的版本号中，第一个数字为主版本号，第二个数字为次版本号，第三个数字为修订号。Linux 在发行中对版本号的约定是：次版本号为偶数表明此版本是稳定的发行版本；次版本号为奇数表明此版本是试行版本或正在开发中的版本，可能存在一些不稳定的因素。随着 Linux 功能的不断加强、灵活多样的实现、可定制的特性及开放源码的优势，使得 Linux 在各个领域中的应用越来越广泛，特别是嵌入式领域的兴起，更为 Linux 的长足发展提供了无限广阔的空间。目前，针对嵌入式系统的 Linux 改版已经有好几种，包括针对无内存管理单元(MMU)的 μCLinux 和针对有内存管理单元(MMU)的标准 Linux 在各个硬件体系结构的移植版本。2003

年发布的 Linux 2.6 版本作了极大的改进，整合了 μCLinux 的功能，也可以支持没有 MMU 的处理器。

基于 ARMv7 内核的三星公司的 Exynos 4412 芯片内部集成了 MMU，所以针对此款 CPU 的 ARM Linux 要使用 MMU 技术。由于有操作系统中的 MMU 对进程提供保护，大大提高了嵌入式系统中多进程的保护能力，进而使用户应用程序的可靠性得以提高，降低了应用程序的开发难度。

内核的移植主要包括以下几个方面：

- 针对具体的试验板，对内核的部分代码进行修改或删减。
- 对内核进行重新配置。
- 利用交叉编译工具重新编译配置过的内核。
- 根据实际情况决定是否下载内核到试验板进行测试。

16.1.2 Linux 内核的组成结构

Linux 内核的组成部分及各部分之间的关系如图 16.1 所示。

内存管理
虚拟文件系统
进程调度
进程间通信
网络接口

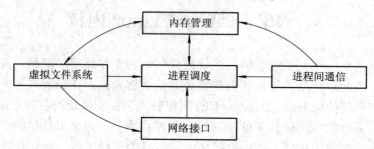

图 16.1 Linux 内核组成部分关系图

从图 16.1 可以看出，进程调度子系统是内核的核心子系统，其他子系统都依赖于进度调度子系统，因为其他子系统都需要具有暂停和恢复进程的功能。通常，某个子系统会在等待硬件操作时暂停进程，而在硬件操作完成后恢复进程。例如，进程发出一条网络消息后，网络接口可能需要暂停进程，直到硬件成功地完成消息的发送，在消息被发出后，网络接口返回一个代码表示操作成功与否，然后恢复进程。其他子系统(内存管理子系统、虚拟文件系统、进程间通信子系统)都有类似的原因而依赖于进程调度子系统。

除了图 16.1 所示的依赖关系外，内核中的所有子系统还要依赖于一些共同的资源。这些资源包括所有子系统都用到的子过程，例如分配和释放内存空间的子过程，打印警告或错误信息的子过程，还有系统的调试例程等，这些公共子过程是默认全局可用的，图中所有的子系统都依赖于它们。

以上从传统 Linux 角度叙述了 Linux 内核的组成。其实针对软硬件可裁剪的嵌入式系统，我们更习惯于从图 16.2 所

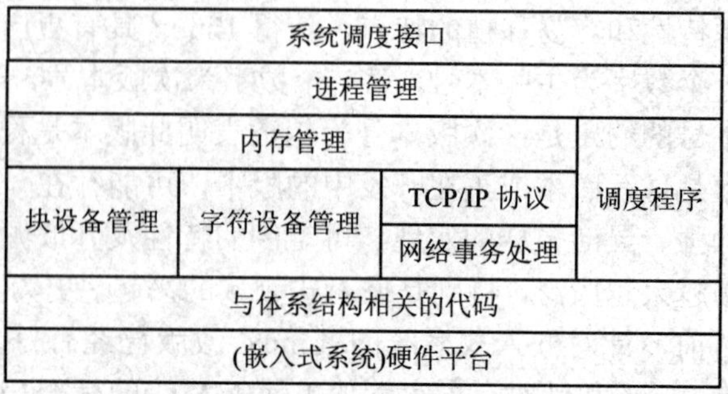

系统调度接口
进程管理
内存管理
块设备管理
字符设备管理
TCP/IP 协议
网络事务处理
调度程序
与体系结构相关的代码
(嵌入式系统)硬件平台

图 16.2 Linux 内核结构图

示的关系来把握 Linux。

图 16.2 更能很好地体现在嵌入式软件系统开发过程中我们所关心的部分，或者说是开发过程中必须处理的部分。图中最底层的部分可以理解为我们平时所说的"裸机"，是嵌入式系统中的硬件部分；紧贴平台的上层是与体系结构相关的代码，相当于个人计算机中的 BIOS 或嵌入式系统中的 Bootloader，这部分代码针对性很强；其中最大的一部分是夹在 Bootloader 与系统调用接口之间的操作系统层，从图中可以看出，在这一层中需要开发者花大力气的是各种设备的驱动程序，比如块设备、字符设备和网络设备等。驱动程序的开发是一个复杂的系统工程，可以参考相关的书籍。协调各部分的是系统的调度程序，结构的最上层是系统调用接口，这一部分实现了与用户应用程序的接口，并提供各种接口函数，这一层是对底层的进一步封装，目的是使用户使用起来更方便。

16.1.3　Linux 的源码结构

Linux 内核文件众多，仅支持 ARM 架构的完整内核文件就有 1 万多个。但是，这些文件的组织结构并不复杂，它们分别位于顶层目录下的 21 个子目录中，各个目录功能独立，其树状图如图 16.3 所示。下面对其中几个主要目录及其作用简要介绍如下：

(1) arch 目录：该目录包含了所有与体系结构相关的核心代码，对于每个架构的 CPU，该目录下有一个对应的子目录，比如 arch/arm、arch/i386。

(2) drivers 目录：此目录包含了系统中所有设备的驱动程序，此目录下又进一步划分为几类设备驱动，每一种对应一个子目录，如 USB 的驱动程序对应于 drivers/usb 等。

(3) include 目录：此目录包括编译核心时需要的大部分头文件，这部分头文件既包括与平台相关的，也包括与平台无关的，其中与平台无关的头文件在 include/linux 子目录下。

(4) init 目录：此目录包含核心的初始化代码(不是系统的引导码)，主要有 main.c 和 Version.c 两个文件，这两个文件是研究核心如何工作的很好的起点。

(5) mm 目录：此目录包含了所有的内存管理代码。与具体硬件体系结构相关的内存管理代码位于目录 arch/*/mm 下。此处的"*"代表具体的体系结构，比如对应于 ARM，就是字符 arm。

(6) ipc 目录：此目录包含了核心用于实现进程间通信的相关代码。

(7) fs 目录：此目录涉及 Linux 支持的所有文件系统的代码，不同文件系统有不同的子

| summary | refs | log | tree | commit | diff | stats |

Mode	Name
-rw-r--r--	.gitignore
-rw-r--r--	.mailmap
-rw-r--r--	COPYING
-rw-r--r--	CREDITS
d---------	**Documentation**
-rw-r--r--	Kbuild
-rw-r--r--	Kconfig
-rw-r--r--	MAINTAINERS
-rw-r--r--	Makefile
-rw-r--r--	README
-rw-r--r--	REPORTING-BUGS
d---------	**arch**
d---------	**block**
d---------	**crypto**
d---------	**drivers**
d---------	**firmware**
d---------	**fs**
d---------	**include**
d---------	**init**
d---------	**ipc**
d---------	**kernel**
d---------	**lib**
d---------	**mm**
d---------	**net**
d---------	**samples**
d---------	**scripts**
d---------	**security**
d---------	**sound**
d---------	**tools**
d---------	**usr**
d---------	**virt**

16.3　Linux 3.5 内核目录结构

目录对应，如 ext3 文件系统对应的就是 ext3 子目录。

(8) kernel 目录：此目录存放了内核管理的核心代码，与处理器结构相关的代码都放在 arch/*/kernal 下。"*"含义同前。

(9) net 目录：此目录下包含了核心关于网络部分的代码，其下的每个子目录对应于网络的一个方面。

(10) lib 目录：此目录包含了与核心有关的代码，与处理器结构相关的代码被放在 arch/*/lib 目录下。"*"含义同前。

(11) scripts 目录：此目录包含了用于配置核心的脚本文件。

(12) documentation 目录：此目录包含了与核心有关的说明文档，这些文档对核心每个目录的作用做了详细的说明。

16.2　移植 Linux 内核

所谓 Linux 的移植，就是把 Linux 操作系统针对具体的目标平台做必要改写之后安装到目标平台，使其能够正确地运行起来。目前，这种移植的理念在嵌入式开发领域应用较多，移植 Linux 内核的基本内容可概括如下：

(1) 获取某一版本的 Linux 内核源码，根据具体目标平台对内核源码进行必要的改写(主要修改体系结构相关部分)。

(2) 添加一些外设的驱动，以打造一款适合具体目标平台(可以是嵌入式便携设备，也可以是其他体系结构的设备)的新操作系统。

(3) 对修改后的内核源码进行针对目标平台的交叉编译，生成一个内核映像文件。

(4) 通过一些手段把内核映象文件烧写到目标平台。

在上述的各步骤中，对 Linux 源码改写的工作难度是很大的，它要求开发者不仅对 Linux 内核结构非常熟悉，还要求开发者对目标平台的硬件结构也非常熟悉，同时要求开发者对相关版本的汇编语言较熟悉，因为与体系结构相关部分的源码往往是用汇编语言编写的。鉴于这部分工作的复杂性，这部分工作一般都是由目标平台提供商来完成的。于是内核移植的主要工作就变为根据具体的平台配置内核和重新编译内核了。

我们选择 Linux 3.5 内核进行移植，此版本内核的源码包可以从网络下载得到 (http://www.kernel.org/pub/linux/kernel/)。我们下载到的内核源码文件包为 Linux-3.5.tar。如前所述，我们还需要这款内核针对 ARM 的补丁，这里给出一个参考下载网址 (http://www.arm.linux.org.uk/developer/)，可到这里下载相关补丁。至此，编译内核所需的原材料准备完毕，可以按下面的步骤编译内核了。

1. 给内核打补丁

开始后续工作之前，需要先给内核打上补丁。为此，我们要先运行虚拟机，并启动其下的 Linux 操作系统，具体步骤如下：

(1) 将内核源码文件与补丁文件都放在 arm 目录下。

(2) 解压内核压缩文件到当前目录。

(3) 将当前目录切换到补丁文件所在的目录，并解压补丁文件。

(4) 将解压后的补丁文件移动到 Linux 内核源码所在的目录。

(5) 将当前目录切换到 Linux 源码所在的目录，并为内核打上补丁。

打过补丁的内核与原内核相比，目录结构没有大的变化，变化的主要是个别文件的内容。

2. 配置内核

有了针对 ARM 的内核源码包，下面要进行的就是对内核进行配置，配置的主要目的是针对具体的试验板及其功能需求，从大而全的内核中裁剪掉一些不用的部分，当然也包括添加和修改我们所需要的部分。对 Linux 内核进行配置需要使用命令"make menuconfig"。下面介绍 Linux 内核的配置过程。

在 Linux 下启动一个命令终端，将当前目录切换到 Linux 内核源码所在的目录，然后输入如下命令：

```
#make menuconfig ARCH-arm
```

命令行中的"ARCH-arm"参数说明此次配置只是针对 ARM 体系结构进行的。通过上述命令可以调出内核配置界面，主要部分是"Linux Kernel Configuration"配置对话框。

对 Linux 内核的配置即按照配置对话框的选项逐一修改配置的过程。但是，由于内核配置选项众多，如果对其中某些选项功能不熟悉，将导致配置失败。内核配置是一个很繁琐的过程，若有可能，可以使用源码包自带的默认配置文件对内核进行配置以简化工作。标准的 Linux 内核源码中已经有一些常见开发板的默认配置文件，在开发过程中，一般可以选用一个与自己开发板类似的默认配置，在这个基础上再根据个人需要修改内核配置。如果想将自己裁剪好的内核配置保存为默认地址，则只要将内核源码树中的当前配置文件".config"复制到处理器对应的默认配置文件中即可。

3. 编译内核

在完成内核的配置之后，接下来要做的就是重新编译内核。编译内核相对简单，一般只需要依次运行几个命令就可以了。但需强调的是，因为我们要编译出可以在 ARM 上运行的内核，所以在编译之前要先安装好交叉编译工具链，并要注意交叉编译工具链中各种工具的版本。

要编译 Linux 内核，需要首先进入 Linux 源码所在的目录，并依次执行以下几条命令：

```
#make clean
#make dep
#make zImage
```

执行完最后一条命令，会生成内核的映像文件 zImage，对于 ARM 系列的 CPU，生成的映像文件放在"arch/arm/boot"目录下。

16.3　移植根文件系统

1. Linux 文件系统概述

类似于 Windows 下的 C、D、E 等各个硬盘，Linux 系统也可以将磁盘、Flash 等存储设备划分为若干个分区，在不同分区存放不同类别的文件。与 Windows 的 C 盘类似，Linux

同样要在一个分区上存放系统启动所必需的文件，比如内核映像文件(在嵌入式系统中，内核一般单独放在一个分区中)、内核启动后运行的第一个程序(init)、给用户提供操作界面的 shell 程序、应用程序所依赖的库等。这些必需、基本的文件合称为根文件系统，它们存放在一个分区中。Linux 系统启动后，首先挂接这个分区，称为挂接(mount)根文件系统。其他分区上所有目录、文件的集合，也称为文件系统。

Linux 系统中没有 C、D、E 等盘符的概念，它以树状结构管理所有目录文件，其他分区挂接在某个目录上，这个目录被称为挂接点或安装点，然后就可以通过这个目录来访问这个分区上的文件了。比如根文件系统被挂接在根目录"/"上以后，在根目录下就有根文件系统的各个目录、文件(/bin、/sbin、/mnt 等)，再将其他分区挂接到 /mnt 目录上，/mnt 目录下就有这个分区的各个目录、文件。

在一个分区上存储文件时，需要遵循一定的格式，这种格式称为文件系统类型，比如 fat16、fat32、ntfs、ext2、ext3、jffs2、yaffs 等。除这些拥有实在的存储分区的文件系统类型外，Linux 还有几种虚拟的文件系统类型，比如 proc、sysfs 等，它们的文件并不存储在实际的设备上，而是在访问它们时由内核临时生成。比如 proc 文件系统下的 uptime 文件，读取它时可以得到两个时间值(用来表示系统启动后运行的秒数、空闲的秒数)，每次读取时，都有内核即刻生成，每次读取结果都不一样。

"文件系统类型"常被简称为"文件系统"，比如"硬盘第二个分区上的文件系统是 EXT2"指的就是文件系统类型。所以"文件系统"这个术语，有时候指的是分区上的文件集合，有时候指的是文件系统类型，需要根据语境分辨。

2. Linux 根文件系统目录结构

为了在安装软件时能够预知文件、目录的存放位置，也为了让用户方便地找到不同类型的文件，在构造文件系统时，应遵守 FHS(Filesystem Hierarchy Standard，文件系统层次标准)。该标准定义了文件系统中目录、文件的分类存放原则，还定义了系统运行所需的最小文件、目录的集合，并列举了不遵守这些规则的例外情况及原因。

本节根据 FHS 标准描述 Linux 根文件系统的目录结构。Linux 根文件系统一般如图 16.4 所示。下面依次讲述这几个目录的作用。

(1) /bin 目录。该目录下存放所有用户(包括系统管理员和一般用户)都可以使用的基本命令。这些命令在挂接其他文件系统之前就可以使用，所以该目录必须和根文件在同一个分区中。

(2) /sbin 目录。该目录下存放系统命令，即只有管理员能够使用的命令。系统命令还可以存放在 /usr/sbin、/usr/local/sbin 目录下。/sbin 目录中存放的是基本的系统命令，它们用于启动系统、修复系统等，与 /bin 目录相似，在挂接其他文件系统之前就可以使用，所以该目录必须和根文件系统在同一个分区中。

(3) /dev 目录。该目录下存放的是设备文件。设

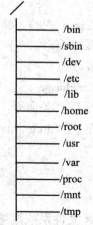

图 16.4　Linux 根文件系统的目录结构

备文件是 Linux 中特有的文件类型，在 Linux 系统下，以文件的方式访问各种外设，即通过读/写某个设备文件操作某个具体硬件。比如通过"/dev/mtdblock0"可以访问 MTD 设备(NAND Flash、NOR Flash 等)的第一个分区。

(4) /etc 目录。该目录下存放各种配置文件。对于 PC 上的 Linux 系统，/etc 目录下的目录文件非常多，这些目录、文件都是可选的，它们依赖于系统中所拥有的应用程序，依赖于这些程序是否需要配置。在嵌入式系统开发中，这些内容可以被大量裁剪掉。

(5) /lib 目录。该目录下存放共享和可加载模块(即驱动程序)，共享用于启动系统、运行根文件系统中的可执行程序，比如 /bin、/sbin 目录下的程序。其他不是根文件系统所必需的文件可以放在其他目录下，比如 /usr/lib、/var/lib 等。

(6) /home 目录。用户目录是可选的，对于每个用户，在该目录下都有一个以用户名命名的子目录，里面放着用户相关的配置文件。

(7) /root 目录。根用户的目录(用户名为 root)，与此对应，普通用户的目录是/home 下的某个子目录。

(8) /usr 目录。该目录的内容可以存放在另一个分区中，在系统启动后再挂接到根目录中的 /usr 目录下。它里面存放的是共享、只读的程序和数据，这表明该目录下的内容可以在多个主机间共享，这些主机也是符合 FHS 标准的。该目录中的文件应该是只读的，其他主机相关、可变的文件应该保存在其他目录下，比如 /var。

嵌入式系统开发中，该目录下的内容可进一步精简。

(9) /var 目录。与/usr 目录相反，该目录中存放可变的数据，比如 spool 目录、log 文件、临时文件等。

(10) /proc 目录。该目录常作为 proc 文件系统的挂接点。proc 文件系统是个虚拟的文件系统，它没有实际的存储设备，里面的目录、文件都是由内核临时生成的，用来表示系统运行状态，也可以操作其中的文件控制系统。

(11) /mnt 目录。该目录用于临时挂接某个文件系统的挂接点，通常是空的；也可以在里面创建一些空的子目录，比如/mnt/cdram、/mnt/hdal 等，用来临时挂接光盘、硬盘。

(12) /tmp 目录。该目录用来存放临时文件，通常是空的。一些需要生成临时文件的程序要用到该目录，所以该目录必须存在并可以访问。

所谓制作根文件系统，就是创建各种目录，并且在里面创建各种文件。比如在/bin、/sbin 目录下存放各种可执行程序，在 /etc 目录下存放配置文件，在/lib 目录下存放库文件。接下来，介绍如何使用 Busybox 来创建 /bin、/sbin 等目录下的可执行文件。

16.3.1　移植 Busybox

Busybox 是一个遵循 GPL v2 协议的开源项目。Busybox 将众多的命令集合进一个很小的可执行程序中，可以用来替换 GUN fileutiles、shellutils 等工具集。Busybox 中各种命令与相应的 GUN 工具相比，所能提供的选项较少，但是能够满足一般应用。Busybox 为各种小型的或者嵌入式系统提供了一个比较完整的开发工具集。

Busybox 在编写过程中对文件大小进行优化，并考虑了系统资源有限的情况。与一般的工具集动辄就几兆的体积相比，动态链接只有几百 KB，即使静态链接，也只有 1 MB 左右。Busybox 按模块进行设计，可以很容易地加入、去除某些命令或增减命令的选项。

在创建一个最小的根文件系统时，使用 Busybox 的话，只需要在 /dev 目录下创建必要的设备节点，在 /etc 目录下创建一些配置文件就可以了。如果使用动态链接，还要在/lib 目录下包含库文件。

Busybox 的官方网站是 http://www.busybox.net/，可以从该网站上下载 Busybox。下面以 busybox-1.23.2 为例，说明 Busybox 的使用步骤和使用方法。

1. 安装 Busybox

Busybox 的简要安装步骤如下：

(1) 从网站上下载源码包(busybox-1.23.2.tar.bz2)，在 Linux 系统下对其进行解压，解压后会在当前目录下生成 busybox-1.23.2 目录，其下存放着所有的文件及相关目录。

(2) 进入 busybox-1.23.2 目录，通过运行"make menuconfig"命令启动 Busybox 的配置菜单。Busybox 的配置菜单与内核的配置菜单很相似，它们都采用了相同的基于 ncurses 的应用程序。

通过 Busybox 的配置界面，我们可以指定在最终的 Busybox 映像中包含的命令，也可以对 Busybox 环境进行配置。例如，指定要使用的编译器(用来在嵌入式环境中进行交叉编译)以及 Busybox 应该动态编译还是静态编译。

2. 配置 Busybox

与 Linux 内核的配置类似，Busybox 的配置也是一件比较繁琐的事情，对各选项的选择要谨慎。例如，在实际操作过程中，Busybox 下"System utiles->acpid"是不被选中的，如果选择了此项，编译时就不会通过。出现这种现象的原因是多方面的，可能是 Busybox 本身的问题，也可能是与交叉编译工具的兼容问题。有时交叉编译工具选择不恰当，即使本身没有问题，编译也会出现问题。

配置完成后需要保存退出。

3. 向 Busybox 添加新命令

从上面的配置过程可以看到，我们只能在提供的命令中选择。有的时候可能有这种需求，即向 Busybox 中增加一些新命令。由于它具有良好定义的体系结构，所以向 Busybox 中添加命令相对简单。只要按照步骤操作，一般不会出现问题。现在以向 Busybox 中添加"newcmd"命令为例，逐步介绍添加的过程。

(1) 为新命令的源代码选择一个位置，这里要根据命令的类型，比如是网络类还是 shell 等来选择存放位置，并与其他命令保持一致。这一点非常重要，因为新命令最终会在 menuconfig 的配置菜单中出现，本例的命令菜单项会出现在配置菜单的 Miscellaneous Utilities 中，我们将新命令的源文件命名为"newcmd.c"，并将它储存在./miscutils 目录中，新命令源代码清单如下：

```
#include "busybox.h"
int newcmd_main(int argc, char *argv[ ])
{
int;
printf("newcmd called:\n");
for(i = 0; i < argc; i++)
```

```
{printf("arg[%d] = %s \n",i,argv[i])}
return 0;
}
```

这个程序的功能是分行回显运行 newcmd 时从命令行输入的所有内容。

(2) 将这个新命令的源代码添加到所选子目录的 Makefile.in 中。

(3) 更新 ./miscutils 目录中的配置文件，以便让新命令在 Busybox 的配置菜单中出现。

(4) 更新 ./include/apolets.h 文件，使其包含新命令。

(5) 向 ./include/usage.h 文件中添加详细的帮助信息。

(6) 启用新命令。

通过 "make menuconfig"，然后在 Miscellaneous Utilities 菜单中启用这个选项，最后使用 "make" 来编译 Busybox。经过上述操作后，新命令 "newcmd.c" 就被整合到编译后的 Busybox 中了。

4. 编译安装 Busybox

Busybox 的编译安装很简单，用下面的命令即可完成。

```
#make
#make install
```

如果没有错，Busybox 就被安装在目录中了。值得注意的是，当使用动态链接方式编译时，要把交叉编译所需的动态链接库文件复制到对应目录中，这样才能保证程序的正确运行。如果选择的是静态链接方式，所需的库已经与程序静态链接在一起，这些程序不需要额外的库就可以单独运行。

16.3.2　构造根文件系统

如前所述，根文件系统中放了嵌入式 Linux 系统使用的所有应用程序、库以及系统配置等文件。没有根文件系统，内核是无法正常工作的。下面以 Busybox 安装后生成的 "_install" 目录中的内容为基础，构造嵌入式 Linux 根文件系统的目录树。通常一个嵌入式 Linux 系统顶层目录 "/" 下的子目录有 "bin"、"sbin"、"etc"、"dev"、"lib"、"proc"、"usr"、"var" 和 "tmp" 等。

(1) 创建顶层目录结构。一般在 Busybox 的安装目录 "_install" 下已经有 "bin"、"sbin" 和 "usr" 3 个目录。用下面的命令可创建其他一些系统需要用到的目录。

```
#cd _install
#mkdir etc dev proc lib var tmp sys
```

这里创建了一个名称为 "lib" 的目录。如果使用了动态链接，就需要将系统运行所需的文件放入此目录。

(2) 创建设备节点。Linux 系统中的任何对象(包括大部分设备)都以文件的方式存取。为此，需要为系统的设备在/dev 目录下建立设备文件节点。具体代码如下：

```
#cd dev
#mknod ram0 b 1 0
#mknod console c 5 1
```

```
#mknod null c 1 3
#mknod zero c 1 5
```

上面所创建的设备节点是嵌入式 Linux 运行时可能会用到的几个设备节点，还可以根据自己的需要用 mknod 命令建立其他设备节点。

(3) 创建 inittab。inittab 是 init 程序读取的配置文件。init 是内核启动后运行的第一个程序。所有的应用程序都是它的子程序，它在系统运行期间一直驻留在内存里运行，直到系统关闭。Busybox 的 init 程序在启动时会读取文件的内容，并执行相应的命令。下面的命令在"/etc"目录下创建 inittab 文件：

```
#cd etc
#vi inittab
::sysinit: /etc/init.d/rcS        #系统初始化时执行的内容
::askfirst: /bin/sh               #询问后再串口启动 shell
```

(4) 建立 sysinit 动作项执行的命令脚本。sysinit 动作项指定的命令是指定在系统初始化时执行的命令，通常这个命令使用脚本实现。这个脚本完成一些必要的系统初始化工作，例如 proc 文件系统的安装、网络的启动等。对于前述的 inittab 应在"/etc/init.d"目录下创建一个名为"rcS"的脚本，具体代码如下：

```
#mkdir init.d
#vi init.d/rcS
#! /bin/sh
mount -t proc proc/proc
mount -t sysfs sysfs/sys
ifconfig lo 127.0.0.1
ifconfig etho 192.168.0.100
#chmod +x rcS
```

16.3.3　创建根文件系统映像

Linux 支持多种格式的文件系统，在嵌入式 Linux 中常用的文件格式有 ext2、minix、romfs、cramfs、jffs2 以及 nfs 等。其中，ext2、minix、romfs 三种格式的文件系统较常用于 Ramdisk 中；jffs2 文件系统是基于一种 Flash 的日志文件系统；nfs 是一种网络文件系统，它常用于嵌入式 Linux 的开发调试。下面将介绍创建一个 ext2 格式的文件系统映像的过程。这种格式的文件系统映像，常在嵌入式 Linux 系统启动时加载到 initrd 中，随后内核将其加载成为根文件系统，创建 ext2 格式文件系统映像的指令如下：

```
#mkdir initrd
#cd initrd
#dd if = /dev/zero/of = initrd bs = 1k count =2048
#mkfs.ext2 initrd -F
#mkdir initrd initrd_mmt -o loop
#cp -a ../_install/* initrd_mmt
#umount initrd
```

　　#gzip -c9 initrd > initrd.gz

　　以上操作中首先用命令创建一个 2 MB 的二进制空文件 initrd，然后用 mkfs.ext2 把 initrd 文件作为虚拟块设备格式化为 ext2 文件系统格式。接下来，就是通过 loop 设备将 initrd 文件安装到一个子目录，然后将前面已经制作好的根文件系统内容复制到安装目录中，最后将 initrd 卸载。这样，就可以构造一个文件格式为 ext2 的文件映像。

　　上述命令的最后一句把 initrd 文件压缩成 gz 格式。当前的内核为了节省内存或为了能在同样大的 Ramdisk 中存放更多程序，一般都支持压缩格式的文件系统映像，因而这里对 initrd 文件进行了压缩，以节约空间。

16.4　下　载　内　核

　　U-Boot 除了可以完成从"裸板"引导的任务外，还可以完成下载 Linux 内核镜像和文件系统到试验板上的 Flash 中的任务。其方法是使用 U-boot 提供的命令，但是 U-Boot 一般不支持 iImage 和 bzImage 格式的文件，要经过转换之后才可以使用。

1. 使用 U-Boot 制作和下载内核

　　U-Boot 有一个很重要的特点，即支持网络功能，通过网络下载数据要比通过串口下载数据快得多。内核映像文件一般都比较大，使用网络下载可以极大地提高开发效率。

　　但是，U-Boot 所支持的内核文件格式是 uImage，不是通常的 iImage 和 bzImage 格式。不过源码中为我们提供了从 iImage、bzImage 格式到 uImage 格式的制作工具——mkimage。此工具的源代码文件是/tools/mkimage.c。使用这个工具并不需要重新编译内核，只需通过对已编译好的内核映像文件进行格式转换即可。mkimage 在制作映像文件的时候，是在原来的可执行映像文件的前面加上一个 0x40 字节的头，记录参数所指定的信息，这样 U-Boot 才能识别这个映像所针对的 CPU 体系结构、OS 类型和加载内存中的位置、入口点在内存的位置以及映像名等。其命令的格式如下：

　　格式一：

　　　　./mkimage -i imagename

其中，-i 列出了 imagename 文件的头信息。

　　格式二：

　　　　./mkimage -A arch -O os -T type -C comp -a addr -e ep -n name -d data_file[:data_file...] image

其中，参数说明如下：

　　-A：设定架构类型，可取值参照 uboot/common/image.c。

　　-O：设定操作系统类型，可取值参照 uboot/common/image.c。

　　-T：image 类型，可取值参照 uboot/common/image.c。

　　-a：指定 image 在内存中的加载地址。

　　-e：指定 image 运行的入口点地址。

　　-C：指定压缩方式，压缩方式请参考源文件 uboot/common/image.c。

　　-d data_file[:data_file...]：制作 image 的源文件。

　　将内核映像转换为 uImage(二进制的 Linux 内核映像)格式后，接下来就是将 uImage 格式的内核映像文件，复制到开发宿主机的 tftp 根目录下(假设采用 FTP 传输)，然后将它下载到开发板的内存并烧写到 Flash 中。

内核下载并烧写成功以后，应检查一下内核文件的完整性。

2. 启动 Linux 内核

内核下载并烧写成功以后，就可以启动内核进行测试了。由上述烧写过程可知，烧写完的内核位于 Flash 中某段地址，可通过运行 U-Boot 的 bootm 命令启动内核。

16.5　使用 U-Boot 加载根文件系统和映像

假设二进制的根文件系统映像文件为 initrd.gz。我们的文件系统采用了 Ramdisk 技术，关于根文件系统的制作，请参看本章的相关小节。使用 U-Boot 加载根文件系统映像与使用 U-Boot 加载内核的步骤类似，同样是先下载到内存。假设在内存中的首地址为 0xa1000000，然后再由内存烧写到 Flash 中，假设在 Flash 中的首地址为 0x002c0000，具体指令如下：

```
=> tftp a1000000 initrd.gz
TFTP from server 192.168.63.107;    our IP address is 192.168.63.24
Filename 'initrd.gz'
Load address: 0xa1000000
Loading:
        #################################################
        ############################
done
bytes transferred =988024 (94d3c hex)
=> era 002c0000    004bffff
        Erasing sector 11 ... done
        Erasing sector 12 ... done
        Erasing sector 13 ... done
        Erasing sector 14 ... done
        Erasing sector 15 ... done
        Erasing sector 16 ... done
        Erasing sector 17 ... done
        Erasing sector 18 ... done
        Erased 8 sectors
=> cp. b a1000000 002c0000    94d3c
Copy to Flash ... /done
```

为了启动时加载 Ramdisk，可以通过设置 U-Boot 的环境变量来实现。

```
=> setenv bootcmd 'cp. b002c0000    a1000000    94d3c; bootm 000c0000'
=>saveenv
        Saving Environment to Flash ...
```

Un-protected 1 sectors

Erasing Flash

Erasing sector 1... done

Erased 1 sectors

Writing to Flash ... \done

Protected 1 sectors

这样每次启动时，系统经过 10 s 的等待后，自动加载 Ramdisk，然后启动 Linux 内核。

16.6　思考和练习题

1. 什么是操作系统内核？其功能主要有哪些？
2. 根文件系统的作用是什么？怎样创建根文件系统？
3. 裁剪内核有哪些方法？
4. Linux 中常用的文件系统格式有哪些？
5. 内核映像制作好以后是否可以直接通过 U-Boot 下载？
6. 请分析 Linux 内核、根文件系统和设备驱动之间的关系。
7. 请总结配置 Linux 内核时必须选择的选项。

参 考 文 献

[1]　Exynos 4412 SCP Users Manual [R]. First Draft. Samsung, 2012.

[2]　Architecture Reference Manual [R]. ARMv7-A and ARMv7-R edition. ARM, 2014.

[3]　Cortex -A9 MPCore Technical Reference Manual[R]. Revision: r2p0. ARM, 2008.

[4]　PrimeCell Generic Interrupt Controller (PL390) Technical Reference Manual[R]. Revision: r0p0. ARM, 2008.

[5]　Cortex-A9 Technical Reference Manual [R]. Revision: r4p1. ARM, 2008.

[6]　韦东山. 嵌入式 Linux 应用开发完全手册[M]. 北京: 人民邮电出版社，2008.

[7]　刘洪涛，等. ARM 处理器开发详解[M]. 北京: 电子工业出版社，2014.

[8]　段群杰，等. 零基础学 ARM 嵌入式 Linux 系统开发[M]. 北京: 机械工业出版社，2010.